KB052153

주식 투자

기본도 모르고
할 뻔했다

주식 투자
기본도 모르고 할 뻔했다

초판 1쇄 인쇄 | 2020년 12월 31일
초판 1쇄 발행 | 2021년 01월04일

지은이 | 박병창
펴낸이 | 박영욱
펴낸곳 | (主)북오션

편 집 | 이상모
마케팅 | 최석진
디자인 | 서정희·민영선

주 소 | 서울시 마포구 월드컵로 14길 62
이메일 | bookocean@naver.com
네이버포스트 | post.naver.com/bookocean
전 화 | 편집문의: 02-325-9172 영업문의: 02-322-6709
팩 스 | 02-3143-3964

출판신고번호 | 제2007-000197호

ISBN 978-89-6799-563-8 (03320)

이 도서의 국립중앙도서관 출판예정도서목록(CIP)은 서지정보유통지원시스템
홈페이지(http://seoji.nl.go.kr)와 국가자료공동목록시스템
(http://www.nl.go.kr/kolisnet)에서 이용하실 수 있습니다.
(CIP제어번호: CIP2020051853)

주식투자 기본도 모르고 할 뻔했다

박병창 지음

북오션

머리말

초보 투자자를 위한 책을 쓰기로 하면서

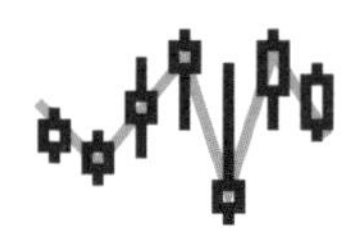

2020년입니다. 언제나 그랬지만 올해도 만만치 않은 시장과 마주했습니다. 연초 장밋빛 시장 전망은 예상하지 못한 코로나19 바이러스 발병으로 무너져 버리고, 단기간에 최악의 급락을 경험했습니다. 바이러스 사태로 각국이 셧다운을 하는 바람에 코스피 지수는 2200포인트에서 약 3주 만에 1439포인트까지 35%나 폭락했습니다. 2008년 이후 12년 만에 글로벌 성장은 마이너스 성장률로 진입하게 되었습니다. 그러나 시장은 과도한 급락에 따른 반등, 셧다운 완화로 인한 경기 회복 기대로 빠르게 회복되었습니다. 그럼에도 여전히 바이러스 재확산에 대한 우려는 이어지고 있고, 경기 회복 여부 또한 논란이 이어지고 있습니다.

지난 2008년 미국발 금융위기 이후 12년이란 세월이 흘러 다시 한번 위기를 맞았습니다. 물론 과거 버블 붕괴 때와는 다른 모습입니다. 바이러스로 인

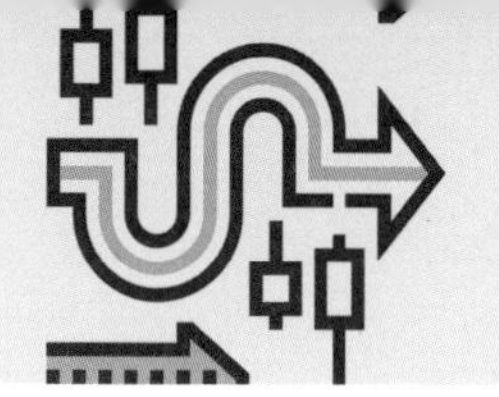

한 위기를 단기에 극복할 수 있다고 합니다.

과거 위기 때마다 빠르게 금리를 제로금리로 낮추었고 양적완화(QE)를 통해 막대한 자금을 시장에 쏟아부었습니다. 결과는 성공적이었죠. 2008년 이후 미국 시장은 다우존스산업 지수 기준으로 최저 6469포인트에서 최고 2만 9568포인트까지 무려 357%나 폭등했습니다. 물론 우리나라도 저점 892포인트에서 2607포인트까지 192%의 상승이 있었습니다. 2018년부터 '고평가'라는 우려의 목소리가 끊이지 않는 가운데 이번에 초유의 바이러스 사태를 맞으면서 주식시장과 투자자는 큰 변화를 마주하고 있습니다.

위기가 닥치면 늘 그랬듯이 전혀 예상치 못한 사건이라고 합니다. 이번에도 모두들 난생처음 경험하는 '초유의 사태'라고들 합니다. 그러나 과거 90년대 말 아시아 외환위기 때도, 2000년 초 IT 버블 붕괴 때도, 2008년 미국발 금융위기 때도 늘 미래를 전망할 수 없는 '사상 초유의 사태'라고 했으며 비관론이 시장을 지배했습니다. 그리고 늘 각국 정부는 경기 부양 정책을 내놓았고 중앙은행은 금리 인하와 금융시스템 붕괴를 막기 위한 조치들을 내놓았습니다.

이번에도 다르지 않았습니다. 미국을 비롯한 주요 국가의 중앙은행은 제로금리로 회귀했고 정부는 강력한 경기 부양 정책을 쏟아내고 있습니다. 외국인들은 바이러스가 확산되기 시작한 2월 하순부터 약 한 달 반 동안 무려 23조원을 순매도했습니다. 시장이 폭락하면 개인 투자자들이 겁을 먹고 막대한 손실을 입은 채 시장을 떠나갔던 것이 과거의 경험이었습니다. 그런데 이번엔 이변이 생겼습니다. 외국인이 매도한 23조원을 개인 투자자가 순매수로 대응하고 있는 것입니다. 개인이 매수하는 이유는 바이러스 사태는 결국 진정될 것이라는 판단, 부동산 급등과 비트코인 급등에 동참하지 못한 사람들의 기회 보상 심리, 저성장 저금리 지속으로 갈 데 없는 부동자금의 이동인 것으로 생각됩니다. 너도나도 이번이 주식 투자로 돈을 벌 수 있는 기회라며 시장에 참여하고 있습니다. 지난 10여 년간 주식 투자에 관심 없었던 개인 투자자가 속속 시장에 들어오고 있습니다.

주기적, 반복적 위기 때문에 주식 투자에 회의적이었던 개인 투자자까지 시장에 진입하며 한편으로는 소위 '묻지마 투자'가 되지는 않을까 하는 우려의 목소리도 함께 나오고 있습니다. 과거 외환위기나 금융위기를 거치면서 '위기는 기회다'라는 경험치가 반영되고 있습니다. 금감원에서도 이례적으로 '나도 돈 벌어 보자'라는 막연한 투자를 경고하기도 합니다. 그럼에도 '동학 개미 운동'이라는 말이 나올 정도로 개인 투자자의 시장 진입 러쉬는 끊이지 않고 있습니다. 늘 뒷북만 쳤던 개인 투자자가 이번에는 '이기는 투자'를 했으면 하는 간절한 바람입니다.

자본시장 개방 후 강화된 외국인의 시장 지배력 탓에 그들의 생각과 투자 방향을 잘 알아내는 것이 투자 기법이 되어 버렸습니다. 돈으로 움직이는 세계 경제, 생산보다 자본이 앞서는 경제 근간, 금융이 실물을 지배하는 자본주의, 무차별적으로 풀어 놓은 미국 달러에서 비롯될 시장의 잠재적 위기를 걱정하면서 투자하는 것이 현실입니다. 그럼에도 자본주의가 붕괴되지 않는 한

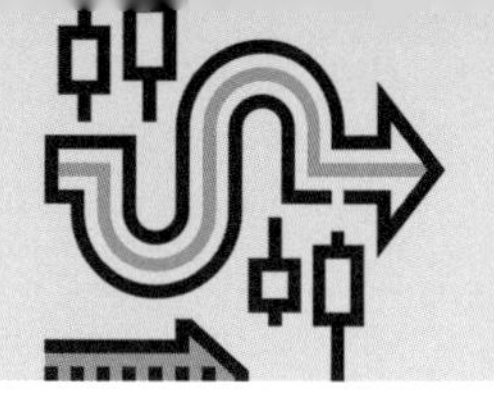

주식시장은 여전히 돈의 힘으로 버블을 만들고 다시 붕괴되는 역사를 반복하겠죠. 기업의 가치와 투자 이론보다는 '돈의 힘'이 더욱 지배하는 현실입니다. 주식시장은 '머니 게임 시장'입니다. 그 과정에서 누군가는 큰 돈을 벌고 또 누군가는 큰 돈을 잃어버리겠죠. 그 안에서 우리는 투자를 하고 있습니다.

시장을 이기지는 못할 것입니다. 시장에 순응해야 살아남을 수 있고 수익을 낼 수 있을 것입니다. 그렇다면 우리는 시장을 알아야 합니다. 시장을 다시 한번 조망하고 주식시장의 독특한 메커니즘, 주식시장의 불편한 진실을 알아야 합니다. 이 글에서는 주식 투자를 하려면 알아야 할 가치 분석, 차트 분석, 시황 분석을 위한 도구들을 소개할 것입니다. 그러나 어렵고 복잡한 지표와 도구들은 설명하지 않을 것입니다. 주식 투자를 하는 데 필요한 필수적인 것만을 설명할 것입니다. 너무 복잡하면 모르는 것보다 나쁜 결과가 나올 수 있습니다. 기본에 충실하고 단순한 투자 논리를 가져가는 것이 좋습니다.

지난 시간 동안 나름 주식 투자의 기법을 말하는 책을 여러 권 출간했습니다. 그 사이 공부도, 실전 경험도 더 쌓였지만, 투자 원칙은 더 간소화됐습니다. 주식 투자를 하면서 '이것만은 알고 하자'라는 생각으로 이 글을 쓰게 되었습니다. 노련한 투자자가 보면 '너무 기초적인 얘기'들일 수도 있겠습니다. 그렇지만 '모두 알고 있다고 생각'하는 그 기초적인 것을 좀 더 깊이 있게 생각해 보지 못한 면도 있을 것입니다. 부디 많은 분들에게 공감받는 글이 됐으면 좋겠습니다.

2020년 박 병 창

목차

Chapter 3 기술적 분석은 왜 하는가?

Chapter 4 가치 분석은 어떻게 하는가?

Chapter 5 시황 분석은 왜 중요한가?

Chapter 6 실전 투자 따라 해보기

Chapter 7 알아두면 도움이 되는 것들

1 chapter

주식 투자를 시작하면서

01

쥐 이야기

쥐를 미로에 넣어 두면 이리저리 부지런히 움직여 출구를 찾아 나간다. 가다가 벽에 부딪치면 다른 길을 찾아 바삐 다니다가 결국 출구를 찾아 나갈 것이다. 사람들은 어떨까? 물론 미로라는 것을 알고 들어갔기에 이러 저리 출구를 찾아다닐 것이다. 반면, 세상을 살면서 미로와 같은 벽을 만나면 때때로 벽을 넘어가려 하거나, 부수고 가려 한다. 자신의 앞에 놓인 벽을 이겨내고 돌파할 수 있다고 생각하는 것이다. '난관이 닥쳐도 정면 승부' 하듯이. 그러나 주식 투자에서는 경계해야 할 심리다.

"사람들은 일단 올라간 나무에서 내려오기를 주저합니다. 왜냐하면 자신이 저지른 잘못을 인정하는 것이 수치스러우며, 처음부터 다시 시작하는 것이

귀찮기 때문입니다. 그래서 이대로 계속 있으면 자신에게 불리하다는 사실을 알고 있으면서도, 좀처럼 뒤로 돌아가지 못하는 것입니다."

긴 싸리 빗자루 그림을 보여주며 '뭘 하실 겁니까?'라고 묻는다면, 당연히 '청소'라고 답을 한다. 빗자루는 청소를 하는 도구이기 때문이다. 어린 아이들에게 빗자루를 쥐어 주면 어떤 행동을 할까? 대부분의 아이들도 청소 도구라는 것을 알고 있다. 그러나 어떤 아이는 빗자루를 타고 놀려 한다. 빗자루를 '말'로 삼아 '이랴이랴' 하고 놀기도 한다. 생각의 차이, 생각의 다양성을 얘기해 보고자 하는 것이다. 주식시장에선 매우 중요한 심리다. 세상의 거의 모든 것을 반영해 움직이는 주식시장을 고정된 사고로 판단하면 한계와 위험이 따르기 때문이다. 여러 가지 다른 각도로 세상을 보아야 한다.

'적합성 지형(Fitness Landscape) 이론'이라는 것이 있다. 생물 종은 특정한 환경에 둘러싸여 있으며 환경(지형)에 적응함으로써 생존할 수 있다는 것이다.

"A라는 생물이 현재 지형에서는 최고 봉우리에 있지만, 경쟁자가 늘어나고 환경이 바뀌면 어느새 더 높은 봉우리가 생기고, 그곳에 B라는 생물이 버티고 있다. 이를 정복하려면 더욱 강도 높은 적응을 하지 않으면 안 된다."

이러한 방식으로 종이 진화한다는 이론이다. 파리를 잡아먹으려고 개구리의 혀가 끈적끈적하게 진화된 것처럼 말이다.

주식 투자에서 가장 위험한 심리는 부정과 부인이다. '자신의 판단이 틀렸을 때는 언제인가', '내 판단이 옳았는가'를 검증하지 않고 시장에 맞서려고 하는 심리다. 시장이 틀리고 자신이 옳다는 것이다. 주식 투자를 하면서 자신의 심리가 '닻 내림의 오류' 함정에 빠지지 않도록 노력해야 한다. 시장에 맞서지 말고 시장을 움직이려 하지 말아야 한다.

시장은 결코 만만하게 수익을 주지 않는다는 것을 늘 명심하고 아주 겸손하게 지켜보아야 한다. 훌륭한 트레이더는 겸손하며 시장에 순응할 줄 안다. 이미 사용한 돈에 집착하는 심리를 극복해야 한다. 주식 투자는 매번의 투자가 하나의 '새로운 프로젝트'다. 이전의 투자에서의 성공 또는 실패는 이번 투자와는 별개다. 매번의 투자가 독립적이어야 한다. 존 그린리프 휘터라는 사람이 이런 얘기를 했다.

"세상의 온갖 슬픈 말과 문장 속에 가장 슬픈 말은 바로 이 말이다. '아아 그때 했어야 할 것을!'"

그 말을 주식 시장에 비유하자면 이런 얘기일 것이다. '아 그때 팔았어야 했는데……. 아 그때 샀어야 했는데…….'

수익의 기회를 스스로 만들려 하지 말고 기다려야 한다. 참고 또 참아야 한다. 시장에서 주가가 움직이는 시세를 보고 있노라면, 금방이라도 수익이 날 것 같은 생각이 든다. 그때마다 매매에 참가한다면 큰 수익이 하루 장을 마감한 뒤 내 잔고에 쌓여 있을까? 주식 투자가 그렇게 쉬울까?

'혹시 상승할지도', '이 정도면 반등하겠지', '그냥 한번 매수해 볼까', '잘하면 먹을 수도 있어 보이는데.' 그러한 마음으로 매매에 참여한다면, 당신은 불과 1분이 채 되지 않아 손실의 고통 속으로 빠져들 것이다.

02

네 종류 동물 이야기

주식시장에는 네 종류의 동물이 존재한다. 그 동물은 황소와 곰 그리고 양과 돼지다.

그중 강한 힘을 가진 쪽은 황소와 곰이다. 그들은 서로 눈치를 보며 쉬는 시간을 제외하곤 늘 싸운다. 황소와 곰의 치열한 싸움 끝에 황소가 이기면 시장은 상승하고 황소는 큰 돈을 번다.

황소의 힘이 강해서 도저히 곰이 대적하지 못하는 상황이 되면 시장은 긴 기간 동안 상승하게 되고 그러한 시장을 우리는 '불 마켓'이라고 부른다.

반대로 곰이 이기면 주식시장은 하락하고 곰은 큰 돈을 번다. 곰의 힘이 강해서 도저히 황소가 대적할 수 없는 상황이 되면 시장은 긴 기간 동안 하락하며 그러한 시장을 우리는 '베어 마켓'이라고 부른다.

어떤 경우에는 황소의 힘이 강해 시장이 상승하다가 싸움을 그치고 서로 쉬는 기간이 발생한다. 그동안에도 곰이 감히 덤비지 못한다. 그러면 상승 후 횡보 시장이 된다.

반대로 곰의 힘이 강해 한동안 하락하다가 더 이상 곰이 나서지는 않지만 황소도 감히 덤벼들지 못하는 시장이 있는데 그러면 하락 후 횡보 시장이 된다.

아무튼 황소와 곰은 힘겨루기에서 이기고 지는가에 따라 돈을 벌 수도 잃을 수도 있다.

양은 떼를 지어 다니는 습성이 있다. 양은 황소와 곰의 싸움을 지켜보면서 황소가 이길 것 같으면 떼를 지어 황소 쪽으로 가고, 곰이 이길 것 같으면 떼를 지어 곰 쪽으로 몰려간다. 양들은 그들 자신의 싸움이 아니라 황소가 이길 것인가 곰이 이길 것인가를 판단할 뿐이다. 황소가 이길 것 같아 황소 쪽으로 갔는데 결국 곰이 이기면 양들은 참패한다. 이리저리 떼를 지어 누가 이길 것인가를 판단해 가며 우왕좌왕하는 동안 수많은 양들은 사실 크게 다치고 만다. 현명하게 이기는 쪽을 추종한 양만이 수익을 낸다.

돼지 역시 시장 주도자는 아니다. 양처럼 황소가 이기든지 곰이 이기든지 이기는 쪽으로 따라붙어야 한다. 양과 같은 처지다. 그러나 돼지는 양과 다른 습성이 있다. 황소와 곰의 싸움을 지켜보고 있다가 황소가 이길 것 같으면 황소 쪽으로 재빨리 달려가는 것까지는 같다.

그런데 양들은 황소 뒤에서 응원만 하는 반면 돼지는 그 순간 자신이 돼지인 것을 망각하고 황소의 맨 앞에 서서 마치 자신이 황소가 된 듯 곰과 싸운다. 곰과 싸움을 하는 돼지의 결말은 뻔하다. 곰에게 처참하게 패할 뿐이다. 결국 돼지는 '도살돼 식탁 위에 오른다'.

시장 주도자가 아니면서 앞장 선 돼지는 결국 돈을 모두 잃고 시장에서 떠날 수밖에 없게 된다.

시장의 황소와 곰은 외국인이든, 국내 기관이든, 큰 자금을 운용하는 개인 세력이든 시장을 움직이고 중소형 기업의 주가를 움직일 수 있는 힘을 가진 주체를 말한다.

양과 돼지는 개인 투자자다. 많은 개인 투자자가 양처럼 승리하는 쪽을 잘 판단해 그 승리의 기쁨을 함께 누리려 한다. 그러나 간혹 돼지의 모습인 개인 투자자가 있다. 주식 투자 경험이 많을수록, 주식 시장에서 어설프게 큰 수익을 낸 경험이 있는 사람일수록, 주식 시장과 주식 투자 기법에 대한 지식이 좀 더 있는 사람일수록 더더욱 그렇다. 그래서 사실 돼지는 개인 투자자보다 확률적으로 소위 시장의 '주식 전문가'들 사이에 더 많다.

황소나 곰이 항상 수익을 내는 것은 아니다. 그들은 싸움을 해서 이기면 수익을 내고 지면 손실을 인정하고 다음 싸움을 기약한다. 다음 번에는 힘을 길러 이길 수 있는 능력이 있기 때문이다.

그러나 양과 돼지는 그렇지 않다. 시장 주도자가 아니기 때문에 시장 주도 세력의 힘겨루기를 잘 살펴야 한다. 양은 잘 살핀다고는 하지만 그중 현명한 일부 양이 수익을 내고 대부분은 손실을 낸다. 돼지는 늘 처참히 당하고 만다.

우리는 외환 위기를 겪기 직전인 1995년과 1996년을 기억한다. 시장이 황소의 힘 덕분에 1000포인트 위로 올라섰다. 그 이후는 황소가 아닌, 돼지들이 활개를 폈던 시기다. 연속 적자인 부실주를 가지고 온갖 허황된 재료를 내세워 주가를 띄웠다. 그 시기 선두에 섰던 돼지들은 지금 모두 어디에 있는가? 일부러 찾으려 해도 찾을 수 없다. 주식시장에서 퇴출되었기 때문이다.

우리는 현명한 양이 되고자 노력한다. 그런데 가끔, 아주 가끔 나도 모르게 돼지가 될 때가 있다. 시장의 방향에 확신을 갖고, 업종과 개별 기업에 확신을 갖고, 주변을 살피지 않고, 즉 내가 양인 것을 잊고 곰과 맞서는 경우 그 순간 돼지가 되는 것이다. 그러한 경우는 참패라는 것을 경험을 통해 알 수 있었다.

물론 힘센 돼지가 될 필요가 있는 전문가도 있을 것이다. 또 어떤 경우에는 돼지가 되어 거래했지만 운이 좋아 큰 수익을 내기도 한다. 선택해 보자. 실패할 경우에 '다치기는 하지만' 회복해서 다음 기회를 갖는 편이 좋은가 아니면 성공할 경우 대박이지만, 실패한다면 다시는 회복할 수 없는 손실로 끝낼 것인가? 그것은 각자의 투자 성향에 따라 다를 것이다.

시장은 오늘로 문을 닫는 것이 아니다. 기회는 내일일지, 모레일지 모르는 또 다른 날이 있다.

현명한 양이 되고자 하는 자세가 현명한 투자자가 되는 길을 열어 준다.

03

칠면조 이야기

《이기고 지는 이유는 무엇인가?(why you win or lose)》의 저자 프레드 C. 켈리의 글에서 나온 이야기다.

한 어린 소년이 길을 가다 우연히 야생 칠면조를 잡는 노인을 목격했다. 이 노인은 칠면조를 잡으려고 큰 상자 위에 문을 매달아 놓은 덫을 설치해 두고 있었다. 이 문은 받침대를 이용해 열어 놓았는데, 이 받침대는 수십 미터 바깥에서도 잡아당길 수 있도록 줄로 연결돼 있다. 또 칠면조를 유인하려고 상자 바깥으로부터 상자 안쪽으로 옥수수를 조금씩 일직선 형태로 흩뿌려 놓았고, 칠면조가 일단 상자 안으로 들어오면 훨씬 많은 옥수수를 발견할 수 있도록 해놓았다. 상자 안으로 칠면조가 들어가면 노인이 줄을 잡아당겨 받침대가 쓰러지면서 문은 닫혀 버리는 것이다. 하지만 문이 한 번 닫히고 나면 상자를 통째로 들어올려야 한다. 그렇게 하면 바깥의 칠면조들은 모두 도망가 버려 다시 이 덫을 설치해도 쓸모없게 된다. 결국 받침대에 연결된 줄을 잡아당기는 순간은 가장 많은 칠면조가 상자 안으로 들어갔을 때여야 하는 것이다.

어느새 상자 안에는 열두 마리의 칠면조가 들어왔다. 그러다 한 마리가 빠져나가 열한 마리가 되었다. "아차 아까 열두 마리가 되었을 때 줄을 잡아당겨야 했는데……." 노인은 속으로 아쉬운 마음을 달랬다. "조금만 더 기다리면 한 마리가 다시 들어올 거야."

열두 마리째 칠면조가 들어오기를 기다리는 사이에 다시 두 마리가 상자 밖으로 나가 버렸다. "열한 마리라도 만족해야 했어" 노인은 한숨을 내쉬었다. "이제 한 마리라도 더 들어오면 그때는 무조건 줄을 잡아당겨야지."

이후 세 마리가 더 나갔지만, 노인은 한때 열두 마리까지 들어왔었기에 적어도 여덟 마리는 잡아야 체면이 설 것 같았다. 노인은 상자 안에 들어왔던 칠면조가 다시 돌아올 것만 같은 생각을 버릴 수 없었다. 마침내 마지막 남은 칠면조마저 상자 밖으로 나가 버리자 노인은 이렇게 읊조렸다.

"한 마리가 더 들어오기를 기다린 것인가, 아니면 저 마지막 한 마리마저 나가기를 기다렸단 말인가. 어쨌든 이젠 끝나 버렸군."

결국 노인은 빈 상자를 들고 집으로 향해야 했다.

대부분의 주식 투자자의 심리가 이와 다르지 않다. 나갔던 칠면조가 한 마리라도 더 상자 안으로 다시 들어오기를 바라는 마음이다. 하지만 이때야말로 상자 안의 다른 칠면조마저 모두 나가 버릴 수 있는 상황임을 인식해야 하는 시점이다.

매도 여부를 매수 가격에 따라 결정하고, 주가가 떨어지고 있는데 단지 자신의 잘못된 판단과 이미 발생한 손실을 인정하기 싫어 계속 보유하는 것은 잘못된 행태다.

이 얘기를 전해 들은 대부분의 주식 투자자는 웃음을 짓는다. 그 웃음은 공감의 웃음이라고 생각한다. 주식을 매수할 때는 신중히 결정하기에 매수 후 가격이 오르는 경우가 상당히 많다. 그런데 결국 수익을 내고 그 주식을 매도하는 경우는 드물다. 그것은 매도를 잘 못하기 때문이다. 매도가 어려운 이유는 투자자들의 마음속에 자리잡은 욕심과 미련 그리고 주관적인 상황 판단 때문이다.

욕심과 미련 탓에 칠면조를 한 마리도 잡지 못하고 집으로 돌아간 노인이 잃은 것은 그날 하루의 시간이다. 그러나 주식 투자자가 욕심과 미련 때문에 매도하지 못하고 한 마리 칠면조마저 나갈 때까지 기다렸다면 그 이후부터는 투자 원금 손실로 이어진다. 수익을 내던 주식을 손실이 난 이후에 매도하기란 쉽지 않다. 주가가 상승하면 마냥 더 올라갈 것만 같고, 주변의 상황이 모두 좋아 보인다. 그래서 더 욕심이 나는 것은 '인지상정'일지 모른다. 그래서 주가가 최고조일 때 매도할 수 없는 것은 당연하다. 그러나 주가가 다시 내려 이제 손실이 날 가격까지 이르렀는데도 미련을 버리지 못한다면 그것은 현명한 투자자의 모습이 아니다.

칠면조 이야기에서는 한 번 줄을 당기면 그것으로 칠면조 잡이는 끝이었다. 또는 다음 날 다시 시작해야 한다. 그러나 주식은 조금씩 잡아당길 수 있다.

즉, 분할 매도할 수 있다. 주가가 올라 욕심이 나는 순간이 된다면 그때부터 조금씩 분할 매도해 보유 수량 중 50% 정도를 매도했다면 나머지 50%로는 욕심을 한껏 내도 될 것이다. 최악의 경우 매수한 가격까지 내려온다 하더라도 이미 수익을 내면서 매도한 50%가 있기에 매수 가격에 매도해도 이익이다.

중요한 것은 매수 가격에 매도해도 이익이라는 그 마음이 조정 하락을 견딜 수 있는 심리적 바탕이 된다는 점이다.

04

드레스 가게 이야기

주식 투자는 개인 사업과 같다. 사업을 시작할 때, 궁극적인 목표를 세우듯이, 주식 투자도 그러하다. 세금(증권거래세/양도세)도 꼬박꼬박 내야 하며 비용(수수료 등)도 계산해야 하고, 성공하는 전략도 필요하다. 성공적인 주식 투자를 위한 마인드를 드레스를 파는 장사의 마인드와 비교한 심리서를 인용해 설명해 본다.

당신이 드레스를 파는 작은 옷 가게를 한다고 하자. 세 가지 색상의 드레스를 도매로 사와 팔고 있다. 노란색과 초록색 그리고 빨간색이다. 빨간색 드레스는 진열하자마자 곧 팔렸고 초록색은 절반 정도가, 노란색은 한 벌도 팔리지 않았다. 그러면 당신은 어떻게 하겠는가?

손님에게 이렇게 얘기할 것인가? "빨간색 드레스는 모두 팔렸습니다. 노란색은 한 벌도 팔리지 않았지만 제 생각에는 이것도 괜찮습니다. 저는 특히 노란색을 좋아하거든요. 노란색 드레스를 사시는 게 어떨까요?" 말도 안 된다.

장사를 오래 해본 노련한 장사꾼이라면 이런 상황을 정확히 그리고 재빨리 인식하고 이런 결정을 내릴 것이다. "우리의 실수다. 노란색 드레스는 빨리 팔아 버려야 한다. 판매 가격을 10% 할인하고 그래도 안 팔리면 20% 이상이라도 할인해서 빨리 팔아야 한다. 그리고 그 돈으로 인기가 많은 빨간색 드레스를 더 사와서 팔아야 한다." 노련한 장사꾼이라면 당연히 그렇게 하지 않을까?

주식 투자에서도 마찬가지다. 투자원금을 세 종목에 나누어 투자를 했다. 한 종목은 예상대로 상승하고 있고, 다른 한 종목은 오르지도 내리지도 않고 있다. 그런데 나머지 한 종목은 실망스럽게도 하락하고 있다. 급하게 돈이 필요하거나 시장이 위험한 상황이 돼 주식 보유 비중을 줄여야 한다면 어떻게 할 것인가? 흔히 이익이 난 종목을 팔고 손실 난 종목은 다시 올라올 때까지 기다린다.

처음에는 어떤 주식이든 가격이 상승할 것이라고 기대하고 매수하는 것이다. 그러나 늘 맞아떨어지지 않는다. 분석이 틀렸든, 외부 변수에 의해 그렇든, 기업에 예상치 않은 변수가 발생하였든, 처음의 예상(기대)과 달리 주가가 움직일 수 있다. 결국 주가가 상승한 것은 사업상 자신의 결정이 맞아떨어진 것이고, 주가가 하락한 것은 자신의 결정이 틀린 것이다.

노련한 장사꾼이 재빠르고 냉정히 결정하듯이 주식 투자에서도 신속하고 객관적으로 투자 결정을 해야 한다. 노란색 드레스를 할인해서라도 빨리 팔아 치우듯이 투자 판단이 틀린 종목은 손절매 해서라도 매도하고 투자 판단이 맞았던 종목에 집중해야 한다.

팔리지 않는 노란색 드레스를 진열해 놓고 장사가 되지 않는다고 한탄한다든지, 새로운 옷을 사와야 하는데 돈이 없다고 손을 놓고 있다면 현명한 장사꾼이 아니다.

잘 오르는 종목은 작은 수익만 보고 매도해 놓고 오르지 않는 종목을 붙들고 '왜 시장은 상승하는데 내 종목은 오르지 않는 거냐' 하고 한탄한다면 현명한 주식 투자자가 아닌 것이다.

자신이 선택한 결정(종목)이 늘 옳을 수는 없다. 자신의 결정이 틀렸다는 것을 바로 인정할 수 있어야 한다. 자신의 결정이 옳았던 몇 번의 투자로 수익을 내는 것이다.

투자자들은 저마다의 경로로 투자 종목을 추천받는다. 가령 매일 3~4개의 관심 종목을 추천받는다면, 그중 스스로 선택한 한두 종목에서 장중 매수 타이밍이 발생하면 매수해 보유하게 된다. 이렇게 1~2주일이 지나고 나면 대부분의 투자자 잔고에 열 개가 넘는 주식이 남게 된다. 전문가들은 어떨까? 그들 역시 여러 관심 종목 중에서 거래를 한다. 그중 한두 종목을 거래할 때도 있고 어떤 때는 그 종목 모두를 조금씩 거래하기도 한다. 그러나 중요한 것은 결국 그날 최종 선택한 종목은 하나의 종목이며, 홀딩해 가져가는 종목 역시 전체 포트폴리오에서 서너 종목을 넘기지 않는다는 것이다(총 투자 자산에 따라 다르겠지만 1억원 정도의 투자를 기준으로 3~4개 정도가 적당하다고 생각한다). 장중 관심을 갖고 거래하지만 그중 가장 좋은 종목만을 보유하고 나머지는 버리는 것이다. 그러나 많은 투자자가 이것저것 매수해서 그냥 모두 홀딩하고 있다. 그중 어떤 것은 자신의 판단이 틀려 가격이 하락함에도 그냥 오르기를 기다리며 홀딩한다. '어떤 것을 선택하고 어떤 것에 집중해야 하는가'를 어려워하는 것이다. 또는 매수해 놓고 손실 나면 무조건 홀딩하는 심리 때문이다.

현명한 장사꾼이 잘 팔리는 드레스와 팔리지 않는 드레스를 구분하고, 잘 팔리지 않는 드레스는 여러 가지 방안으로 처분해, 잘 팔리는 드레스를 사와서 장사하듯이 현명한 투자자는 여러 종목을 거래하지만 그중 판단이 옳았던 종목과 틀렸던 종목을 객관적으로 판단하고 자신의 판단대로 움직인 종목에 집중해야 한다.

그러면 자신의 판단의 옳고 그름은 무엇으로 알 수 있는가? 간단하다. 자신의 예상대로 주가가 움직이면 판단이 옳은 것이고 그렇지 않으면 틀린 것이다.

05

술안주 주식 이야기

주식 투자를 하는 사람들의 수익률에 대한 얘기들은 대체로 솔직하지 않다. 돈을 많이 벌어 놓고도 늘 손해 본 이야기만 하면서 엄살 부리는 사람이 있는가 하면, 조금 벌어 놓고도 큰 돈을 번 것처럼 영웅담을 늘어 놓는 사람도 있다. 이래 저래 사람들은 주식 투자 이야기를 하는 것을 좋아한다. 대부분의 직장인들도 삼삼오오 모여 술자리를 할 때면 주식 이야기를 빼놓지 않는다. 다들 나름대로 주식을 분석하고, 어디서 정보를 듣고 와서는 아주 중요한 기밀을 가르쳐 주듯이 이야기한다.

"내가 잘 아는 사람 중에 운용사에서 일하는 사람이 있는데, 그 사람이 나한테만 가르쳐 준 건데 A 종목이 이번에 좋을 거라네. 대형 호재도 있고 해서 이번에 아마도 많이 상승할 것 같아. 다른 데 가서는 얘기하면 안 돼."

"이번에 내가 책을 보고 연구를 해 보았는데 B 종목이 급등할 차트이더군. 한번 매수해봐. 좋은 것 같은데……."

"이번에 전문가 강연회에서 **로부터 강의를 들었는데, 앞으로 '가' 업종이 좋을 것이고 그래서 C 종목이 선두로 나서서 강한 상승이 예상된다고 하더군."

이런 식이다.

그리고 몇 주 지나 그들은 다시 술자리에 모인다. 그리고 그 몇 주 사이에 급등한 종목이 있었을 경우, 그 종목을 얘기했던 사람은 만남의 자리에 가기도 전에 의기양양해져서 빨리 가서 얘기하고 싶은 마음이 굴뚝같다. 술집에 들어서자마자 그는 말한다. "거봐 내 말이 맞지. 내가 그랬잖아. 급등할 거라고. 역시 그 사람 말이 정확하다니까." 그러면서 자신감에 찬 목소리로 또 주식 이야기를 이어간다.

그러나 그들 중 급등한 그 종목을 매수한 사람은 아무도 없을 것이다. 그 종목을 소개한 사람조차 매수하지 않았을 것이고 다른 사람들은 더욱 그렇다. 그 종목이 좋을 거라고 큰 소리로 얘기는 하지만 실제로 그 종목에 투자한 사람은 없었을 가능성이 높다.

'어떤 종목이 좋아 보인다', '어떤 종목이 상승할 것이다', '어떤 종목에 호재가 있다'라는 식의 얘기는 누구나 할 수 있고 시장에 너무나 많이 회자된다. 중요한 것은 그 종목에 내가 실제로 투자해서 '수익을 거둘 수 있느냐'다. 급등한 종목을 말한 그 사람이 실제로 그 주식에 투자했다면 그 주식이 정말 급등했을까? 또는 급등했지만 수익을 내고 매도하였을까? 수익을 냈다면 얼마나 될까?

흔히 말로만 상승 종목을 예상할 때는 적중률이 높다. 그러나 실전 거래는 그렇게 말처럼 쉽지 않다. 그래서 주식 투자는 실전에서 직접 투자해 수익을 내야 그것이 진짜인 것이다. 술집에서, 일상에서 '상승할 것 같아, 좋을 것 같아'라는 얘기를 즐겨 하는 투자자를 보면 좀 안됐다는 생각마저 든다. 실전은 자기 생각대로 되지 않는다는 것을 알고는 있는지…….

이러한 전문가도 많다. 증권회사 직원이기도 한 전문가 한 분은 매일 아침 가치 판단과 차트 분석을 통해 서너 종목을 선정한다. 주변 직원에게도 소개하고 고객에게도 소개한다. 물론 자신도 그 안에서 거래를 한다. 시장이 시작되고 그가 말한 서너 종목 중 한두 종목이 급등하고 한 종목은 조금 오르고 한 종목은 하락했다. 그가 소개하는 종목은 대체로 상승한다. 그래서 주변 사람들은 그가 돈을 많이 벌고 있을 것이라고 생각한다. 그러나 정말 신기하게도 서너 종목 중 자신이 직접 투자한 종목은 하락한다. 극단적으로 네 종목을 소개했는데 두 종목이 상한가를 가고 한 종목은 +5% 그리고 한 종목은 −5%라면 꼭 그가 투자한 종목이 −5%였다. 왜 그런 것일까? 답은 심리 때문이다. 주식 투자는 자기 자신과의 끊임 없는 심리 싸움이다. 투자 종목을 객관적으로 분석해서 골랐지만, 실전에서 막상 매수할 때는 두려움이나 욕심 그리고 자신의 재정 상황 등 심리가 작용하기 때문에 객관적이고 분석적이지 않게 되는 것이다.

그렇기 때문에 "A 종목이 좋을 것 같아. 한번 사봐", "상승할 것 같은데",

“누구한테 들었는데 상당히 신빙성이 있어” 등등의 말들은 의미가 없다. 그렇게 말한 종목에 내 돈을 투자한다면, 말로만 할 때와 같은 심리 상태일 수 있을까? 주식 투자는 페이퍼 트레이딩으로 되지 않는다. 직접 투자할 때 자신의 심리를 관리할 수 있는 마인드 컨트롤이 중요한 이유다.

06

넌 샀어? 얼마에, 얼마나 샀는데?

우리나라 개인 투자자들의 대부분 자신이 주식 투자를 하고 있으면서도 주변의 지인에게는 '주식 투자 하지 말라'고 한다. 선진 증시에서 많은 개인 투자자가 ETF와 같은 펀드를 통해 직간접 투자를 한다. 우리나라는 개별 주식을 직접 사고파는 투자자의 비중이 월등히 높다. 개인 투자자를 흔히 '개미 투자자'라고 부른다. 역사적으로 볼 때 외국인과 기관 투자가에 비해 자금력과 정보력에서 뒤져 늘 손실이었기에 폄하의 호칭이었다. 그래서인지 모 경제TV에서는 개인 투자자를 '개미 투자자'라고 부르지 말고 '라이온 투자자'라고 부르자는 캠페인을 펼치기도 했다. 이젠 개인 투자자의 자금력도 만만치 않고 SNS 시대라 정보력도 뒤지지 않기 때문이다. 특히 기업 분석을 하고 좋은 기업을 발굴하는 능력은 외국인이나 기관 투자가에 결코 뒤지지 않는다.

그럼에도 부정적 호칭으로 개인 투자자들을 폄하하고 있는 것은 현명한 개인 투자자는 소수고 묻지마 투자자가 대부분이기 때문일 것이다. 주변 친구나 친척 또는 강연회 등에서 알게 된 소위 평범한 개인 투자자에게 종목 질문을 받을 때, 가끔 곤혹스러운 경우가 발생한다. 25년이나 증권사에서 주식 투자를 하고 있지만 한 번도 들어보지 못한 종목이나 익숙지 않은 주식에 대한 질문을 받을 때 그렇다. 물론 각양각색의 직업을 갖고 있는 그들의 관심은 각양각색의 주식에 있을 것이다. 그럼에도 의아스러운 것은 수많은 주식을 분석하고 거래하는 직업을 갖고 있는 내가 모르는 주식이 이렇게 많았나 하는 것이다. 자신의 직업이나 관심 분야에서 성장성을 보고 투자하는 경우도 있지만 어쩌다 주변 지인에게 듣고 투자했다가 손실인 상태에서 질문을 하는 경우가 많다.

왜 샀는데요? "전문가가 추천해서요." "주식 투자 많이 하는 친구가 있는데 그 친구가 추천해서요." 얼마에 샀는데요? "고점에서 샀는데 계속 내려서 물타기를 했고 지금 손실인 상태에서 보유하고 있어요." 성장 모멘텀은 뭐라고 합니까? "글쎄요. 조만간 따블 이상 갈 수 있다고 해서 사긴 했는데, 어떻게 될 거 같아요?" 이런 식의 대화다. 그럼 이렇게 물어본다.

혹시 추천해준 그 사람은 샀대요? 얼마에 얼마나 샀대요? "글쎄요 그건 모르겠는데요." 자기도 매수하지 않은 주식을 남에게 두 배 간다고 얘기를 전해준 사람을 어떻게 믿어요?

주식 투자 자금은 그 규모에 상관없이 각자에게 매우 귀한 돈이다. 투자에 실패하여 돈을 잃었을 때의 고통은 이루 말할 수 없다. 여러분은 어떠신가요? 지금 주식 투자에 실패해 금전적으로 고통을 받고 있지는 않으신가요?

소위 대선 관련주라는 테마 매매를 아시는지? 대통령 선거가 1년여 즈음으로 다가오면 우리 주식시장에는 어김없이 대선 테마주가 형성된다. 대통령 후보들과 연관된 종목이 테마를 이루며 급등락을 한다. 후보의 지역, 학교, 관심사는 물론 후보의 친인척과 연관된 뭐라도 있으면 연결시켜 테마를 형성한다. 증권사 후배 직원들조차 "요즘 뭐 매매하니"라고 물어보면 "A주 매매합니다"라고 대답한다. "그거 뭐하는 기업이지? 실적 좋아?"라고 하면 "아니요. 대선 후보 주식 입니다" 하며 웃는다. 대선 후보 관련 주식은 기업의 가치와 무관하게 움직인다. 이론적인 주식 투자와 전혀 별개인 투기 영역이다. 그럼에도 정말 많은 개인 투자자가 대선 테마주에 열광한다. 나름 자기 철학이 있어서 투기의 영역에서 투기하겠다고 한다면야 할 말이 없다. 나쁘게 얘기하면 투기꾼이지만 투기도 투자의 한 영역이라고 인정하자. 다만, 투기꾼이 아닌 평범한 개인 투자자가 그 영역에서 거래한다면 실패할 확률이 매우 높다. 한때 많은 거래량을 수반하며 주가가 상승하지만 결국 최초의 가격 또는 그 아래까지 하락할 것이 분명하기 때문이다. 투기의 영역에서 투자를 하면 남는 것은 빈 껍데기 회사의 주식과 손실뿐이다.

대선 테마라는 독특한 사례로 우리가 흔히 저지르는 잘못된 투자를 설명하고자 했다. 비단 투기의 영역이 아니라 일반적인 기업의 주식에 투자하는 경우라도 그 기업의 주력 사업이 무엇인지, 기업의 성장 가치는 무엇인지, 성장 과정에 재무 리스크는 없는지, 기업의 수익은 어떻게 일어나고 있는지에 대한 분석 없이 주변에서 '사라고' 해서 무작정 투자했다면 그 또한 투기인 것이다. 정확히 기업 분석을 할 수는 없다. 그렇지만 최선을 다해 기업 분석을 하고 기업의 미래를 보고 투자해야 한다. 그래도 그 결과가 좋을 것이란 보장은 없다. 주식시장과 주식 투자에는 너무 많은 변수가 있기 때문이다. 그렇다 하더라도 분석 없는 투자는 나침반 없는 투자이며 단기 투기일 뿐이다.

주변의 지인 중 누구라도 "A 주식 사봐"라고 하면 "당신은 얼마에 몇 주나 샀어?"라고 물어야 한다. 그리고 '왜 사야 하는지'에 대해 그에게 묻고 스스로 그 이유를 검증하는 시간을 갖고 투자해야 할 것이다.

07

전문가보다 원숭이의 수익률이 좋다?

과거 〈월스트리트저널(WSJ)〉에서 원숭이와 전문 투자가를 대상으로 수익률 게임 실험을 한 적이 있다. 전문투자가 그룹과 아마추어 그룹 그리고 원숭이 그룹으로 나누었고 전문가와 아마추어 그룹은 각자의 투자 분석과 경험을 토대로 투자했으며 원숭이는 시세표에 다트를 던져 찍은 종목에 투자했다.

10개월 후 결과를 보니 수익률은 세 그룹 모두 마이너스였으나 원숭이의 손실이 6배나 적게 나왔다. 원숭이의 승리였다. 이 실험를 보고 사람들은 주식 투자의 결과가 '지식이 많다고, 경험이 많다고, 전문가라고 수익률이 높은 것은 아니다'라고 오해하고 빈정거렸다. 그러나 이 게임은 해프닝일 공산이 크다. 같은 방법의 게임을 반복하면 평균 수익률은 전문가 집단이 높을 것이다. 단기적, 일시적으로는 위험관리를 할 수 없는 비체계적 오류가 발생할 수 있고, 포트폴리오의 평균 수익률 분포보다 특정 종목의 급등락으로 편향된 수익률 곡선이 나타날 수 있기 때문이다. 그럼에도 불구하고 '주식 투자의 시장'에서는 끊임없이 경험과 노하우, 전문 지식의 불필요함이 회자되곤 한다. 시황 판단의 어려움, 미래 주가는 정확히 맞힐 수 없으며 다만 확률적 접근으로 한 것이기 때문이다. 엘리베이터 안내원이 JP 모건에게 "선생님 오늘 시장이 어떨까요?"라고 묻자 "오르락 내리락 할 거네. 아마도. 이 엘리베이터처럼"이라고 대답했다는 일화가 있다. '시장을 맞힐 수는 없다'는 얘기로 전해진다. 월가 억만장자 투자자인 래리 하이트는 "미래를 예측할 수 있다고 믿으면 실패 확률이 높아진다. 탐욕과 공포를 버리는 게 투자의 정석이다"라고 여러 차례 주장했다. 많은 전문가 역시 시황 판단은 일정한 확률의 범위 내에서 판단하는 것이지, 맞히는 게임이 아니라고 한다. 그보다는 자신이 잘 아는 기업에 충실히 투자하는 것이 옳은 투자 전략이라고 조언한다. 실제로 주식시장에서는 우리가 생각지도 못하는 사건이 흔하게 발생한다. 과거에는 100년 만에 한 번 일어날 이벤트라고 하는 사건 사고가 거의 매년 일어나고 있다. 2020년 발생한 코로나 19 바이러스 역시 그중 하나일 뿐이다. 전 세계 어느 누구도 예측하지 못한 일이 발생한 것이며, 그 여파로 나타날 경기의 미래는 어느 누구도 감히 예측하지 못하고 있다. 그러다 보니, 시황 판단과 주가 예측 도구를 공부하기보다 '인사이트'와 '통찰'의 중요성이 부각되기도 했다.

로봇과 전문가의 수익률 게임도 있었다. 로봇의 승리였다. 그러나 이 게임 역시 3개월 동안 치러졌고 그 기간 동안의 시황에 따라 추세적 가치 반영이 어려웠다. 반면 로봇은 가치 분석보다는 차트에 따라 매수 및 매도를 반복해

소폭 수익으로 승리했다(이 책의 다른 부분에서 로보 어드바이저와 알고리즘 매매의 활용을 다시 설명한다). 그렇다면 역시 주식 투자는 전문가가 따로 없고 주식 공부는 필요 없을까? 복잡하고 어렵게 공부하기보다 외국인들이 어떤 종목을 매수하는지, 기관들이 매집하고 있는 종목이 무엇인지를 분석하는 것이 수익률엔 더 도움이 되지 않을까? 시황이 좋을 때 대충 사람들이 좋다고 하는 주식을 매수해 놓고 '간절한 마음으로 기도' 하는 편이 더 편하지 않을까? 오죽하면 '기도 매매'라는 유행어가 나왔을까 하는 생각도 든다. 그러다 보니 시장에서 비 이성적 투기가 발생하고 투자자의 욕심과 두려움을 이용해 돈을 버는 집단도 나오고 있다. 어쩌다 급등 종목 한번 잘 맞히면 세상에 둘도 없는 전문가가 될 수 있다. 이번 시장에서 돈 좀 번 투자자는 주식시장도 주식 투자도 우습게 본다. 그러다 보면 스스로 전문가라 자처하고, 주가 움직임이 자신의 손바닥 안에 있는 듯 말하고 있는 자신을 발견한다. 학사는 '자신이 모든 것을 다 안다고' 생각하고 석사는 '아무것도 모른다'고 생각하고 박사는 '자기만 모르는 것이 아니라 모두 모른다는 것을 알게 된다'고 한다. 세간의 이야기지만 주식시장을 대하는 우리에게 경각심을 준다. 나아가 학사는 곤충을 연구하고 석사는 잠자리를 연구하고 박사는 잠자리의 눈을 연구한다. 잘 모를 때는 전체가 대충 이럴 것이라고 생각하지만 점차 깊이 있게 연구하게 된다. 성과를 내려면 자신이 잘 아는 산업, 잘 아는 기업에 집중하는 것이 중요하다. 짐 슐레이터의 '줄루 투자법'이 대표적이다. 주식시장은 정답이 없는 불확실성이 지배하고 그 안에서의 투자는 확률 게임이다. 그렇기 때문에 환희도 자괴감도 크게 작용한다. 두려움 탓에 소극적이 되면 리스크 테이킹을 할 수 없다. 주식 투자자는 정확한 결과를 알 수 없지만 대체로 결과가 어떻게 분포하는지 알 수 있는 리스크를 테이킹해야 수익을 낼 수 있고, 일시적인 수익이 아니라 시간의 경과에 따라 연속적이고 일정한 수익률을 유지할 수 있다. 많은 투자자가 결과를 알 수 없을 뿐 아니라 결과의 분포도 가늠할 수 없는 불확실성만을 쳐다본다. 그러고는 주식 투자는 공부할 필요도 없고, 전문가의 영역도 아니고, 그저 운이 따라 주어야 한다고 말한다.

세상이 변하는 것보다 훨씬 빠르게 주식시장은 변화를 반영한다. 그래서 주식시장에 영원불변한 투자 전략은 없다고 한다. 전문적인 트레이더가 가장 중요하게 생각하는 성공 요인은 '시장에 순응' 하는 것이다. 그렇기 때문에 롱런하고 시장에서 수익을 내고 있는 것이다. 중요한 것은 '운'이나 '대박'이 아니다. 투자를 하는 자신의 판단과 그 판단이 맞고 틀림의 문제다. 나아가 그 판단이 연속될 때 성공 확률이 높은지와 한 번 맞혔을 때 '수익의 크기가 얼마나 큰가'이다. 주식 투자를 너무 어렵고 힘들게 생각해서는 안 된다. 반면 카지노에서 '한 판 베팅'을 하듯이 또는 자신이 아는 지식이 전부인 양 시장을 얕보아서도 안 된다. 수익을 냈을 때 겸손하고, 시장을 판단할 때는 객관적 수치로 보아야 하며, 투자를 결정할 때는 통찰이 필요한 것이 주식 투자다.

69.8112
+11,00.00

2 chapter

불편한 진실

01

증권회사 문을 여는 순간 망한다?

여러분은 증권사 CMA 계좌를 갖고 계신가요? 보통예금통장으로 급여를 받고, 입출금도 은행 거래만 하던 지인을 CMA 계좌를 이용하도록 안내한 적이 있다. 일정률의 이자가 붙는 것을 아주 신기하게 여기며 웃던 모습이 생각난다. CMA는 보통예금처럼 입출금이 자유롭다. 은행이나 증권사로 이체도 편리하다. ATM기 사용도 은행과 똑같다. 직원과 상담할 때도 은행처럼 내방 고객이 많지 않아 대접받으며 더 빨리 처리할 수 있다. 그런데도 다들 CMA를 사용하지 않고 그냥 보통예금 통장을 사용한다. 증권회사에서 거래하는 것 자체를 기피하기 때문이다.

증권회사 문을 여는 순간 망한다는 얘기는 주식 투자자의 실패 경험 때문에 생긴 말일 것이다. 이론적으로 주가지수는 인플레이션을 반영해 우상향

해야 한다. 그런데 왜 우리나라 주식 투자자 중 열의 아홉은 실패했을까? 미국 유럽을 비롯한 선진국의 국민은 재테크를 주식 투자(직접, 간접 투자 포함)로 한다고 한다. 반면 우리나라는 부동산으로 재테크를 한다. 주식 투자는 망하는 지름길이라고 한다.

간접투자(펀드 투자)를 경험한 투자자 역시 재미를 봤다는 사람이 거의 없다. 손해를 봤다는 사람들뿐이다. 펀드에 투자해 놓고 몇 년씩 기다리지만 원금은커녕 손실이라고 한다. 심지어 주식시장은 많이 올랐는데 가입한 펀드 수익률은 마이너스에 머물러 있는 경우가 허다하다. 펀드 투자를 권유하면 고개를 절레절레 흔들기만 한다. 우리나라 주식시장은 길게 보면 우상향 한 것은 맞다. 수년씩 하락하기도, 상승하기도 했지만, 장기적으로는 우상향 상승했다.

하지만 투자를 정기적금처럼, 투자성 보험처럼 길게 하지 않기 때문에 손실인 사람이 많다. 운 좋게 수년간 상승한 상승기에 투자한 사람들은 수익을 냈겠지만 수년간의 하락기에 투자한 사람들은 손실이었다. 수많은 개인 투자자의 자금을 모아 투자하는 펀드 운용사도 문제다. 긴 안목으로 장기 투자를 하지 않는다. 운용사 임원이나 매니저들의 명줄이 너무 짧다. 임원들은 1~2년 내에 성과를 보여 주어야 한다. 성과가 부진하면 펀드 투자자가 돈을 빼서 나간다. 펀드 매니저들의 명줄은 더욱 짧다. 분기별 평가, 반기별 평가를 한다. 3~6개월 성과가 좋지 않으면 물러나야 한다. 그런 운용자들이 긴 안목으로 장기 투자를 할 수 있을까?

실제로 벌어지는 사례를 들어 보자. 시대의 조류에 맞게 투자하는 신생 펀드를 런칭한다. 초기에 500억~1000억원의 자금이 들어온다. 수익이 잘 난다. 성과가 좋다. 펀드에 자금이 몰린다. 운용자금이 커지면 수익률은 점차 떨어진다. 게다가 시황이 변한다. 수익률 저하가 아닌 손실이 나기 시작한다. 매니저 교체가 이뤄진다. 개인들이 환매하기 시작한다. 운용자금이 점차 줄어든다. 기존 자금은 이미 주식 또는 상품에 투자된 상태다. 운용인력은 교체되거나 줄어들고 자금도 줄면서 펀드 운용은 점차 시들해진다. 적극적인 교체 또는 포트폴리오 조정도 없다. 펀드는 수익률을 올리지 못하면서 천덕꾸러기가 된다. 중장기 투자로 펀드에 가입한 개인 투자자는 시황의 변화를 따라가지 못하고 늘 마이너스 수익률을 전전하는 펀드를 마냥 갖고 있게 된다.

중장기로 꾸준히 투자하자는 펀드 운용 철학과 운용 마인드를 가진 펀드매니저가 운용하는 펀드가 실제로 좋은 결과를 내는 사례를 주변에서 볼 수 있다. 그러나 안타깝게도 그런 펀드는 아주 극소수다.

전문가 집단에 맡겨 투자한다는 펀드에 실망한 많은 투자자가 직접투자를 하게 됐다. '맡겨서 손실을 보나 내가 직접 해서 손실을 보나 같다면 차라리 내가 하자'라는 심리다. 그러나 직접투자의 현실은 냉혹하다는 것을 오래지 않아 알게 된다. 주식 투자로 수익을 내는 확률은 10% 내외라고들 한다. 주식 투자의 정석은 기업의 가치를 판단하고 저평가 된 주식을 매수해 적정 가치로 회귀할 때 매도하여 차익을 실현하는, 간단한 논리다. 그런데 막상 투자를 하려고 보니 가치 분석과 함께 차트 분석도 해야 한다고 한다. 주식 투자는 타이밍의 예술이라고도 한다. 차트를 공부하다 보니 주식 투자로 성공하려면 패션을 알아야 하고 패션을 추종해야 한다고 한다. 업종의 사이클이 있고 시대의 조류에 따라 테마가 있다고 한다. 시황을 공부하고 업황을 공부하고 테마를 공부하고 개별 기업의 가치를 공부하고 차트를 공부하고 타이밍을 공부하다 보니 너무 복잡해진다. 저평가된 주식이라고 해서 매수 후 기다린다. 며칠, 몇 주일, 몇 달을 기다려도 상승하지 않고 오히려 하락하는 주식을 보며 뭔가 잘못하고 있다는 생각이 든다.

'달리는 말에 올라타라'고 한다. 지금 유행하는 패션에, 지금 강한 테마에 올라타는 투자를 한다. 상승하는 주식을 추격 매수하자니 두려움이 앞선다. 고점에 물리는 건 아닌가 하는 생각이 든다. 하루이틀 하락 조정에 매수한다. 그런데 조정이 아니고 하락이다. 재상승 없는 하락을 하니 원칙대로 바로 손절매한다. 주식 투자는 '하이 리스크 하이 리턴'이라며 상승 종목을 추격 매수한다. 수익이 난다. 3%, 5%, 수익이 나서 기분이 좋다. 며칠 수익의 기쁨을 느낀 다음 하락할 때는 하루에 5%, 10%씩 하락한다. 기분만 좋다가 결국 다시 손실이다. 단기 거래는 작은 수익을 내고 빠른 매매 타이밍을 잡는 것이라는 교훈을 얻는다. 이래저래 장기 투자도 시도하고 단기 투자도 시도하다가 원금은 어느 새 몇 십 퍼센트 손실이 나 있다. 기관과 외국인들이 매집하는 종목에 투자하라고 해서 따라 했더니 그들은 내가 살 때면 꼭 반대로 매도해 주가를 끌어내린다. 좋은 주식이라고 애널리스트들이 추천하는 주식을 매수했더니 그때부터 하락한다. 펀드에 투자하니 몇 년 동안 손실인 상태로 회복도 안 되고, 직접투자를 하니 가랑비에 옷 젖듯이 원금은 계속 줄기만 한다. ELS, (해외)채권, 펀드 등 증권사에서 판매하는 상품에 투자하려니 너무 어렵다. 직원의 도움을 받아 투자를 하자니 직원들도 믿을 수 없다.

ELS로 원금이 반토막 났다는 신문기사가 대문짝만 하게 나온 걸 보았다. 브라질 채권에 투자했다가 깡통 계좌가 되었다는 신문기사도 보았다. 파생상품에 투자했다가 난다 긴다 하는 선수들도 계좌가 깡통이 되었다는 얘기는 일상적으로 듣는다. 증권회사 문을 열고 들어가 원금 손실 우려가 있는 주식형 상품에 투자하면 망한다는 말이 나올 법하다.

정말 주식형 상품으로 하는 재테크가 망하는 지름길이라면 왜 선진국의 국민들은 직 · 간접적으로 주식 투자를 하고 또 성공하고 있을까? 우리나라는 그리고 우리는 뭐가 잘못되었고 뭘 잘못하고 있을까?

02

주식 투자는 도박? 운?

"주식 투자는 쪽박, 운, 그리고 사기다"

2017년 2월 13일 한국경제신문 1면 기사의 제목이다. 한국 주식 투자자의 속마음을 요약한 단어다. 투기적일 뿐만 아니라 패배주의 심리도 만연해 있다. 한국경제신문이 글로벌리서치에 의뢰해 1000명을 대상으로 설문 조사한 결과 '주식 투자' 하면 떠오르는 단어를 고르라는 문항에 43.1%가 쪽박(깡통), 24.8% 운, 7.6%가 사기라고 응답했다고 한다. 복수 응답 중 가장 많은 응답이 재테크였다는데, 결국 '재테크와 쪽박' 또는 '재테크와 운'이라는 생각을 갖고 있다는 뜻이다.

투자를 결정할 때 무엇이 영향을 미치는지에 대해서는 경제 신문 및 증권 방송, 투자 전문 동호회 및 카페, 지인 추천, 증권사 직원, 증권사 리포트 순으로 대답했다. 전문가 집단이라고 하는 증권사 직원의 신뢰도가 떨어진 이유에는 고객 수익보다 수수료 우선이어서, 전문성이 부족해서, 전문가 말 듣고 투자했다가 실패한 경험 때문에, 번거로워서의 순이었다. 증권사 리포트의 신뢰가 떨어진 이유에 대해서는 뒷북 보고서가 많아서, 긍정적인 내용만 담아서, 틀린 적이 많아서, 용어가 어려워서 등이라고 답했다.

기사를 읽으면서 증권회사 직원으로서 책임과 부끄러움을 느낄 수밖에 없었다. 주식시장의 방향과 주가의 방향을 정확히 맞힐 수는 없다. 그렇지만 시황에 영향을 주는 팩트와 기업 가치의 조사 자료를 제공함으로써 투자자에게 가이드라인을 제공하는 역할인 증권사 임직원의 입장에서는 신뢰를 잃은 책임을 통감해야 할 것이다.

IMF가 매년 국제 경제성장률을 분석해 발표하지만 언제 맞힌 적이 있었던가? 유수의 글로벌 IB들이 분석해 발표하는 국가별 경제성장률, 유가를 비롯한 상품 가격, 주식시장 방향 등이 언제 우리가 기대하는 것과 맞아떨어진 적이 있었던가?

그럼에도 전 세계의 기관 투자가들은 그들의 분석 자료를 바탕으로 투자 전략을 만들어 대규모 자금을 운용하고 있다. 오히려 개인 투자자가 더 불신하고 손실도 더 많이 본다. 그 이유는 '투자 원칙의 혼돈' 때문은 아닐까? 글로벌 IB조차 맞히지 못하는 경제 흐름에 대한 혼돈, 수수료 수입을 우선하는 증권사와 직원들에 대한 불신, 개인보다 기관 투자가에게 집중돼 있는 리포트들에 대한 불신. 그러다 보니 이렇게 해보고 저렇게도 해보지만 결국 수익이 나지 않으니 '믿을 건 아무것도 없다', ' 운이 좋아야 한다'라고 생각하게 된 것은 아닐까?

머니게임이라고 하는 주식시장의 참여자들은 누가 시장과 주가를 움직일 수 있는지, 유용한 분석 자료를 누가 더 빨리 접해 남들보다 더 빨리 매수하고 매도할 수 있는지, 막대한 자금과 힘 있는 분석 자료의 원천 소스에 누가 더 가까이 다가가 있는지에 집중하고 있다. 외국인들은 국내 투자자로부터 수익을 챙기려 하고, 기관 투자가는 개인 투자자에게 수익을 챙겨 가려 하고, 좀 더 자금이 여유롭고 기관 정보에 가까이 있는 개인 투자자는 그렇지 못한 많은 개인 투자자에게서 수익을 챙기려 하는 투기 시장이 형성돼 있기에 주식 투자는 '사기'라는 말까지 듣고 있는 것이다. 주식시장에 불합리한 점은 많이 있다. 그럼에도 시장에서 꿋꿋이 수익을 내며 롱런하고 있는 투자자는 뭔가 다른 투자 철학을 갖고 있을 것이다. 언젠가, 누가 쓴 글인지 모르지만 SNS에 돌아다니던 투자 철학에 관한 참 좋은 내용이 있어 소개한다.

***

주식 투자란 세상사를 읽어 내는 것부터 시작된다. 세상을 복잡한 금융기법으로 바라보기보다는 상식과 조화의 관점에서 접근해야 하며, 그 순수한 결과물을 포트폴리오에 가장 정확하게 그리고 선행적으로 담아내야 한다.

좋은 기업과 좋은 주식을 구분할 줄 알아야 하며 나쁜 기업을 좋은 주식으로 포장해서는 안 된다. 주식 투자에서 성공하려면 세상에 대한 통찰력이 있어야 한다. 그러나 누구의 관점이 맞는지는 아무도 모른다. 다만 그 확률을 높이기 위해 부단히 노력해야 하는 것이다.

***

우리나라 주식시장이 투자시장이라기보다는 투기시장이라고 불린 지는 이미 오래되었다. 많은 사람들이 주식 투자는 도박이며 수익은 운이고 전문가들은 사기꾼이라고 한다.

주식시장의 시스템이 정상적으로 돌아가고, 주식 투자자들의 마인드가 이성적인, 즉 '정석 투자'로 수익을 내는 시장이 될 수 있을까? 만일 그런 시장이 된다면 수익 내기가 더 쉬울까?

시장은 비효율적 요인과 비이성적 심리에 의한 수급이 혼재돼 있다. 그 와중에 투기적 거래가 성행하지만, 그들이 만들어 놓은 사기성 흐름에 휘둘리지 말고 주가 움직임의 기본 원칙인 기업의 가치를 기준으로 투자해야 실패하는 투자자와 다른 결과를 얻지 않을까?

03

주식시장은 맨날 위기?

주식시장은 하루도 편할 날이 없다. 증권 방송에서는 만날 위기라고 하고, 중요한 날이라고 한다. 주식시장은 전 세계에서 일어나는 거의 모든 일을 반영하며 움직이기 때문이다. 세계는 1, 2차 세계대전, 베트남 전쟁, 이라크 전쟁, 9 · 11 테러 이후 지속되고 있는 수니파 이슬람 극단주의 무장단체와의 전쟁 등 크고 작은 전쟁을 지속하고 있다. 환율 전쟁, 무역 전쟁 등 정치 경제적 패권 전쟁 역시 지속되고 있다. 자연재해도 해가 갈수록 늘어나고 있다. 흔히 백 년 만의 최악의 가뭄, 홍수, 더위, 추위 같은 뉴스를 접하곤 한다. 2020년 봄에는 불행하게도 코로나 19 바이러스로 세계의 경제활동이 정지되고 주식시장은 폭락했다. 경제 위기는 국가별로 순환하면서 지속되고 있다. 아시아의 외환위기, 미국의 금융위기, 남유럽의 금융위기 등. 경제 위기는 글로벌 전체가 겪을 때도 있고 국지적으로 나타나기도 한다. 각국의 정치적 상황도 시시각각 변한다. 보수 정당이 집권하기도 하고 진보 정권이 집권하기도 하지만 주식시장에서는 늘 그 변화를 불확실성이라고 하며 하락 재료라고 했다. 경제정책도 그때그때마다 주식시장에 호재 또는 악재로 반영된다. 경기 상황에 따라 시장에 유동성을 보강하는 정책의 시기가 있고 회수하는 정책의 시기가 있다. 그때마다 주식시장은 변화의 불확실성 탓에 몸살을 겪어야 했다.

미국에서 트럼프가 대통령이 되면 미국 경제에 위기가 올 것이라는 분석, 그리스에 좌파 정권이 들어서서 경기 회복에 걸림돌이 될 것이라는 분석, 영국이 EU에서 탈퇴하면 EU 체제 불협화음으로 영국 및 EU 주요국의 경제가 어려워질 것이라는 분석, 중국이 고성장에서 안정성장으로 전환하는 것이 연착륙이 아닌 경착륙이 되면 세계경제에 악영향을 끼칠 것이라는 분석, 미국이 2008년 이후 대규모로 시장에 지원한 유동성을 2017년 이후 다시 회수하기 시작하면서 결국 다시 위기가 올 것이라는 분석 등 정말 다양한 분석이 시장을 불안하게 했고 지금도 진행되고 있다.

전쟁이나 자연재해 등은 어떠한가? 시기마다 세계경제는 위기에 처할 것이라는 뉴스를 접하게 된다. 우리나라는 북한과 대치하고 있는 국가라 북한 관련 위기는 끊임없이 지속되고 있다. 핵 개발을 하고 있고, 미사일 시험 발사를 하고, 서해에서 교전이 있었다는 뉴스도 간혹 들려온다. 주식시장 내부적으로도 주기적인 불확실성이 있다. 분기별 실적 시즌이 되면 실적에 따라 시장이 크게 변동하고, 매월 · 매분기 돌아오는 옵션 및 주식 선물 만기, 분기 · 반기로 발표되는 MSCI, FTSE 지수의 편입 여부 및 리밸런싱, 글로벌 주요국의 경제지표 등이 모두 불확실성이다.

주식 투자를 하면 저절로 신문을 열심히 보게 된다. 우스운 얘기를 하자면, 잠 안자고 게임만 하는 젊은 친구들에게 주식 투자를 시키면 잔소리 안 해도 일찍 자고 일찍 일어나서 뉴스와 신문을 보게 된다고 한다. 주식을 매수해 놓고 손실 우려로 잠 못 이루는 투자자도 많다.

주말 리스크라는 것이 있다. 금요일에 주식을 매수해 놓고 토요일과 일요일 시장이 열리지 않는 동안 전 세계에서 악재가 일어날 가능성에 대한 리스크다. 당연히 연휴는 더더욱 피하고 싶은 리스크가 된다. 주식시장은 연휴를 앞두고 하락하는 경우가 많은데 그러한 이유에서다.

그러다 보니 매일매일이 중요한 날이고 매일매일이 위험한 날이 된다. 그래서 주식 투자를 하고 나서 전전긍긍하고 몸도 아프고 하루하루가 불행하다는 투자자들이 있다. 주식 투자는 돈을 벌기 위해 하는 것이고, 돈은 자신이 하고 싶은 것을 하는 데 필요한 것이다. 주식 투자를 하면서 돈은 벌고 있는데 자신이 하고 싶은 것을 하지 못하고 불행하다면 주식 투자는 왜 하는 것인가?

글로벌 위기에서 비롯된 시황 변화는 10년이란 사이클을 갖는 경향이 있다. 전쟁이나 천재지변은 그 규모가 커서 세계적인 경제 불황을 견인하는 경우 시장을 추세적으로 하락시키는 요인이 되지만 국지적인 경우 시장의 흐름을 바꾸지는 못한다. 그 외의 크고 작은 정치적, 경제적 정책들이나 사건 사고들이 발생하면 그것이 세계경제에 어떤 영향을 미칠지 판단하는 것이 중요하다. 작은 사건이라 해도 경제에 직접적인 영향을 미치고 중장기적으로 악영향을 미치는 것이라면 시장은 그대로 반영하며 추세 하락을 할 것이다. 그렇지 않은 대부분의 경우는 단기 충격에 그치고 시장은 다시 원래 추세대로 돌아온다.

단기 충격을 주는 악재를 시장에서는 '이벤트', '노이즈'라고 표현한다. 노이즈는 단기 매수의 타이밍이다. 하락 추세를 이끌 강력한 악재를 만나면 전액 현금화해 다시 찾아올 대세 상승을 준비해야 한다. 결국 어떤 현상이 일어났는데 분석 후 노이즈라면 매수 타이밍이며 장기 악재라면 매도 타이밍이 된다. 우리가 접하는 대부분의 악재는 단기 노이즈인 경우가 많다. 그것 하나하나에 대응해 걱정하면서 투자한다면 결국 현명한 투자자가 매수하는 타이밍에 자신은 매도하게 될 것이다. 세계적으로 주식 투자의 귀재라 불리는, 주식 투자로 억만장자가 되었다는 전설의 투자자들은 대부분 모두 위기라고 하는 시황에서 주식을 대량 매수해 큰 돈을 벌었다. 그들은 주식시장에서 위기라 불리는 불확실성을 수익을 내는 기회로 만들 수 있었기 때문이다.

"신경 쓰지 마세요. 주식시장은 늘 위험하다고 합니다. 언론은 늘 과장하기 마련입니다. 이벤트에 일희일비 하지 마세요. 시황은 하루아침에 돌변하지 않습니다. 시황관를 갖고 각 시나리오별 대응 원칙을 갖고 있으면 될 뿐입니다."

04

증권가에 흘러 다니는 정보의 원천 소스는?

증권회사에 입사해 주식 투자를 시작한 1990년대 중반에는 지금처럼 다양한 SNS가 존재하지 않았다. 통신과 정보 기술의 결합으로 지금과 같은 인터넷 시대가 된 것은 2000년대로 접어들고 나서였다. 당시 증권사 직원은 하루 종일 전화기를 붙잡고 주변 지인으로부터 주식 정보를 듣고, 고객에게 전달하고, 고객으로부터 주문을 받았다. 시장이 끝난 저녁에는 자신의 네트워크를 총 동원해 기업의 새로운 정보를 얻으려 노력하고 낮에는 전화기를 붙잡고 서로 알게 된 정보를 주고받곤 했다. 그 정보라는 것이, 기관 투자가들이 매수하(려)는 수급일 때도 있고, 주가의 상승을 가져올 만한 기업의 모멘텀일 때도 있다. 시장의 큰 손이 어떤 주식을 매집하고 있는지를 아는 것, 그들이 그 주식을 매집하는 이유를 남들보다 먼저 아는 것이 주식 투자를 잘하는 직원들의 능력이었다.

바이오 주식 하나가 1만5000원에서 3만원이 되었다가 다시 6만원까지 상승했을 때, "그거 상승 모멘텀이 뭐야? 신약 개발 파이프라인이 그만한 가치가 있는 건가?"라고 후배 직원에게 물었더니 뜻밖의 대답을 해왔다. "그거 아는 형님들이 9만원까지 올릴 것이고, 거기서부터 매도하기 시작한다고 합니다." 간략하고 확고한 대답이었다. 난 '우문에 현답을 하는군' 하고 웃으며 그 방에서 나왔다.

그 후배 직원은 고객 수익률이 좋은, 주식 투자를 꽤 잘한다고 평이 나 있는 직원이다. 주식 투자에 대한 열정도 남다르다. 그가 하루 종일 가장 많이 시간을 투자하는 일은 카카오톡이나 텔레그램 등 SNS를 통한 대화다. 그와 연계된 네트워크는 같은 회사 모임만이 아니라 증권회사를 그만두고 나와서 전업 투자를 하고 있는 브띠크의 선수, 애널리스트 모임, 함께 기업 탐방을 다니는 직원 등 여러 부류다. 그와 인터넷 채팅을 하는 상대방도 비슷한 네트워크를 갖고 있을 것이다. 결국 그들은 각자의 네트워크로 얻은 정보를 공유하며 주식 투자를 하고 있었다. 그러한 노력이 좋은 결실을 맺는 것이다.

과거 내가 신입 사원 시절 전화통을 붙잡고 정보를 공유했던 것이 인터넷 채팅으로 바뀐 것뿐이다. 그들이 공유하는 소위 '정보'라는 것을 생각해 보면 사실 좀 우습다. 가령 후배 직원이 내게 얘기하듯이 그 종목은 '9만원까지 올릴 거야'라는 말은 누가 처음 한 것일까? 그 후배에게 전해준 사람에게 물어보면, 그는 또 다른 누구에게 들었을 것이다. 그럼 그 다른 누구는 또 누구에겐가 들었을 것이다. 그렇게 계속 그 얘기를 전해준 '그 누구'를 역추적하다

보면 원천을 제공한 사람이 나올 것이다. 애널리스트? 증권가에 입김이 있을 법한 거액 투자자 또는 성공한 전문 투자자? 증권사 임원? 회사 내부자? 대체 누구일까?

이런 생각을 해보자. 그 원천 정보가 증권가에 입김이 있는, 많은 이들이 신뢰하는 투자가의 입에서 나왔다고 하자. 그렇기 때문에 많은 이들이 추종한다고 하자. 그럼 그 신뢰를 받고 있는 투자가는 누구에게 그 기업의 정보를 들었을까? 자기가 스스로 판단하여 발굴한 것일까? (대부분의 경우 그런 사람들은 후배 직원들을 거느리고 있고, 그 후배들이 기업 탐방이나 정보 회의를 통해 얻은 자료를 바탕으로 투자한다.) 결국 그에게 정보를 전해준 후배들로부터 처음 시작된 것이 아닐까? 사실 '정보'라고 하는, 증권가에 흘러 다니는 것의 원천 소스를 찾다 보면 '누가 가장 먼저'인지를 모르는 경우가 허다하다.

단지 그들이 믿는 것은, 그 정보를 전달해주는 채널, 즉 그 네트워크가 얼마나 신뢰할 수 있는지, 그리고 얼마나 자금력이 있어서 주가를 올릴 수 있는지, 그게 관건이다. 다시 생각해 보면 정보의 진위보다 정보가 흘러 다니는 경로에 속한 사람들이 얼마나 주가를 상승시킬 수 있는 힘이 있는지가 중요하다. 대규모 투자를 하는 기관에서 일하는 펀드 매니저 역시 상당히 견고하게 네트워크를 형성하고 있다. 그렇기 때문에 간혹 특정한 업종이나 종목의 상승과 하락의 이면에는 기관 투자가들의 집중적인 대량 매수 및 매도가 있다. 마치 약속이라도 한 듯이 일시에 집중되는 것이다. "○○형님이 ○○업종은 매도 한다는데", "○○종목은 매도한다는데"라고 하면 그 소식은 단 몇 초도 안 돼 그들의 네트워크에 소속돼 있는 사람들에게 전해질 것이고 그들은 뒤도 안 돌아보고 일단 매도한다. 그러고 나서 채팅을 통해 물어볼 것이다. "그런데, 왜 파는 거야?"

그러곤 자기가 속해 있는 다른 채팅 방에 그 소식을 전할 것이다. 그렇게 그렇게 전달하다 보면 몇 분, 몇 십 분 안에 여의도에서 주식 좀 한다는 사람들은 모두 알게 되는 것이다. 그 소식을 전해 들은 개인 투자자는 지금이라도 팔아야 하나, 사야 하나를 고민하게 되는 것이다. 과거에는 전화로 했던 것을 인터넷 채팅을 통해 한다는 것만 달라졌을 뿐 증권가는 수십 년이 지나도 투자 행태가 변하지 않았다. 소위 '정보'의 진위 여부, 신뢰도보다는 정보 전달 과정에서 주가가 상승과 하락을 하는 것이다. 주식을 특정한 세력이 인위적으로 상승시킬 때 우리는 '작전'이라고 부른다. 다수의 정보를 다수의 세력이 서로 전달하는 과정에서 주가가 상승하는 것은 무엇이라고 부르면 될까? 그 메커니즘을 이해할 필요가 있다.

05

좋은 기업과 좋은 주식은 별개

주식의 가치인 주가는 기업의 내재 가치 및 미래 성장 가치를 현재가에 반영해 거래된다. 결국 주가는 기업 가치의 반영이며 주식 투자는 가치가 성장할 수 있는 기업에 투자하는 것이다. 우리는 흔히 이런 말을 한다. 좋은 기업인데 주가는 하락해 답답하다. 좋은 기업인데 주가가 왜 반영을 못하는 거지? 시장이 왜곡돼 좋은 기업의 주가가 상승하지 못하네.

"좋은 주식은 좋은 기업이 아니고 나에게 수익을 주는 주식이야"라는 말을 하기도 한다. 얼핏 맞는 얘기인 것 같기도 하다. 삼성전자를 매수해 수개월을 기다리고 있는데 주가 상승은커녕 하락하기만 한다면 그 투자자에게 삼성전자는 좋은 기업이지만 좋은 주식은 아닐 것이다.

세간의 얘기를 하려는 것은 아니다. 우리는 좋은 기업을 발굴하려 노력하지만, 그것이 좋은 주식을 골라 투자하는 것과는 분명 차이가 있다는 것이다. 석학들의 이론처럼 복잡한 경제 이론으로 주식시장을 설명해서는 시장을 이해할 수 없다. 어려운 금융 기법으로 주가의 움직임을 본다면, 실전에서의 주가 움직임을 제대로 읽어낼 수가 없다. 주식시장은 세상의 온갖 상황을 모두 반영한다고 한다. 지구 저편의 국가에서 일어나는 정치적인 이슈, 전쟁, 테러, 재해, 질병, 경제적 이슈 등등 모든 것들이 복잡 다양하게 주식시장에 반영된다. 그래서 주식 투자를 하기 시작하면 세상의 모든 일에 관심을 가질 수밖에 없다. 따라서 세상의 모든 일을 걱정해야 하는 부정적인 면도 있다.

훌륭한 투자자는 세상의 모든 일을 정확하게 분석하려 들지 말아야 하며, 주가 움직임을 자신의 손바닥에 있는 것처럼 안다고 자신해서도 안 된다. 복잡한 경제 지식과 어려운 금융 지식으로 시장과 주식을 해석하려 하지 말아야 한다. 다만, 세상사를 읽어 내려 노력해야 한다. 세상사가, 시장이, 주가가 내 손 안에 있는 듯 거만하게 굴지 말아야 하며 상식의 수준에서 조화롭게 이해하려고 노력해야 한다. 소위 '통찰'이 중요한 이유다.

좋은 기업이 좋은 주식이라는 생각에서도 유연해져야 한다. 좋은 기업이라 해도 꼭 주가가 상승하는 것은 아니다. 좋은 기업인데 주가가 왜 상승하지 않느냐고 푸념하지 말아야 한다. 주식시장은 생물처럼 감정이 있고 변덕스럽다. 투자자들을 환호하게 하는 활황이다가도 금세 급락으로 돌변하기도 한다. 주식시장은 시장 그 자체로 상승할 때와 하락할 때가 있다. 우리가 만드는 것이 아니다. 경기 사이클이 있듯이 산업 사이클이 있고 시장의 상승과 하락 사이클이 있다. 개별 기업의 주가 역시 그렇다. 아무리 좋은 기업이라 해도 주가가 상승할 때가 있고 하락할 때가 있다. 시장이 하락을 할 때, 주가가 하락을 할 때 좋은 기업이라고 혼자 상승하진 않는다.

우리에게 좋은 주식은 주가가 올라 수익을 안겨 주는 주식이다. 결국 좋은 기업이 늘 좋은 주식은 아니다. 좋은 기업과 좋은 주식을 구분할 수 있어야 한다. 세상사와는 별개로, 경기와 시장의 대세와는 별개로 나 혼자 좋은 기업이 좋은 주식이 될 것이라고 고집 피워서는 안 된다. 우리는 늘 시장에 순응해야 하며 시장이 좋은 기업을 알아보고 좋은 주식으로 띄울 때 비로소 우리는 그 주식에 집중해야 한다. 좋은 기업이 언젠가는 좋은 주식이 될 것이라는 확신으로 투자하기도 한다. 확신과 신념이 있다면 그것을 투자 철학으로 삼아야 한다. 그리고 기다릴 줄 알아야 한다. 신념이 없으니 기다리지 못하는 것이다. 좋은 기업인데 주가가 오르지 않는다며 푸념하는 것, 그런 자세가 우리의 투자를 힘들게 하는 것이다.

06

어닝 서프라이즈 후 주가 하락과 어닝 쇼크 후 주가 상승

우리는 흔히 실적은 좋은데 주가는 왜 하락하는지 혼란스러워 한다. 반면 실적은 좋지 않은데 주가가 상승하는 것을 바라보며 어처구니 없다는 표정을 짓곤 한다.

'기관 투자가들이 실적 좋은 기업의 주식을 미리 매집하고, 목표 주가 상향 보고서로 개인 투자자들을 끌어들여 좋은 실적 발표를 하는 날 팔아먹는다고' 흔히들 얘기한다. 그래서 목표 주가 상향 레포트나 사상 최대 실적이 나오면 오히려 매도의 기회로 삼아야 한다고 말한다. '효율적 시장 가설 이론'에 의하면 현재의 주가에는 과거와 현재의 실적과 심지어 예측 가능한 미래의 실적까지 포함돼 있다고 하기에 결국 좋은 실적 발표를 할 때를 매도 타이밍으로 잡는 것은 당연할 수 있다. 그러나 실전에서는 좋은 실적이 예상되는 기업의 주가는 실적 발표 즈음에 상승하고 실적 발표 때 매도가 있긴 하지만 이후에도 상승하는 경우가 많다. 우리 시장의 주가 형성이 효율적 시장 가설과 거리가 먼 비효율적 시장이라는 이유도 있겠지만 업황이 개선되는 기업은 실적이 몇 분기 동안 연속적으로 좋아지기 때문이다.

반대로 실적이 나쁜 기업의 주가를 보면 실적 발표 전에 이미 지속적으로 하락한다. 그러다가 막상 최악의 실적 발표를 하고 나서는 기관 투자가의 매수세로 급반등하는 경우가 많다. 이 역시 효율적 시장 가설에 따르면 이론적으로는 그럴 듯하다. 좋지 않은 실적을 모두 반영한 주가이기 때문에 향후 좋아질 것이라는 기대치가 반영돼 저가 매수하기 때문이다. 그러나 이 경우 역시 반등 후 다시 하락할 때가 많다. 다음 분기에도 실적이 좋지 않은 경우가 많기 때문이다.

결국 어떤 경우든 핵심은 미래의 실적이다. 어닝 서프라이즈라도 향후 몇 분기 동안 지속하여 실적이 증가할 것이라고 예상되면 단기적으로 차익실현 하락 후 다시 상승 추세로 회복한다. 나쁜 실적으로 주가가 많이 하락했는데 향후 실적이 지속하여 좋지 않을 것이라고 예상되면 반등하더라도 이내 다시 하락 추세를 이어간다.

우리는 흔히 어닝 서프라이즈로 주가가 급등하면 매도하고 어닝 쇼크로 주가가 급락하면 매수해야 한다고 생각한다. 주가가 상승할 때는 세력들이 좋은 뉴스 플레이로 개인들을 참여하게 하고 나서 팔아 먹는다고 생각한다. 주가가 하락할 때는 반대로 나쁜 뉴스와 레포트를 퍼트려 개인들이 팔게 한 다음 더 싼 가격에 세력들이 매수한다고 생각한다. 실제로 시장에서는 무슨 금융공학(?)인 듯 그런 짓을 하는 세력이 있다. 그러나 대부분은 실적 발표를 하는 그 시점의 주가에 실적이 얼마나 반영되었는가에 따라 차익실현 매도 또는 저가 매수의 거래가 형성되는 것이다.

'빅 배스'라는 용어가 있다. 기업이 미래에 발생할 수 있는 최대의 손실을 모두 반영해서 실적을 발표할 때 사용한다. 그렇다면 그 기업은 다음 분기부터는 더 이상 추가적인 손실이 없으므로 기저효과에 의해 전분기보다는 좋은 실적을 내놓을 것이다. 그러한 경우에는 어닝 쇼크로 단기적으로 주가가 급락하지만 저가 매수세의 진입으로 반등할 수 있다. 어닝 서프라이즈인데 주가가 하락하는 건 이미 호실적이 주가에 모두 반영되었다고 판단하기 때문이다. 간혹 이런 경우가 있다. 당해 연도에 기업이 이루어낼 최대한의 실적을 주가가 모두 반영하고 있을 때다. 분기별로 기업 실적은 계속 서프라이즈로 발표되지만 주가는 지속하여 하락하는 경우다. 난감한 상황이 아닐 수 없다. '실적이 좋다는데 왜 주가가 힘이 없고 하락하는지' 물으면, 애널리스트를 비롯한 전문가들은 실적이 좋으니 단기 조정 후 다시 상승할 것이라고 한다. 그렇게 기다리다가 손실의 폭이 커지고 결국은 반 토막이 난 상태에서 이도 저도 못하고 주식을 보유하게 되는 경우도 많다.

주식 투자는 기업의 미래 실적을 예상하고 그 성장성에 투자하는 것이다. 그렇기에 현재의 실적이 좋지 않음에도 주가는 고공권에서 상승하기도 한다. 기업의 미래 성장(실적)을 정확하게 예상하는 것 자체가 힘들기 때문에 주가는 하락과 상승을 반복한다. 기업 분석을 아무리 잘했다 하더라도 글로벌 경기와 같은 매크로 변수를 잘못 판단하면 낭패를 보기도 한다. 그래서 '탑 다운' 방식으로 분석해야 한다는 얘기들을 하는 것이다. 우리가 단지 현재의 기업 실적만을 믿고 주가를 이해하려는 것은 우물 안에서 당장 내려오는 빗줄기만 보고 판단하는 것과 다를 바 없다. 주가가 실적과 연동하지 않을 때는 왜 그런지 의심해 보아야 한다.

07

경기가 최악일 때 시장은 상승한다?

우선 그래프부터 살펴보자. 화면 2-1은 미국이 1950년 이후 마이너스 성장을 기록한 해의 이전 1년과 당해 그리고 이후 1년 동안의 주식시장 등락을 보여 주고 있다. 경기가 후퇴하여 역 성장으로 진행되는 과정에서는 주식시장이 하락했지만 마이너스 성장을 한 당해와 그 다음 해에는 상승했고, 특히 당해에는 급등했다는 것을 알 수 있다. 당해의 언론은 경기 침체의 위기를 강조했을 것이고 경제지표는 암울한 수치를 보여주고 있었을 것이다. 그러나 주식시장은 급등했다.

화면 2-2의 그래프들은 미국이 마이너스 성장을 한 해의 시장 등락을 좀 더 구체적으로 보여 주고 있다. 위쪽의 수치는 각 당해 연도의 성장률이고 중

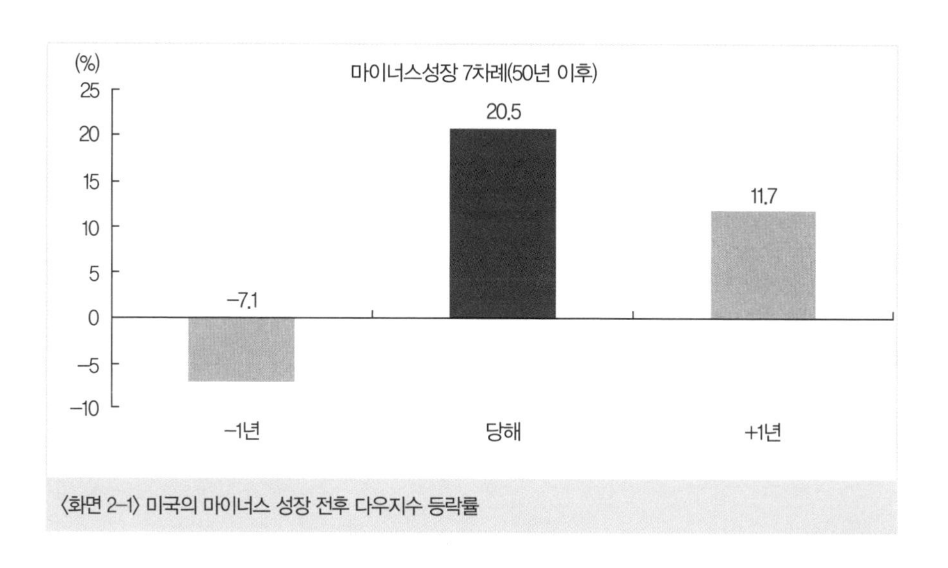

〈화면 2-1〉 미국의 마이너스 성장 전후 다우지수 등락률

간의 선은 주식시장의 움직임을 보여 주고 있다.

마지막 그래프는 1998년 외환위기를 겪으면서 경제성장률이 −6.9%에 이르는 침체기에 우리나라의 주식시장이 어떻게 흘렀는지 보여주고 있다. 당시 불과 1년여 동안 300포인트 아래의 저점에서 1000포인트까지 상승했다. 가까운 과거는 2008년 미국의 금융위기 때 다우지수다. 6500포인트였으나 그로부터 지속 상승하여 10여 년 동안 2만9000포인트를 넘는 흐름을 보여 주었다. 경제지표가 좋지 않을 때 개인이 느끼는 체감은 몇 배 더 좋지 않다. 우리의 외환위기 때를 생각해 보면 얼마나 최악이었나를 알 수 있다. 그런데 주식시장은 상승했다. 주식시장 밖의 사람들로서는 도무지 이해할 수 없을 것이다.

독일과 일본 그리고 한국이 마이너스 성장 시기였을 때 주식시장의 흐름을

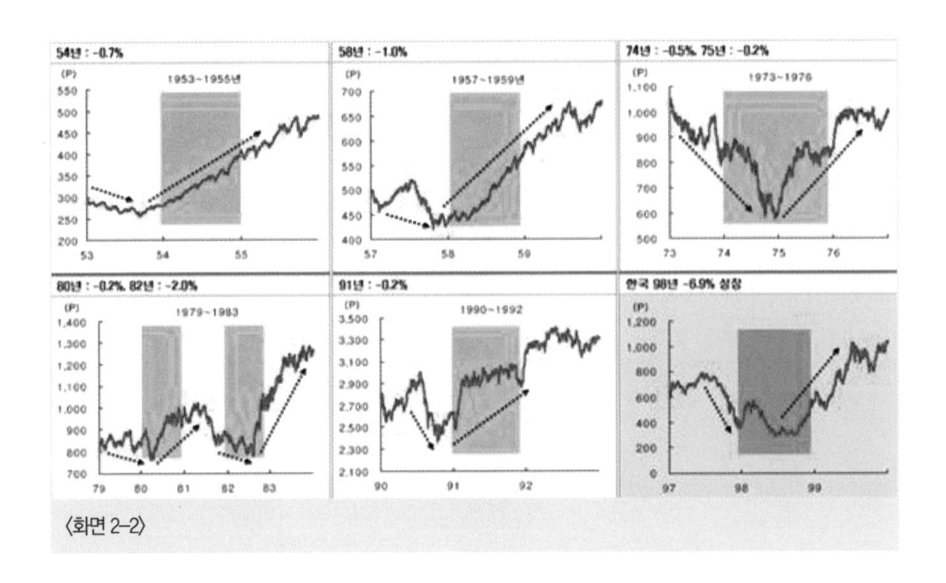
54년 : -0.7%
1953~1955년
58년 : -1.0%
1957~1959년
74년 : -0.5%, 75년 : -0.2%
1973~1976
80년 : -0.2%, 82년 : -2.0%
1979~1983
91년 : -0.2%
1990~1992
한국 98년 -6.9% 성장

〈화면 2-2〉

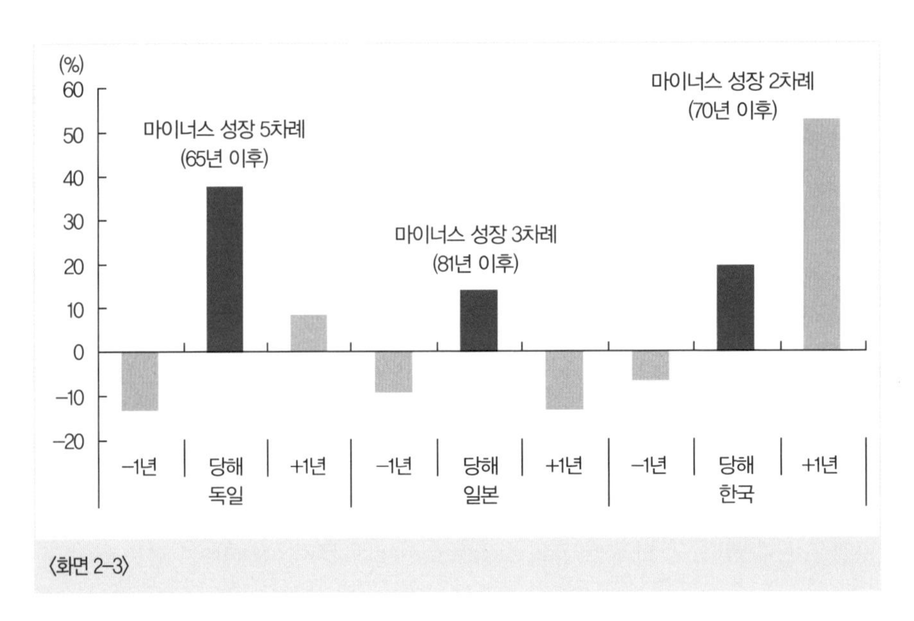
(%)
60
50
40
30
20
10
0
–10
–20
마이너스 성장 5차례
(65년 이후)
마이너스 성장 3차례
(81년 이후)
마이너스 성장 2차례
(70년 이후)
–1년
당해
+1년
독일
일본
한국

〈화면 2-3〉

좀 더 살펴보자. 화면 2-3에서 보듯이 여러 차례의 마이너스 성장 시기에 각국의 주식시장은 상승했다.

왜 그럴까? 왜 경기가 나쁜데 주식시장은 상승할까? 주식시장은 경기를 선반영하기 때문이다. 지금의 경기는 분명 좋지 않지만 곧 좋아질 것이라는, 적어도 지금보다는 좋아질 것이라는 판단이 주식시장으로 매수세를 불러들이는 것이다. 특히 마이너스 성장률의 시기에는 최악의 상황을 거치면서 시장이 급락한 상태이기 때문에 '기저효과'에 의해 조금만 회복되어도, 또는 회복의 신호만 보여도 주식시장은 급등을 할 수 있다.

수급 측면에서도 충분한 이유가 있다. 자본시장의 역사를 돌이켜볼 때 경기가 침체기에 들어서서 자산 가격이 하락하며 패닉에 빠지면 급격하게 신용이 축소되고 거품이 붕괴됐다. 시스템 위기에 봉착하면 정책 당국은 시장에 유동성을 인위적으로 공급해 신용을 팽창시킨다. 그러면서 은행이 살아나고 기업의 실적이 회복되면서 경기가 살아나도록 유도하는 것이다. 그 과정에서 인위적인 유동성 공급, 즉 전통적인 방식의 '금리 인하'와 비 전통적 방식의 강력한 '양적 완화'를 통해 막대한 자금을 쏟아붓고 그 자금은 주식 시장에 흘러 들어와 시장을 끌어올리게 되는 것이다. 늘 그랬듯이 2008년 미국의 금융위기 때도 제로금리로 만들고 양적 완화를 통해 막대한 돈을 시중에 뿌렸기에 다우존스 지수가 6500포인트에서 2만9000포인트까지 상승했다.

2020년 전 세계를 강타한 코로나 19 바이러스는 공장과 음식점을 문닫게

했다. 글로벌 팬데믹은 세계를 셧다운시켰다. 경제활동이 멈추었으니 당연히 기업 이익과 경제지표는 최악의 상황으로 치달았다. 미국의 GDP가 −30%에 이를 것이라는 전망도 나왔다. 주식시장은 불과 1개월 만에 코스피는 2200포인트 선에서 1439포인트까지 35%나 폭락했다. 미국은 다우존스 기준으로 2만9000포인트에서 1만8213포인트로 37%나 폭락했다. IMF나 세계은행 등 주요 통계기관에서는 2020년, 미국과 일본은 −6%대, 유럽은 −9%대, 브라질 −8%대, 인도 −3%대의 역성장을 예상했다. 선진국은 8~10%대 신흥국은 5% 수준의 마이너스 성장으로 예측치를 내놓았다. 그러나 주식시장은 3월말부터 강한 반등을 하기 시작해 2개월 만에 코스피는 다시 2200포인트 위로 올라섰다. 코스닥은 오히려 급락하기 시작한 지수 위로 상승했고, 나스닥은 역사적 신고지수를 경신했다.

역성장을 한 당해 지수의 상승을 앞에서 살펴보았듯이 2020년은 역성장 속에서 시장이 상승하고 있는 것이다. 과거의 경험처럼 역성장 당해에 상승하고 다음 해에도 상승할지는 지켜볼 일이다. 여하튼, 경기는 최악인데 시장이 급등하는 것은 경기지표의 기저효과와 무차별 유동성 공급이 만든 결과다. 실물경기와 주식시장의 괴리는 위기 때마다 나타나고 있다.

주식시장 외부에서 경제를 분석하는 석학들이나 기업가들 그리고 보통 사람들은 주식시장은 도대체 '이상한 곳'이라 말하곤 한다. 경기가 이렇게 안 좋은데 시장이 오르는 건 투기꾼에 의한 것이라고 폄하하곤 한다. 주식시장의 속성을 모르기 때문이다. 언젠가 다시 닥칠 불황의 시기에, 예상하지 못한 악재로 급락하는 시장이 오더라도 보유 주식을 바닥에 던지지 않아야 한다. 빠른 판단으로 위험관리 매도를 했다면 다행이지만, 타이밍을 놓쳐 주가가 급락했다면 '좋은 기업'이 '좋은 주식'이 되기를 기다려야 한다. 현금이 있다면 체리피킹의 기회로 삼아 큰 수익에 도전해야 한다.

08

우리나라 주식시장에서는 외국인이 항상 이긴다?

우리는 흔히 외국인이 우리나라 주식시장에서 언제나 '승자'였다고 말한다. 외국인들이 집중적으로 사들이기 시작하는 주식은 처음에는 상승하지 않지만, 일정 기간이 흐른 후 시장이 상승하기 시작하는 과정에서 국내 기관들이 가세해 강하게 상승한다. 이때는 외국인보다 국내 기관이 더 공격적인 매수에 나선다. 주가는 추세적으로 상승하며 외국인들은 조금씩 차익실현 매도를 한다. 국내 기관은 지속 매수해 주가를 추가적으로 상승시킨다. 그동안 호재가 만발하게 되고 개인 투자자 역시 매수세에 가담한다. 외국인들의 매도가 있지만 기관의 매수 때문에 소위 '손바뀜'이 일어나면서 추가 상승에 대한 신뢰가 쌓이고 개인 투자자는 더욱 강력하게 매수한다. 주가가 급등하며 누가 보더라도 강력한 상승이 나타날 때 기관들은 점차 차익매도를 하기 시작한다. 그러다가 일정 기간이 지나면 주가는 상투를 만들고 하락 추세로 전환한다. 결국 매수는 외국인 → 기관 → 개인의 순으로 나타나며 기관의 매수는 외국인의 차익실현을 가능하게 하고 개인의 매수는 기관의 차익실현을 가능하게 한다. 그래서 늘 맨 마지막에 매수에 동참한 개인은 매도하지 못하고 고점에 걸려 손실을 내는 것이다.

안타깝지만 과거 수십 년 동안 벌어진 현상이다. 외국인들은 국내 기관이나 개인 투자자보다 막대한 자금력과 정보력이 있기 때문에 외국인을 이길 수 없다고 한다. 실제로 글로벌 투자를 하는 대형 IB(투자은행)들의 운용 자금은 우리나라 시가총액과는 비교할 수 없는 규모다. 우리나라가 선진국 지수로 편입되어 있는 FTSE(Financial Times Stock Exchange)를 추종하는 글로벌 투자자금은 전체 약 4400조원으로 추정되고 있으며 우리나라의 비중은 2% 정도다. 우리나라가 신흥국 지수에 편입되어 있는 MSCI(Morgan Stanley Capital International index)를 추종하는 글로벌 투자자금의 전체 규모는 약 4000조원으로 추정되고 있으며 그중 우리나라의 비중은 14% 정도다. 단순 수치만 봐도 외국인의 영향력이 얼마나 큰지 알 수 있다. 머니게임 시장인 주식시장에서 외국인이 집중적으로 매수하는 기간과 매도하는 기간이 우리 시장을 얼마나 좌지우지하는지 알 수 있다. 정보력에서도 그렇다. 외국인이 예측하는 글로벌 경기와 각국의 경기 그리고 세계 각국에 영향을 끼칠 수 있는 주요 정책이 주요 선진국들에서 나온다는 점에서 볼 때 우리의 판단보다 그들의 판단이 더 정확하고 영향력이 클 수밖에 없을 것이다. 물론 외국인이 우리 시장에서 항상 승자는 아니었다. 외국인이 매도하는 기간에 국내 기관 투자가들이 매수해 시장이 상승할 때도 있었고, 외국인과 기관이 매도하지만 개인의 매수로 시장이 상승할 때도 있었다. 그러나 드물게 나타나는 경우이고 대부분 외국인이 시장의 방향을 견인했다는 것은 안타까운 현실이다.

단지 외국인에 의해 시장이 좌우되는 '윔블던 현상'을 얘기하고자 하는 것은 아니다. 자금력과 정보력에서 뒤진다는 생각에 국내 기관 투자가는 어떻게든 외국인의 동향을 파악하려고 노력하고 개인 투자자는 어떻게든 기관 투자자의 동향을 파악해 투자하려는 주식시장의 수급 논리를 말하려 하는 것이다. 그들의 투자 철학이나 원칙 또는 투자 이유나 목적 등을 판단하지 않고 맹목적으로 수급 동향만 파악해 추종하겠다는 생각이 결국 외국인의 배를 채워준다. 그 돈은 우리나라 개인 투자자의 주머니에서 나온다. 스스로 매크로 분석을 해서 시황을 판단하고 기업 분석을 통해 투자하는 국내 기관 투자가가 얼마나 될까? 기관 투자가 때문에 당했다고 표현하는 개인 투자자는 자신의 판단으로 투자하고 있을까? 오늘도 외국인이 뭘 사는지, 기관 투자가들이 뭘 사는지를 열심히 찾고 있지 않나? 좋은 기업에 투자하기보다 지금 당장 상승할 주식을 찾고 있지 않나? 외국인들이 꾸준히 매집하고 있는 좋은 기업의 주식을 매수해 놓고 단기에 주가 상승이 없으면 그들처럼 기다리고 못하고 매도해 버리지는 않나?

기관 투자가들이 외국인의 매수를 추종하고 개인이 외국인이나 기관 투자가의 매수를 추종하는 투자를 계속한다면 결국은 기관 투자가가 올려 놓은 주가 덕분에 외국인이 차익실현 하게 될 것이고 개인이 올려 놓은 주가 덕분에 기관 투자가가 차익실현 하게 될 것이다. 우리나라의 개인 투자자는 전 세계 어느 개인보다 현명하다. 90년 말 외환위기와 2008년 금융위기를 경험한 우리나라 개인 투자자는 2020년 코로나 바이러스로 인한 시장 급락에 매수로 대응하였다. 외국인들이 23조원을 순매도하며 시장에서 빠져나갔지만 시장은 1450포인트에서 2150포인트까지 강력히 상승했다. 개인이 끌어올리는 시장은 제한적이고 일시적인 상승이라고 폄하하는 전문가가 있었지만, 개인 투자자가 시장 변동성에 대처한 '스마트 머니'는 멋지게 성공했다. 투자 철학과 원칙을 갖고 있다면 뒷북이 아니라 외국인과, 기관과 동등하게 투자할 수 있다는 사례로 남을 것이다.

09

부실 기업일수록 주가가 급등한다?

주식시장을 눈여겨본 투자자라면 단기 급등하는 주식에는 공통점이 있다는 것을 알 것이다. 자본금이 작아 총 주식수가 적은 주식, 대주주 보유 지분이 많아 총 유통 주식이 적은 주식, 가격이 낮아 개인 투자자가 많이 참여하고 있는 주식, 사회적 이슈로 강력한 테마가 형성된 주식 등 여러 가지 이유가 있다. 그중 독특한 것은 부실 기업일수록 상승할 때는 급등하는 것을 볼 수 있다는 것이다. 주력 사업에서 성장성을 잃어 실적이 계속 좋지 않던 기업이 턴어라운드 할 만한 모멘텀이 발생할 때 급등하는 경우가 있다. 또는 증자 등을 통해 부실 기업의 지분을 확보한 작전세력이 신사업 등의 재료를 붙여 주가를 급등시키기도 한다.

부실 기업이 턴 어라운드 할 때 주가가 급등하는 것은 일면 이해할 수 있다. 주가의 움직임은 꾸준히 실적이 좋은 우량 기업보다 실적이 좋지 않아 하락한 기업의 실적이 급격히 좋아질 때 급등한다. 가령 같은 업종의 같은 제품을 만드는 기업이고 자본금 역시 같다고 가정할 때 매년 똑같이 100억원의 순이익을 내는 기업보다 적자였다가 흑자 전환했다든지 10억~20억원 정도의 순이익에서 100억원으로 급증하는 기업의 주가가 더 많이 상승한다. 이론적으로 두 기업의 시가총액은 같아야 하지만 순이익이 적자에서 10억원으로, 10억원에서 100억원으로 증가한 기업의 시가총액이 더 높게 상승한다. 영업이익의 기울기만큼 주가 상승의 기울기가 형성되고 이익이 급증하는 기업의 향후 성장성에 대한 기대가 반영되기 때문이다.

문제는 실적이 뒷받침되지 않는 경우다. 실적이 늘어나지도 않고 미래의 성장을 기대할 수 있는 성장 파이프라인이 없음에도 투자자들을 현혹시키는 루머 탓에 주가가 급등하는 것을 많이 볼 수 있다. 그러한 주식의 공통점이 있다. 대개 자본금이 적거나 유통주식 수가 적거나 주가가 낮거나 대주주 지분율이 낮거나 외국인이나 기관 투자가들의 보유 지분율 역시 낮은 것들이다. 적은 돈으로 주가를 인위적으로 상승시키고자 하는 세력이 있다면 그들 입장에서는 주가가 상승할 때 매물이 최소인 주식을 선택할 것이다. 주가 상승 시 유통물량이 많아 이곳 저곳에서 매물이 나온다든지, 기관이나 외국인들이 주가 상승을 이용해 매물을 내놓으면 그 매물을 받는(매수) 데 엄청난 돈이 들 것이다. 결국 적은 돈으로 소기의 목적을 달성하려면 주가 상승 시 매물이 적으면 적을수록 좋을 것이다. 기관이나 외국인이 지분을 갖고 있지 않고 자본금도 적고 가격이 낮은 조건에 맞는 주식이 저가 부실주에 많다.

소액으로 직접 투자하는 개인 투자자가 많은 우리나라 시장 상황도 부실 기업의 주가 급등을 부추기고 있다. 고가의 주식보다 저가 주식을 선호하고 천천히 추세적으로 상승하는 주식보다 단기 급등하는 주식을 선호하는 개인 및 일부 기관 투자가의 성향 때문에 부실 기업임에도 불구하고 수급과 주가 움직임 차트를 추종해 급등하는 주식에 몰려드는 것이다. 우리는 흔히 "저 주식은 뭔데 저렇게 급등하는 거지?" "가치를 따지면 도저히 투자할 수 없는데 주가는 급등하고 있으니, 쳐다볼 수밖에 없네"라는 말을 한다. "저런 주식 매매는 투기일 뿐이야"라고 말은 하지만 급등하는 주가를 보면서 참여의 유혹을 느끼곤 한다. 주식시장에는 분명 투기꾼이 존재하고 있다. 현명한 투기꾼, 전문적인 투기꾼, 재주가 좋은 투기꾼은 급등하는 주가 움직임의 영역에서 수익을 내곤 한다. 나는 그런 투기꾼인가? 내가 그런 투기꾼이 될 수 있을까?

10

개인은 현명하지만 개인이 모인 군중은 우매하다?

2016년 6월 23일, 유럽에서 역사적인 사건이 일어났다. 영국이 EU에서 탈퇴하는 게 좋은지, 아니면 잔류하는 게 좋은지를 국민에게 묻는 투표가 있었다. 글로벌 이슈에 민감한 주식시장과 외환시장은 잔류에 무게를 두고 베팅하고 있었다. 주식시장이 상승하고 그 가운데 은행주가 선두에 섰다. 외환 시장에서는 파운드화가 상승하고 달러 인덱스가 하락했다. 심지어 확률이 높다는 정치권의 의사결정 도박 사이트에서조차 영국의 EU 잔류에 무게를 두고 있어서 거의 모두 영국의 EU 잔류를 기정 사실화하며 23일 아침을 맞이했다.

우리는 주식시장이 열리고 있는 아침부터 투표 결과에 민감하게 촉각을 곤두세우고 있었다. 탈퇴와 잔류의 표 차이가 엎치락뒤치락 하면서 주식시장은 급격한 상승과 하락을 반복했다. 영국의 EU 탈퇴는 그들의 자충수이면서 정치적 실패라는 인식 때문에 결국 잔류를 선택할 것이라는 공감대가 형성돼 있었다. 그러나 결과적으로 영국 국민은 EU 탈퇴를 선택했다. 곧바로 원화의 급등(원화 약세), 엔화의 급락(엔화 강세), 주식시장의 폭락이 나타났다. 한국의 코스피는 장중 −4.73% 종가 −3.09%, 코스닥은 장중 −7.11% 종가 −4.76%로 폭락했다. 일본 니케이 225는 장중 −8.46% 종가 −7.92% 폭락으로 역사상 중요한 이벤트가 나타날 때 발생할 만한 폭락을 경험했다. 아시아에서의 폭락 후 당일 미국과 유럽은 종가 기준으로 미국 나스닥은 −4.12%, S&P500은 −3.59%, 독일은 −6.82%, 프랑스는 −8.04%, 당사국인 영국은 −3.15% 폭락하며 하루 만에 한국은 47조원, 세계 주요 증시는 약 3000조원의 시가총액이 증발했다. 다음 날 영국으로부터의 외신은 군중의 우매함을 탓하는 기사들을 쏟아 냈다. '우리가 무슨 짓을 한 거야?', '국민투표 다시 하자', 'EU 탈퇴가 뭔지 잘 몰랐다' 등.

영국 국민의 선택이 정치적으로 옳았는지, 틀린 것이었는지를 논하자는 것은 아니다. 이성적 판단과 행동의 결과로 향후 일어날 수 있는 사안에 대한 우리의 판단은 그리 틀리지 않는다. 그러나 군중의 행동과 생각은 종종 틀리곤 하는데 영국의 EU 탈퇴 국민투표와 그 결과에 대한 국민들의 반응은 단적인 사례인 듯하다.

주식시장에서는 그러한 일들이 흔히 벌어진다. "우는 아기를 업은 주부가 증권회사에 나타나면 상투", "시골에서 농사 짓던 농부들이 주식시장에 나타나면 상투"라는 증시 격언이 대표적인 사례다. 투자자 개개인은 상당한 지식을 갖고 있고 현명하다. 그런데 전체를 묶은 군중은 늘 상투에서 열광하고 급락해 투매가 나올 때 주식을 매도한다. 그래서인지 군중을 조종할 수 있는 힘을 가진 진짜 세력은 군중을 투매로 몰아넣고 저가에 매수하고, 군중을 추격매수에 열광하게 하고 매도한다. 글로벌 경제와 글로벌 자금을 움직이는 진짜 세력이 오래 전부터 많이 사용한 전략이다. 글로벌 시장까지 가지 않아도 우리 시장 내부에서 흔히 볼 수 있다. 우리보다 힘이 있는 세력은 그런 전략을 흉내 내기 좋아한다. 주가의 움직임을 면밀히 관찰하면 쉽게 발견할 수 있다. 꾸준히 매집하던 기관이 주가가 급등할 때 매도하고 주가가 급락하고 나서는 다시 매집하는 것을 볼 수 있다.

물론 군중 속의 현명한 개인이 많이 있다. 그들의 투자를 소위 '스마트 머니', '체리 피킹'이라고 부른다. 탐욕과 공포로 휘둘리는 군중에서 벗어나 투자할 수 있는 능력을 갖춘 개인들이다. 개인 모두가 그렇게 되기는 쉽지 않을 것이다. 주식 투자는 기본적으로 시장에 순응해야 한다. 오랜 경험과 투자 노하우를 갖고 있지 않은 투자자가 어설프게 시장과 군중에 역행해 투자하는 것이 결코 훌륭한 결과만을 가져오지는 않을 것이다. 그러나 우리는 과거에 군중이 소수의 세력에게 이용당하고 부를 뺏긴 사례를 많이 보아왔다. 군중의 쏠림 현상이 나타날 때 반대편에서 판단해 볼 수 있어야 현명한 개인이 될 수 있다.

❶❶

대형주는 안전, 중소형주는 위험하다?

많은 투자자가 대형주는 안전하고 중소형주는 위험하다고 생각한다. 굴곡이 심한 주식시장에서 많은 중소형 기업이 시장에서 퇴출되는 것을 보아왔기 때문일까? 경험상 큰 위기가 닥치면 대기업은 늘 살아남았기 때문일까? 대기업 주식에 투자하면, 손실이 나더라도 '끝까지 기다리면 결국 손해는 안 본다'고 흔히 말한다. 지난 수십 년간 외환위기, 금융위기 등을 거치며 시장 위험에 대한 트라우마가 생겼을 것이다. 그때마다 '대마불사'라고 대기업은 살리고 작은 기업은 파산시키는 광경을 많이 보았기 때문일 것이다. 고용과 국민생활 안정 측면에서 국가가 그렇게 유도했을 것이다. 대기업 위주의 성장을 추구했던 우리나라는 더욱 그러했을 것이다.

여기서 반론을 하고자 한다. 지금 대형주의 선두인 삼성전자가 시장 주도

주로 부각된 이유는 2000년대 들어서며 IT 산업의 급속한 성장이 있었기 때문이다. 오늘의 SK하이닉스는 과거 엘지반도체에서 현대반도체로 주인이 몇 차례 바뀌는 풍랑의 세월을 겪었다. 4차 산업 사회로의 변화가 반도체 산업 사이클을 견인해 주었기 때문이다. 과거 경공업 성장에서 중공업 성장으로 사이클이 바뀌며 주력 산업이 섬유 · 고무 등에서 정유 · 화학 · 철강 · 조선 등으로 바뀌었고 대기업의 순위도 바뀌었다. 지금은 어떤가? 미국 시장에 'FAANG주'라는 신조어가 생겼다. 페이스북 · 아마존 · 애플 · 넷플릭스 · 구글을 일컫는다. 우리 시장에서도 시가총액 상위 기업은 삼성전자 · 하이닉스 · 삼성바이로로직스 · 네이버 · 엘지화학 · 셀트리온 · 삼성SDI · 카카오 순이다. 과거 투자자들이 트로이카라고 부르던 건설주 · 은행주 · 증권주는 시장에서 소외되었다. 국민주라고 불리던 포스코를 대장으로 한 철강주들, 정유 화학주들, 조선주들, 해운주들의 주가는 지금 어떠한가? 기업이 흥망성쇠를 겪으며 대기업군의 순위도 바뀌었고 시장에서의 시가총액 순위도 지속적으로 바뀌고 있다. 지난 수십 년간 절대 망하지 않을 것이라 여긴 유수의 기업들이 90년대 말 외환위기와 2000년대 말 금융위기 중에 파산해 시장에서 사라진 사례도 무수하다.

비단 우리나라만 그런 것은 아니다. 미국도 일본도 그러했고, 이제 중국도 그런 경로를 밟아가고 있다. 대형주라고 안전한 것이 아니다. 산업 사이클에서 후퇴하는 기업은 파산하거나 주가가 폭락해 시장에서 소외된다. 사회의 변화에 따라 산업의 성장 사이클이 변화하고 그 변화의 선두에 서는 기업이 결국 대기업, 대형주가 된다. 일부 대기업 주도로 성장해온 과거의 경험을 미래에 적용하면 실패할 수 있다. 대기업 주도의 성장 정책은 상대적으로 중소형주 기업이 성장하지 못하는 환경을 만들었다. 앞으로도 대기업만 지원하고 중소기업은 파산하게 내버려두는 세상일까? 우리는 세계적으로 산업 사이클의 변화와 산업의 국가별 이동이 일어난 사례를 알고 있다. 미국에서 일본으로, 일본에서 한국으로, 한국에서 중국으로, 중국에서 베트남 등 동남아 국가로 대규모 장치산업, 환경 오염 산업, 저임금 구조가 필요한 산업 등이 이동했다. 반면 핵심 기술과 플랫폼을 이용해 적은 비용으로 큰 돈을 버는 고부가가치 산업은 미국과 일본, 일부 유럽 국가가 독점하고 있다. 결국 세상은 고부가가치 산업의 핵심 기술이 중요한 사회로 변화하고 있다. 우리나라는 그 과정에서 급속도로 변화하고 있다.

산업 사이클에 연동한 대형주는 사이클에 따라 주가의 변동이 클 수밖에 없다. 대형주라고 '무작정 가지고 있으면 언젠가 상승하겠지'라는 생각은 변화의 시기에 적절하지 않다. 대형주가 다 안전한 것이 아니고 성장 산업군에 속한 대형주가 안전한 것이다. 대형주라고 하락하지 않는 것이 아니다. 자기 사이클이 아닌 시기에는 반토막이 나기도 한다. 그렇기에 경기 민감 또는 산업 사이클에 연동하는 대형주는 오히려 한 사이클 내에서 끊어서 투자해야 한다. 반면 성장 파이프라인을 갖고 있는 중소형주는 산업 사이클과 무관하게 기업의 성장 스토리에 투자한다. 지금은 작지만, 지금은 성장 초기이지만, 향후 성장에 장기 투자해야 한다. 중소형주는 위험하다는 인식은 성장 파이프라인 없이, 실적 가치의 증가 없이 그때그때마다의 이슈에 따라 급등락하는 주식을 봤기 때문에 생겼다. 가장 대표적인 경우가 선거를 앞두고 만들어지는 정치 테마다. 기업 가치의 변화 없이 주가만 급등하기도 한다. 시간이 지나고 보면 그런 주식의 가격은 폭락해 있다. 성장하는 중소형 주식에 관심을 갖자.

흔히 하는 "대형주는 안전하고 중소형주는 위험해", "대형주는 장기 투자하고 중소형주는 단기 거래만 해야 돼"란 말은 틀린 말이다. 성장 산업군의 기업, 성장 파이프라인을 보유하고 있는 기업은 대형주이든 중소형주든 중장기로 투자해야 한다. 경기 사이클에 연동하는 산업군에 속한 기업은 대형주이든, 중소형주든 호황인 기간 동안만 투자해야 한다. 사회적 이슈에 의해 형성된 테마로 움직이는 경우엔 대형주이든, 중소형주든 단기 거래를 해야 한다.

12

주식 투자 실패는 보수적 성격 탓?

"시장 참 어렵네요. 모멘텀 플레이 위주의 시장 상황 때문인가요? 왜 이렇게 어렵죠?"

몇 해 전 꽤 유명세를 탄 애널리스트 형에게 질문을 했다.

"응, 시장 때문이 아니라 네가 나이를 먹어서 그런 거야. 나이를 먹으면 '지름신'이 부족해지거든."

"무슨 말이죠?"

"나이를 먹으면 시세 추종을 못하고 자꾸만 기업 가치를 생각하게 되지. 자기도 모르게 비자발적 가치 투자자가 되는 거야."

순간 최근의 매매와 그동안 만나온 많은 개인 투자자들이 떠올랐다. 주식 투자를 하면서 뭔지 모를 곤혹감과 당황스러움을 잘 설명할 수 있는 얘기라고 생각한다.

주식 투자는 고위험 투자다. High Risk High Return. Risk Taking(on), 선택과 집중, 타이밍, 미래에 투자, 다양한 파생상품. 이러한 용어에 대한 수용이 주식 투자다.

현재 우리나라 주식시장의 일일 가격제한폭은 상하 30%다. 미국과 같은 일부 국가에서는 가격제한폭이 없다. 우리나라는 시장 안정성을 위해 가격제한폭 제도를 두고 있지만 그 폭이 30%에 이른다. 시장에서는 30% 가격제한폭까지 상승하는 주식이 흔히 발생한다. 반대로 30% 이상 폭락하는 경우도 빈번히 발생한다. 2008년 이후 전 세계는 저금리 저성장 시대를 지속하고 있다. 주요 선진국의 금리는 제로금리이며 우리나라도 역사상 처음으로 1% 이하로 내려왔다. 거액을 보유한 자산가들이 연 5%선의 목표 수익을 추구하고 있다. 그것과 비교해 보면 주식시장의 위험과 수익의 폭이 얼마나 큰 것인지 알 수 있다. 하루에도 30% 이상의 수익 또는 손실을 볼 수 있으니 말이다.

그러한 위험이 존재하는 시장이기에 최대한 위험을 헷지(hedge)하려는 시도를 한다. 파생상품과 연계해 위험을 줄이면서 상대적으로 수익의 폭도 줄이는 노력을 한다. 그러나 개인 투자자 입장에서 그러한 헷지를 하기에는 금융 지식도, 자본도, 제도도 녹녹지 않다. 단지 주식 투자만 하면서 위험을 회피하고자 하는 심리가 크게 작용할 뿐이다. 기관 투자자 또는 전문 개인 투자자는 주식과 주식선물을 동시에 매매하거나, 옵션이나 지수 ETF를 이용함으로써 위험을 관리한다. 그렇게 하려면 자금도 꽤 필요하고 상품에 대한 지식도 필요하다. 그렇지 못한 개인 투자자 대부분은 위험에 노출돼 있다. 손절매 원칙을 설정하고 반드시 지켜나가는 것은 그나마 좋은 위험관리 및 자금관리다.

문제는 주식 투자를 시작할 때부터 위험에 대한 부담 탓에 보수적이고 소극적인 투자 성향을 갖는 것이다. '은행 이자는 너무 낮아 딱히 투자할 곳은 없고 하니 주식 투자를 하긴 하는데, 크게 손실 내면 안 되니까 안정적인 주식에 투자해서 연 수익률은 5~10% 정도면 좋겠다'는 요청을 많이 받곤 한다. 안정적인 주식? 그런 분들은 대형주가 안정적이라고 생각하거나 대기업의 주가가 많이 하락하면 싸다고 생각한다. 실제로 그럴까? 대형주가 중소형주보다 안정적이고, 많이 하락해 신저가에서 거래되는 주식이 안정적일까? 우리는 그렇지 않은 상황을 흔히 접하고 많이 하락한 주식을 매수해 더 큰 손실을 내거나 오래 기다리다가 손절매하는 경우가 많다.

주가의 움직임은 기본적으로 영업이익의 증가 추이에 연동한다. 주가가 지속해서 하락했다면 그것은 그 기업이 속한 산업의 업황이 좋지 않고 개별 기업의 영업이익이 계속 줄어들고 있기 때문이다. 그럼 언제쯤이 돼야 업황이 좋아지고 이익도 개선될까? 산업 사이클과 연관돼 있다. 중국의 수출 고성장 시기에 철강 · 화학 등 산업재 업황이 좋았고, 중국의 내수 성장 시기에는 화장품 등 내수 업황이 좋았고, 새로운 스마트폰이 계속 나오던 시기에는 낸드플래쉬 반도체와 휴대폰용 카메라 산업의 업황이 좋았다. 그런데 호황이었던 사이클이 지나가고 나서는 어떻게 되었나? 최소 1~2년은 지속적으로 수익성이 줄어들었고 주가는 연동해 하락했다. 그러한 시기에 많이 하락했다는 이유로 매수했다면 거의 대부분 손절매하기 마련이다. 그나마 업황 사이클의 순환으로 다시 호황기가 온다면 몇 년을 기다리든 간에 다시 상승할 수 있다. 그러나 산업 자체가 사양 산업이 된다면 손실의 문제가 아니라 '크레딧 리스크'에 이를 수도 있다.

주식 투자로 성공하려면 그 시기에 업황이 좋은 산업군 내에서 독보적인 기술력이 있고 수익을 내는 기업에 투자해야 한다. 그런 주식은 하락하지 않는다. 상승 추세를 갖고 움직인다. 가파르게 상승하기도 한다. 안정적인 주식을 찾는 분의 눈에는 그러한 주식이 위험해 보인다. 그래서 자꾸만 하락한 종목을 찾게 된다. 주식 투자에서 성공하려면 위험을 일부분 감당해야 한다. 위험을 관리하려 해야지 회피하려 해서는 안 된다. 우리 눈에 위험해 보이는 주가 움직임이 실제로 투자 수익을 주는 움직임이다.

"상승 추세 속에 있던 주식은 주가가 하락하면 조정이라고 생각해 투자자들은 매수한다. 그러나 하락 추세 속에 있던 주식은 상승하면 반등이라며 매도하고, 하락하면 역시나 하고 더 강하게 매도한다."

'지금 업황이 좋고 실적이 좋아서 상승하고 있는 주식을 매수했다가 상투에 걸리는 경우가 많다'고 하시는 분들이 있다. 미래에 좋아질 기업에 투자하는 것이지 지금 좋아서 상승하는 주식을 추격 매수하는 것은 위험하고 자칫 상투에 걸린다고 하시는 것이다. 맞는 얘기이고 실제로 많은 개인 투자자들이 그렇게 물려서 30~50% 손실을 본 주식을 이러지도 저러지도 못하고 보유하고 있다. 그래서 타이밍이 중요한 것이다. 꼼꼼하고 보수적인 성향의 투자자일수록 주가가 한참 올라선 후에 매수하고 반대로 상당 폭 하락한 후에야 매도한다. 매수도 매도도 늦게 행동하는 것이다.

인지한 시점으로부터 행동하는 시점까지의 판단과 결정하는 과정이 너무 길다. 평소 시황, 업황, 주도 종목을 분석하고 기회(타이밍)가 되었을 때 매수할 수 있는 준비가 되어 있어야 한다. 자신이 투자할 주식의 '풀'을 가지고 있어야 한다. 그런 준비 없이 투자 판단을 하려니 당연히 시간이 오래 걸리고 고민이 많은 것이다. 가령 누군가에게서 좋은 주식을 추천받았다 하더라도 그때부터 가치 분석하고 수급 체크하고 거래 상황을 보면서 판단하고자 하니 머뭇거리게 되고 결국 타이밍을 놓치는 것이다.

매도 타이밍도 그렇다. 시기마다 좋은 산업이 있다. 그 사이클이 지나면 한동안 좋지 않은 상황이 된다. 경기 사이클처럼 산업 사이클도 시시각각 변화한다. 앞서 설명했듯이 중국 수출이 고성장일 때 철강주나 화학주, 조선주 등이 초 시세를 냈는데, 그 이후 수년 동안 주가는 반토막 이상으로 하락했다. 하락 초기에는 신문 등의 언론이나 애널리스트조차 조정이라고 하지 대세 하락이라고 하지 않았다. 그래서 개인 투자자는 기다리게 된다. 실적은 좋다고 한다. 그런데 주가는 지속 하락한다. 당연하다. 실적이 상투를 찍고 미래의 실적은 하향할 것이지만, 현재 실적은 여전히 좋기 때문이다. 하루, 이틀, 한 달, 두 달 기다리다 보면 이미 손절매하기엔 손실이 너무 커져 있다. 결국 반토막 난 주식을 보유하게 되는 것이다. 흔한 패턴이다. 매수할 때는 기업을 잘

몰라 자신 없어서 뒤늦게 매수하고, 손실이 나도 머뭇거리다가 손실을 키운다. 거기엔 깊은 고민만 반복하고 주저하는 성향이 큰 몫을 차지한다.

주식 투자만큼 선택과 집중이 필요한 분야도 드물다. 주식 투자는 복기가 없기 때문이다. 지나간 것을 되돌릴 수 없는 것이 주식 투자다. '내일 신문의 주식 시세표를 볼 수 있다면……'이라고 생각한다. 그런 영화도 있었다. 투자할 시장의 시황을 판단하고, 활황인 업종을 선택하고, 그 업종에도 핵심 기업을 선택해야 한다. 그리고 집중해야 한다. '달걀을 한 바구니에 담지 말라'고 포트폴리오 이론은 설명하지만 경험상 주가 상승 시기에는 '모든 달걀이 오르지 않고' 주가 하락 때는 '모든 달걀이 깨져 버린다'는 것을 알고 있다. 보수적인 당신은 여러 주식에 골고루 분산해 위험을 분산하고 싶을 것이다. 그러나 현실에서는 분산해서 관리에 소홀한 것보다 집중해서 특별히 조심하는 쪽이 더 효율적이다. 기회가 왔을 때 주저함 없이 '베팅'할 수 있는 자신감과 그 자신감을 뒷받침하는 지식이 주식 투자자에게 꼭 필요하다.

이상하게도, '크게 벌어주지 않아도 되니 안정적으로 운용해 주세요'라고 하는 고객보다 '내가 해도 어차피 손실의 위험이 있는 것이니, 소신껏 과감하게 해주세요'라고 말하는 고객의 수익률이 월등이 높다. 그 차이는 성향과 심리 때문일 것이다.

+11,00.00
69.8112

3 chapter

기술적 분석은 왜 하는가?

매매 타이밍을 위하여

기술적 분석에 관한 설명은 과거 출간한 책들(《현명한 당신의 주식투자 교과서》 등)에서 충분한 설명이 되었기에 이 책에서는 꼭 알아야 할 부분에 대해서만 서술 위주로 설명하고자 한다.

01

10초면 충분한 차트로 종목 찾기

주식 투자를 하는 모든 투자자는 차트를 본다. 우리가 흔히 보는 일봉 차트에는 봉과 이동평균선 그리고 거래량이 있다. 봉은 하루 중 시가와 종가 그리고 고가와 저가로 만들어지는 것으로 장중 가격 움직임과 매수세, 매도세를 판단하는 기초적인 차트다. 이동평균선은 흔히 5일과 20일 그리고 60일 이동평균선이 기본적으로 제공된다. 5일 이동평균선은 오늘을 제외한 어제부터 과거로 5일간의 종가 평균값을 이은 선이다. 20일 이동평균선은 어제부터 과거로 20일, 60일 이동평균선은 어제부터 과거로 60일간의 종가 평균값을 이은 선이다. 우리나라의 주식시장은 주 5일 열린다. 따라서 5일 이동평균선은 일주일, 20일 이동평균선은 대략 한 달, 60일 이동평균선은 대략 3개월 정도라고 보면 될 것이다. 최근 5일, 최근 20일의 종가 평균값을 보는 이유는 최근 5일, 최근 20일간의 주가 움직임이 상승 추세였는지, 하락 추세였는지를 판단하고자 함이다. 즉, 주가의 추세를 판단하는 기준이 이동평균선이다.

거래량은 하루 중 매수 및 매도자의 체결로 발생한 총 체결량을 표시한다. 어떤 날은 거래량이 현저히 많고 어떤 날은 거래량이 적다. 거래량은 당일의 매수 및 매도자가 얼마나 관심을 갖고 그 주식을 거래했는지 알 수 있는 지표다. 만일 장대양봉이 발생하면서 거래량이 폭발적으로 증가했다면 매도하려는 투자자도 많았지만 매수하는 측이 가격을 올려가면서 주식을 대량으로 매수했다는 의미다. 향후 주가 상승을 기대하는 무언가가 있었기 때문이다. 따라서 장대양봉과 거래량 증가는 주가 상승을 기대하게 한다. 반대가 장대음봉인데, 이때 거래량이 크게 증가했다면 매도하려는 측이 가격을 내려서라도 서둘러 주식을 팔았다는 의미다. 무언가 주가 하락에 영향을 줄 좋지 않은 재료가 작용한 것이다. 따라서 장대음봉에 거래량이 증가하면 주가는 하락할 것으로 판단한다. 결론적으로 거래량으로 매수 및 매도 주체가 가격을 올리면서 강력하게 매수했는지, 또는 내리면서 얼마나 강력하게 매도했는지를 판단할 수 있다. 매수 주체 또는 매도 주체의 힘을 판단하는 기준이 되는 것이다.

봉과 이동평균선 그리고 거래량이 차트의 기본이며 기술적 분석은 이 세 가지로 모두 설명할 수 있다. 봉과 거래량 그리고 이동평균선을 기초로 수많은 보조지표가 만들어진다. 추세와 방향의 지표로는 MACD, DMS, 패러볼릭, 시계열 등이, 과열과 침체 지표로는 모멘텀 오실레이터, 스토캐스틱, 윌리엄 % R, SMI, RSI, CCI, TRIX 등이 사용된다. 채널 지표로는 엔벨로프와 볼린져 밴드 등이, 거래량 관련 지표로는 OBV, AD 등이 대표적이다. 흔히 증권 전문가나 기술적 분석을 신뢰하는 개인 투자자가 각종 보조지표를 공부하고 차트를 볼 때 보조지표들을 참고한다. 그러나 보조지표는 말 그대로 보조적으로 사용되는 지표다. 일봉에서 제공되는 봉과 거래량 그리고 이동평균선을 기초로 만들어진 것이다. 따라서 보조지표보다는 기초값인 봉과 거래량 그리고 이동평균선의 의미를 정확히 이해하고 분석할 줄 아는 것이 중요하다.

많은 전문가가 주기적으로 상장 주식 전체 차트를 면밀히 살펴본다. 기술적 분석으로 투자 대상 주식을 선정하고 각 주식의 현재 위치가 어떤 상태인지를 사전에 인지하기 위해서다. 상장 주식은 2000개가 넘는다. 그 많은 주가 차트를 언제 다 볼까? 전문가들은 하나의 차트를 약 10초 정도 보고 다음 주식으로 자동으로 넘어가도록 HTS를 설정한 후 살핀다. 10초 정도의 시간에 어떻게 좋은 주식을 판단할 수 있을까? 그들이 중요하게 생각하는 몇 가지 요소가 있을 것이다. 그 몇 가지가 가장 중요한 핵심이며 종목 선정의 기준이 되는 것이다. 그것이 어떤 것들인지 살펴보도록 하자.

먼저 봉의 색과 크기다. 봉의 색이 빨간색이면 시가보다 주가가 상승해서 마감한 것이고 파란색이면 시가보다 주가가 하락해서 마감한 것이다. 빨간색의 봉이 크면 클수록 시가보다 주가가 크게 상승한 것이다. 매수자가 높은 가격에라도 주식을 매수했다는 의미다. 더 높은 가격임에도 불구하고 매수하려 했다면 그 주식의 가격은 더 상승한다고 기대할 수 있다. 따라서 양봉은 크면 클수록 좋다. 반대로 음봉이 큰 주식은 낮은 가격에라도 주식을 매도하려 하는 투자자가 많았다는 의미이므로 음봉이 큰 주식은 배제한다. 이때 큰 양봉과 큰 음봉이 형성되는 날 거래량이 크게 증가했다면 판단의 신뢰성은 더 높아진다. 큰 양봉이면서 거래량이 크게 증가했다면 추가 상승을 신뢰할 수 있다. 만일 큰 양봉인데 거래량이 급격히 줄어들었다면 강력한 매수 주체에 의해 상승한 것이 아니고 특이한 가격 변동성 때문이라고 간주한다. 이벤트 상승 또는 매도 주체가 관망하는 동안 일어난 일시적인 상승이라고 판단하는 것이다. 반대로 큰 음봉일 때 거래량이 크게 증가했다면 하락을 신뢰할 수 있다. 반면 적은 거래량으로 음봉 하락을 했다면 외부 충격으로 인한 일시적 하락으로 판단한다. 작은 양봉과 음봉 또는 십자형 등의 봉은 중요하게 판단하지 않는다. 차트에서 큰 양봉과 큰 음봉 중 어느 쪽이 더 많이 발생하고 있는지를 판단한다.

다음은 거래량이다. 거래량이 많았다는 것은 매수와 매도 주체가 치열하게 공방을 벌이면서 사고 팔았다는 뜻이다. 치열한 공방 끝에 매수 주체의 힘이 강하면 큰 양봉이 만들어지고 매도 주체의 힘이 강하면 큰 음봉이 만들어진다. 매수 및 매도 주체가 공방을 벌여 어느 한쪽으로 힘이 기울면 양봉이나 음봉이 발생하며, 힘이 한쪽으로 기울어졌기 때문에 이후에도 그쪽 방향으로 주가가 움직일 것이라고 판단하는 것이다. 따라서 거래량이 많이 발생한 부분을 분석하는 것이 신뢰도가 높다. 이 책 후반부에서 세력주의 판단을 설명할 것인데 이때 가장 중요한 판단 요인이 바로 거래량의 급증이다. 거래량이 현저히 감소한 날은 분석 대상에서 제외한다. 거래량이 현저히 감소했다는 것은 그날은 매수자도 매도자도 거래하지 않고 서로 관망했다는 뜻이다. 그러한 날은 어느 쪽의 힘이 더 강한지를 판단하기 어렵다. 따라서 거래량이 현저하게 증가한 날을 기준으로 분석하며 그날 큰 양봉이 발생했는지, 큰 음봉이 발생했는지를 보고 주가의 상승 또는 하락을 판단한다. 거래량이 크게 증가한 날 작은 봉 또는 십자형이 나타났다면 그날은 매도 세력과 매수 세력의 힘이 비슷했다는 의미다. 거래량이 크게 증가했는데 작은 봉이 만들어졌다면, 주가가 많이 상승한 상태에서는 하락 전환 가능성이 있다고 본다. 반대로 주가가 많이 하락한 상태에서는 상승으로 전환할 가능성이 있다고 판단한다. 왜냐하면 주가가 많이 상승했다는 것은 그동안 매수의 힘이 강했다는 뜻인데 거래량이 크게 증가하며 작은 봉이 만들어졌다면 이는 매수세와 매도세의 힘이 비슷해진 것이기 때문이다. 즉, 매도의 힘이 그만큼 강해졌다는 것이므로 이제 추세 반전의 확률이 높아진 것이다. 따라서 작은 봉이 형성된 날 거래량이 많으면 방향의 전환을 의심해 보아야 한다. 작은 봉이 형성된 날 거래량이 적다면 그것은 의미를 부여하지 않는다.

이동평균선의 기울기와 방향도 중요하다. 이동평균선은 최근 며칠 또는 최근 몇 주 동안 주가가 어느 방향으로 움직였는지를 의미하는 것이라고 말했다. 따라서 이동평균선이 우상향 하면서 상승하고 있다면 그 주식은 상승 추세에 있는 것이며 이동평균선이 우하향 하면서 하락하고 있다면 그 주식은 하락 추세에 있는 것이다. 주가가 상승 추세에 있을 때는 단기 이동평균선인 5일 이동평균선이 맨 위에 있고 다음에 20일과 60일 이동평균선이 차례로 놓인다. 이러한 상황을 '정배열 상태'라고 한다. 반대로 주가가 많이 하락하면 이동평균선은 5일 이동평균선부터 급락하기 때문에 반대의 배열이 나타난다. 그것을 '역배열'이라고 한다. 이동평균선은 우상향 하면서 정배열 상태를 이루어야 상승 추세라고 판단하고 매수 관심이 된다. 반면 우하향 하거나 역배열 상태가 되면 주가의 추가 하락으로 판단하고 매수 유보 또는 매도 판단이 된다. 이동평균선과 봉 그리고 5일과 20일 60일 이동평균선과의 간격을 '이격'이라고 한다. 이격이 크게 벌어지면 다시 수렴하는 속성이 있다. 따라서 이격이 위로 급격히 벌어지면 단기 급등으로 보고 매도 판단으로 해석하고 반대로 아래로 이격이 크게 벌어지면 단기 급락으로 보고 매수 판단으로 해석한다. 주가는 이동평균선의 위아래로 움직인다. 따라서 이동평균선이 우상향 하며 주가의 상승 추세를 반영하는 차트에서 봉이 5일 이동평균선 아래로 일시적으로 내려오는 것을 '눌림목 조정 하락'이라고 한다. 이러한 시기를 최적의 매수 타이밍으로 본다.

이상과 같은 세 가지의 기본적인 판단 요인만으로 차트 해석을 해보자. 투자 대상 종목을 골라낼 수 있다. 10초면 충분하다.

거래량이 판단의 핵심이다

거래량은 매수 주체와 매도 주체가 시장에서 매매 공방을 벌인 결과다. 모든 사람이 주가가 계속 상승할 것이라고 생각한다면 매도자가 없으므로 체결이 이루어지지 않고 거래량은 거의 없을 것이다. 상한가라도 매도하고자 하는 투자자는 없고 매수하고자 하는 투자자만 있는 경우는 극히 드물다. 매일 상한가에 매수 호가가 쌓여 있지만, 매도는 한 주도 나오지 않을 경우 주식 시장에서는 '기세 상한가'라고 하며 가격은 상한가로 마감한다. 거래는 되지 않았지만 상한가로 인정하는 것이다. 매도하고자 하는 투자자는 거의 없는데 상한가에 매수하고자 하는 투자자만 있는 경우는 소위 '점 상한가'를 형성하며 이후 연속 상한가 행진하는 소형주들이 있다. 그 역시 유동성이 적은 주식으로 작전세력이 가격을 상승시킬 때나 또는 아주 강력한 재료로 상승하는 소형주에서만 드물게 발생한다.

그렇게 특이한 경우 외에는 향후 주가가 많이 상승할 것이라고 판단되는 주식이라도, 매도하고자 하는 투자자는 항상 있다. 따라서 거래량은 매수자와 매도자의 투자 판단의 차이에서 나타나는 체결의 결과다. '주식 투자는 타이밍의 예술'이라고 한다. 좋은 주식이라 해도 언제 사고 언제 파느냐에 따라 수익일 수도 손실일 수도 있다. 거래량은 타이밍을 제공한다. 매수 타이밍이든 매도 타이밍이든 거래량이 크게 증가한 날이 판단의 기준일이 된다. 매수 시기는 시장의 주요 주체가 매수를 하기 시작하는 시점이다. 매도 시기는 시장의 주요 주체들이 매도하기 시작하는 시점이다. 그들이 매수하고 매도하는 시점에 거래량이 크게 증가한다.

흔히 '거래량이 많으면 좋다'라는 잘못된 인식이 있다. 거래량은 타이밍만을 제공하는 것이지, 이후 주가의 상승과 하락은 거래량이 아닌 가격 움직임으로 나타나는 양봉과 음봉으로 결정된다. 매수하려고 준비한 주식을 실제로 매수하는 타이밍, 보유하고 있는 주식을 실제로 매도하는 타이밍은 거래량이 증가하는 날에 결정한다.

거래량이 증가하지 않았다는 것은 시장을 주도하는 주체가 활발히 거래하지 않았다는 뜻이다. 그런 날에는 매수 및 매도 하지 말고 관망해야 한다. 가격은 오전에 상승하다가도 오후에 하락할 수 있다. 주식을 매도하려는 주체가 아침에 주가를 올려서 고점부터 매도하여 장대음봉을 만들기도 한다. 매수 주체가 아침에는 마치 매도에 나서는 것처럼 하다가 장중 저가부터 매수해 장대양봉을 만들기도 한다. 데이트레이더들에 의해 강한 상승을 하다가도 고점부터 매물이 나와 다시 하락하는 경우도 흔히 볼 수 있다. 그러나 거래량은 누적으로 계산되는 것이므로 줄었다 늘었다 하는 것이 아니다. 거래량의 큰 폭 증가는 매매 시그널이다.

시장의 주요 주체는 가격 움직임을 자신들이 원하는 방향으로 컨트롤할 수 있다. 그 결과 봉과 이평선 등의 기술적 지표가 매수 신호를 주다가도 다시 매도 신호로 전환하기도 하며 매도 신호 상황에서 다시 매수 신호로 전환되기도 한다. 하루 중에도 주가 변화 때문에 매수 및 매도 신호가 바뀌기도 한다. 일봉에서도 전고점을 돌파하며 추세 상승을 하는 것처럼 움직이다가 곧바로 하락으로 전환하기도 한다. 며칠 급락해 흐름이 좋지 않다고 판단해 매도하면 그때부터 급등하는 주식들도 많다. 결국 주가는 시간의 흐름에 따라 상승과 하락이 급격히 반전할 수 있다. 가격 움직임에 따라 만들어지는 차트 역시 그렇다. 그러나 거래량은 반전할 수 없다. 증가하던 거래량을 다시 줄일 수 없다. 흔히 '가격은 속여도 거래량은 속일 수 없다'고 한다. 가격을 상승시키고 싶어 하는 매수 주체든, 가격을 하락시키며 매도하고 싶어 하는 매도 주체든 가격은 움직일 수 있으나 거래량은 그들이 거래한 흔적을 남기는 것이므로 그것을 없앨 수는 없다. 거래량은 매수와 매도 주체가 움직인 자취인 것이다. 그 자취에서 시장 참여자는 매수하고자 하는 것인지, 매도하고자 하는 것인지를 판단할 수 있다.

거래량과 주가 움직임의 상관관계를 간단히 정리해 보자.

- ○ 거래량이 증가하며 장대양봉인 경우는 매집의 거래량으로 본다.
- ○ 거래량이 증가하며 장대음봉인 경우는 매물의 거래량으로 본다.
- ○ 상승 초기에는 거래량이 증가하면 좋고, 상승이 진행된 이후에는 거래량이 감소해야 좋다.
- ○ 거래량 감소 속에 상승하던 주식이 어느 날 거래량이 증가하며 음봉을 만들면 하락 전환한다.
- ○ 조정 하락을 할 때는 거래량이 '급격히 감소'해야 다시 상승할 수 있다.
- ○ 조정 하락을 할 때 거래량이 증가하면 조정 하락이 아닌 추세 하락이다.
- ○ 주가가 많이 상승한 고공권에서의 거래량 급증은 하락 전환의 신호가 된다.
- ○ 주가가 많이 하락한 바닥권에서의 거래량 급증은 상승 전환의 신호가 된다.

추세적으로 상승하는 주식이라 할지라도 어느 정도 상승하면 눌림목 하락이 있고 이후 다시 상승하는 등락이 있다. 주가가 하락한 후 다시 상승할 때는 거래량이 증가한다. 매수 측은 눌림목 이후 상승이라 판단하고 매수하는 것이며, 매도 측은 직전 상승 시 매도하지 못한 투자자들이 반등이라 판단해 매도한다. 그러한 생각의 차이에서 거래가 이루어지고 거래량은 증가한다. 그러나 주가가 상승하면 할수록 거래량은 감소한다. 매수 측은 자칫 고점 추격 매수가 될 수 있다는 두려움으로 매수하지 못하고, 매도 측은 상승하고 있는 주식이 더 많이 상승할 것이라는 기대감으로 매도하지 않는다. 양측 모두 거래하지 않고 관망하기 때문에 거래량이 감소한다. 그렇게 거래량 없이 상승하다가 어느 날 거래량이 급증하는 것은 매수 측은 호재에 응하거나 강한 주식에 올라타려 하는 심리로 매수하며, 매도 측은 그동안 많이 상승한 주식이 고점에서 매물이 나오는 것을 보고 아직 실현하지 않은 수익이 감소할 것이라는 불안감에 매도하기 때문이다. 양측의 생각 차로 다시 거래량이 급증하는 것이다. 상승하는 동안 매물이 없어 거래량이 없다가 특정한 날 거래량이 증가하는 것은 단기 상투에 가까워지거나 그날이 단기 상투가 되는 것이다. 이후 조정 하락이 있는 동안에는 다시 거래량이 줄어야 눌림목 하락이다. 하락하는 동안 거래량이 감소한다는 것은 매집의 주체가 매도하지 않고 주가 하락을 지켜보고 있다는 뜻이다. 반면 거래량이 증가하며 하락한다는 것은 매집 주체가 적극적으로 매도에 나서고 있다는 것이다. 따라서 눌림목 차트에서의 거래량 감소 하락은 이후 추가 상승을, 거래량 증가 하락은 추세 하락으로 판단한다.

일봉에서 거래량은 다음과 같이 판단한다.

- 거래량이 증가하는 날 가격이 상승하며 양봉을 만들면, 공격적 매수세의 진입으로 해석하고 이후 주가는 상승할 것이라고 판단한다.
- 거래량이 증가하는 날 가격이 하락하며 음봉을 만들면, 공격적 매도세

의 진입으로 해석하고 이후 주가는 하락할 것이라고 판단한다.

- 가격이 상승하는 중에 거래량이 감소하는 것은 매수 및 매도 주체 양쪽이 눈치 보기를 하는 것이며 이때는 매매 신호로 판단하지 않는다.
- 거래량 없는 도지형 또는 작은 양(음)봉은 매매 신호로 판단하지 않는다.
- 가격이 하락하는 동안 거래량이 감소하는 것은 매수 및 매도 주체 양쪽이 가격을 지켜보고 있는 것이므로 매매 신호로 판단하지 않는다.
- 양봉을 만들며 상승하는 날은 거래량이 많으면 많을수록 이후 상승을 신뢰할 수 있다.
- 거래량은 매수 및 매도자의 거래 행위를 나타내는 것이므로 그들의 주가에 대한 판단을 읽을 수 있다.

03

황소와 곰의 싸움 그리고 50% 룰

외국인이 매수하는 주식을 따라서 사면 돈을 벌까? 국내 기관이 많이 매수하고 있는 주식을 사면 돈을 벌까? 우리는 거래량이 증가하면서 장대양봉이 형성된 주식을 더 상승할 것이라고 보고 매수한다. 왜 거래량이 증가하면서 양봉이면 이후 주가가 오른다고 생각하는가? 그렇게 될 것이라고 약속한 것은 아니지 않은가? 그 물음에서부터 기술적 분석을 시작하자. 우선 봉의 의미와 봉의 형성에서 나타나는 '황소'와 '곰'의 싸움을 이해해 보자.

증권 방송에서 시황 해설자가 "오늘은 외국인들이 대량 매수해서 시장이 상승했다"고 설명한다. 외국인들이 많이 매수(매도)하여, 기관들이 많이 매수(매도)해서 시장이 상승(하락)했다는 설명은 정확히는 맞는 말이 아니다. 외국인이 대량 매수했지만 하락한 날도, 기관이 많이 매수했지만 하락한 날도 많다. 프로그램 매수로 외국인이나 기관의 대량 매수가 있었지만, 특정 매도 주체가 가격을 내리면서 공격적으로 매도한 날은 대량 매수, 소량 매도에도 주가는 하락한다. 즉 '외국인들이 많이 사서'가 아니라 '외국인이 가격을 올리면서 많이 사서' 주가가 상승한 것이다. '가격을 올리면서' 혹은 '가격을 내리면서' 체결된 거래량, 그것이 주가 움직임의 핵심이다. 거래량은 매수자와 매도자의 체결에 의해 결정된 것이기에 매수가 많았다는 것은 그만큼 매도도 많았다는 뜻이다. 양측의 거래가 많았다는 것은 매수(황소)와 매도(곰)의 싸움이 치열했다는 의미다. 어느 한쪽이 이기면 그 결과로 봉의 색깔이 결정되고 그 힘에 의해 이후의 주가 흐름이 결정되는 것이다.

황소가 이기면 장대양봉이 만들어지고, 그 힘이 강할수록 양봉의 크기는 크다. 위꼬리, 아래꼬리의 양봉은 매매 공방이 심했다는 것이며 꼬리보다 봉의 크기가 작거나 몸통이 없는 봉(도지형)으로는 어느 한쪽의 힘이 강하다고 판단할 수 없다. 따라서 거래량이 증가한 장대양봉만 판단의 신호로 본다. 곰이 이기면 장대음봉이 만들어지고, 그 힘이 강할수록 음봉의 크기는 클 것이다. 음봉의 꼬리가 길거나 몸통이 없는 도지형은 판단의 신호가 될 수 없다.

여기서는 두 개의 봉과 여러 개의 봉 그리고 일정한 기간 동안의 봉으로 만들어진 추세에서 황소와 곰의 힘을 판단하는 도구로서 50% 룰을 설명한다.

1만원으로 시작해 1만1000원까지 10% 상승한 주식의 거래량이 100만주라고 가정하자. 만일 매수자가 한 명이고 하루 종일 꾸준히 동일 수량으로 나누어 50원씩 호가 단위를 올려가며 매수했다면, 평균 매수 가격은 1만500원이 될 것이다. 이 매수자가 다음 날은 매매하지 않고 관망하고 있는데, 주가가 1만500원 아래로 하락하면 손실이 된다. 따라서 1만500원 아래로 하락하지 않게 방어하려 들 것이다. 상승하는 주식 대부분은 매수자의 평균 가격 아래로는 내려가지 않는 선에서 하락 조정을 하고 다시 상승한다. 다음 날도 연속해 가격을 올리면서 매수한다면 매수자의 평균가격은 약간씩 올라갈 것이다. 그렇게 연속으로 상승한 주식이 1만5000원까지 상승했다면 이론적으로 매수자의 평균 가격은 1만2500원 정도가 될 것이다. 하락 조정을 할 때에는 1만3000~1만3500원 정도까지 하락했다가 다시 상승하는 추세 상승을 만들 수 있다. 이때 가격을 올리면서 매수한 주체가 외국인이나 기관이면 힘이 강하다고 판단하고, 가격 상승 폭이 크면 클수록, 그리고 거래량이 많으면 많을수록 매수의 힘이 강하다고 판단한다. 그러한 주식은 매수 평균 가격인 50% 선 부근까지 하락하지도 않고 소폭 조정 후 곧바로 다시 상승하기 마련이다. 우리는 이러한 간단한 주가 흐름으로 몇 가지 사실을 알 수 있다.

- 직전 상승 시 상승 폭이 클수록, 거래량이 많을수록 강력한 매수자의 진입으로 판단한다.
- 다음 날 거래량 없이 조정 하락이 있는 경우 그들이 팔지 않았다고 판단한다.
- 전일 또는 최근일 상승 폭의 30~50% 사이의 거래량 없는 하락은 조정 하락으로 판단한다.

이때 좀 더 확실한 판단은 양봉 형성 시 장중 가격별 거래량으로, 어떤 가격대에서 가장 많은 거래가 이루어졌는가로 내린다. 가령 앞의 사례에서 1만700원에서 70만주의 거래량이 발생했다면 매수자의 평균가격은 1만500원이 아닌 1만700원 부근일 것이다. 그 가격 위에서 거래량 없는 하락이어야 조정이라고 보는 것이며 그 아래로 하락하면 위험하다. 전일 상한가로 마감한 주식이라면 매수 평균 가격이 상한가 가격일 가능성이 높다. 다음 날 거래량이 증가하며 하락하면 그들이 매도하는 것일 수 있으므로 전일 매수한 주체가 누구인지 파악하고 그들이 매도하는 것인지 확인해야 한다. 거래량이 거의 없는데도 주가가 전일 상승 폭의 50% 이상 하락하면, 하락의 이유를 알아본다. 이때 기업의 실적이나 성장에 악재가 발생했다면 매도해야 한다. 그러나 직전 매수자의 매도가 아니고 기업 가치의 변화도 없는데 하락하는 경우라면 매도하지 않고 관망한다. 만일 시장의 단기 재료에 영향받아 하락을 한다면, 그 폭이 클 경우 추가 매수를 한다.

전일의 양봉과 오늘의 가격 변화를 보며 매수자들이 추가 매수하고 있는 것인지, 매도하는 것인지, 매매하지 않고 있는지를 판단한다. 전일의 봉과 오늘의 가격대 움직임으로 추가 상승할 것인지, 하락 전환할 것인지를 판단한다. 이때 매수 주체들의 평균 가격과 거래량을 사용한다. 그들의 평균가격을 정확히 알지 못한다면 30%와 50%룰을 적용한다. 즉, 장대양봉 이후 나타난 음봉이 상승 폭의 상단 30%, 하단 50% 위에서 형성되면 조정 하락으로 보고 이후 다시 상승할 수 있다고 판단한다. 하단 아래로 하락하면 추세 하락 전환으로 판단한다. 반대로 전일 장대음봉이 있었는데, 오늘 거래량이 증가하며 상승해 양봉이 형성되는데, 전일 또는 최근일 하락 폭의 50% 위로 올라서면 이전의 매도자보다 강한 매수자의 진입으로 보고 이후 주가는 상승할 것이라고 판단한다. 기술적 분석에서 봉차트를 설명할 때는 이러한 기초 개념으로 만들어진 여러 가지 봉에 이름을 붙여 놓고 이런 봉이 나오면 이후 주가가 상승 또는 하락할 것이라고 말한다. 그 이름이 중요한 것이 아니고 '왜 그런가' 이유를 이해하는 것이 핵심이다. 흔히 상승장악형 · 흰구름형 · 상승관통형 · 상승잉태형 · 상승별형 · 강세별형 · 새벽별형 등의 봉 모양이 나타나면 이후 주가는 상승하고, 하락장악형 · 먹구름형 · 하락관통형 · 하락잉태형 · 하락별형 · 약세별형 · 저녁별형이 나타나면 이후 주가는 하락한다고 한다. 그러나 모양을 살펴보면 전일 양봉의 50%가 넘는 음봉이 발생하는지, 전일 음봉의 50%가 넘는 양봉이 발생하는지에 따라 이후 주가 움직임을 설명한 것임을 알 수 있다.

하나의 봉부터 여러 개로 이루어진 봉을 설명했다. 이러한 봉의 연속된 그림이 차트다. 간단히 차트 두 개 정도만 보자.

상승 시작부터 단기 고점 후 하락하는 한 구간을 하나의 봉으로 본다. 상승 추세에서는 한 추세가 하나의 양봉, 하락 추세에서는 하나의 음봉인 것이다. 화면 3-1의 왼쪽 1월과 2월의 상승 추세를 보면 하락 조정을 할 때 상승 추세 양봉의 50% 위에서 조정 후 다시 상승하고 있다. 3월 초에는 50% 기준선을 하향 돌파하고는 급락한 것을 볼 수 있다. 가운데 큰 사각형은 주가가 크게 하락하며 발생한 큰 음봉이라고 볼 수 있다. 이후엔 반등 시마다 그 음봉

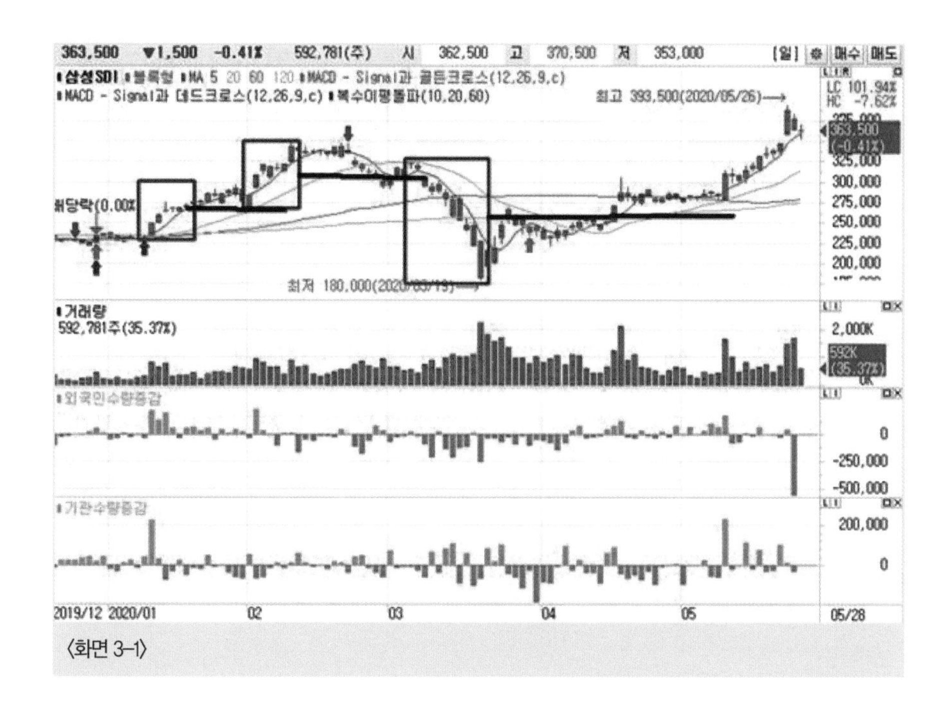

〈화면 3-1〉

의 50% 선에서 다시 하락한다. 그러나 4월 중순 이후 그 선을 넘어서고 나서는 주가가 힘을 받으며 추세 상승으로 전환한다.

지수 차트는 개별 기업처럼 속임수가 관여할 여지도 없고 추세적으로 움직이므로 보다 쉽게 파악할 수 있다. 이를 코스피 지수 주봉으로 설명해 본다. 화면 3-2 차트의 왼쪽 사각형을 음봉이라고 할 때 2018년 중순부터 2019년 초순까지는 2350포인트에서 2000포인트까지 하락 후, 반등 양봉이 50% 선인 2180~2200포인트에서 번번히 재 하락한다. 결국 돌파하지 못하고 1900포인트까지 하락하고 만다. 가운데 작은 사각형 봉이 있는 2019년 하반기를 보면

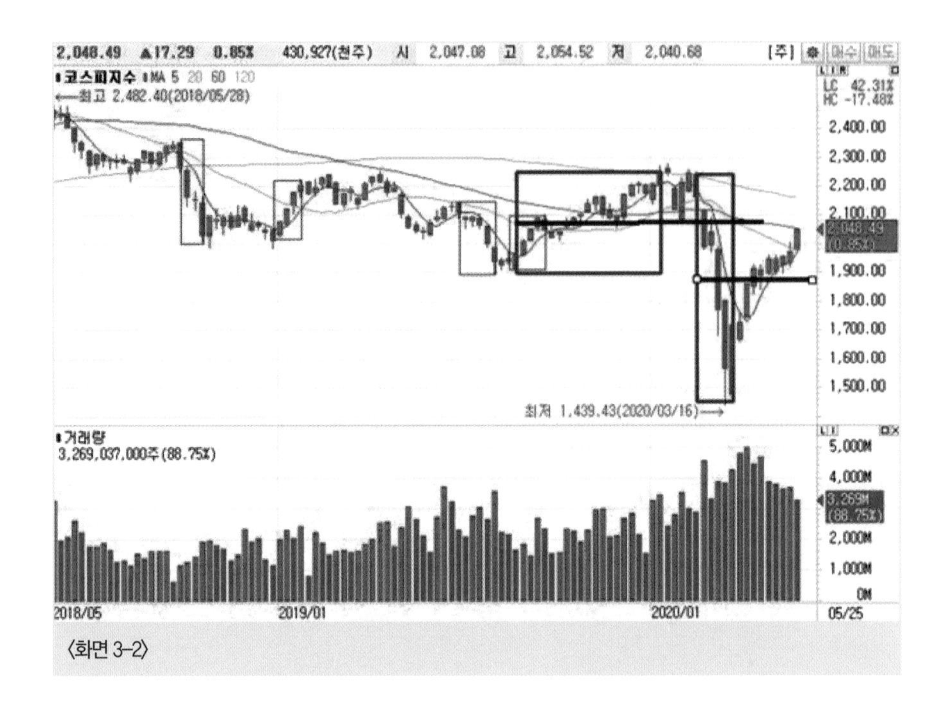

〈화면 3-2〉

직전 하락 음봉의 50%를 넘기며 지수는 1900포인트에서 2300포인트 부근까지 상승한 것을 볼 수 있다. 더 중요한 것은 오른쪽 굵은 직사각형의 기간인 2020년 봄이다. 1900~2300포인트까지의 상승이 있었고 이후 거래량이 실리며 50% 선인 2100포인트를 급격하게 하향하자 곧바로 최저점 1439포인트까지 하락했다. (당시는 코로나 바이러스 악재로 인한 급락이었는데, 여기서는 호·악재의 외부 요인이 아닌 기술적 분석만을 설명한다.) 시장의 급락은 긴 장대음봉을 만들었다. 반등할 때의 흐름을 보면 하락 음봉의 50% 수준인 1900포인트 부근까지 급반등 하다가 멈춰 서서 주춤한다. 몇 주 횡보 후 50% 선 위로 향해 가며 시장은 더욱 강세로 전환되는 것을 볼 수 있다. 이러한 돌파는 향후

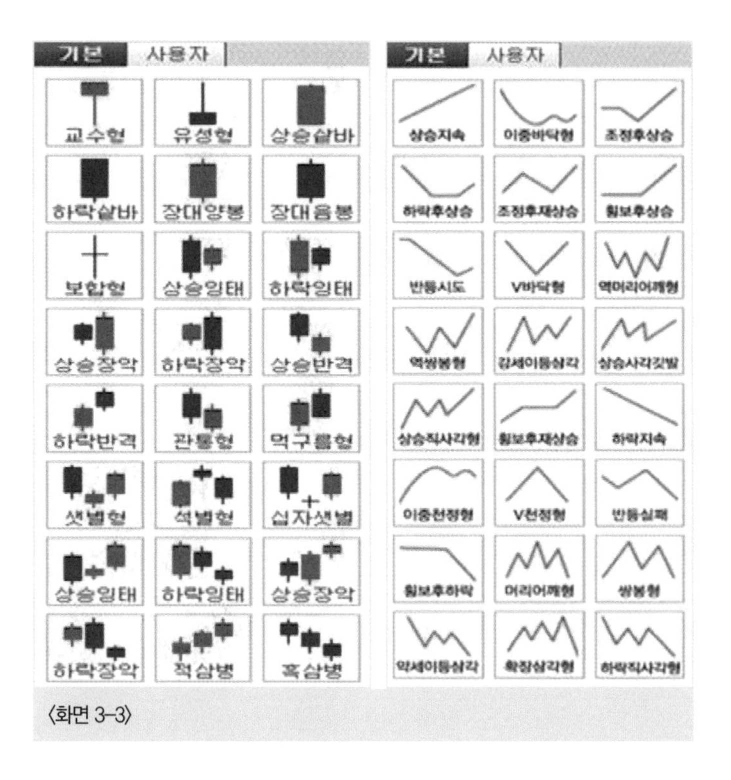

〈화면 3-3〉

더욱 강한 시장을 예상하게 한다.

이처럼 전일 매수의 힘과 오늘 가격 움직임을 비교해 두 개의 봉을 판단한다. 그리고 최근 며칠의 상승 또는 하락의 힘과 오늘의 가격 움직임을 비교해 여러 개의 봉을 판단한다. 여러 개의 봉이 연속해서 일정한 기간 동안 상승과 하락을 반복하는데, 상승 기간을 하나의 양봉으로, 하락 기간을 하나의 음봉으로 놓고 비교 판단한다. 이때 거래량은 앞서 설명한 바와 같이 상승할 땐 증가, 하락할 때는 감소인 경우가 좋다. 추세선을 이어서 그려 보면 그 상단과 하단이 50% 가격권과 유사하다는 것을 알 수 있다. 윌리엄 오닐의 '컵위드핸들' 이론이나 갠의 '각도론' 등도 가격 움직임의 폭을 기준으로 정한, 비슷한 이론적 배경이라는 것을 알 수 있다. 실전 투자에서 좀 더 보수적인 투자자는 하락 조정의 폭을 10~20% 정도로 본다. 20% 정도면 20일 이동평균선의 가격 부근이 되기 때문이다.

지금까지 설명한 두 개 그리고 서너 개 봉의 유형에 맞는 주식을 찾거나 상승 추세, 전환 추세 등 각종 추세는 HTS를 활용하면 간단하게 찾을 수 있다. 화면 3-3과 같이 봉의 유형이나 추세 유형을 검색하면 지금 현재 그 유형과 같은 차트 형태인 주식을 골라준다.

단순하게 봉의 유형별로 검색하는 것부터 화면 3-4에서처럼 특정한 유형의 추세 움직임을 보이는 주식도 찾아준다. 나아가 사용자가 원하는 유형을 '그리면' 그 유형과 유사한 차트의 주식을 검색해 준다. 그림에서 하락 후 V자형 반등을 하고 있는 종목을 검색하니 총 36개의 결과 값이 나왔다. 화면 3-5는 추세적으로 상승하는 그림을 그려 보았다. 45개의 종목이 검색됐다. 그중 현재 성장 산업이고 실적도 증가하고 있는 기업이라면 추세 매매의 대상이 된다.

화면 3-6은 과거 '특정한 주가 움직임이 있었던 구간'을 잘라 그와 유사한 움직임이 나타나는 주식을 검색한 것이다. 주가는 마구잡이로 등락하는 것 같지만, 시간이 지난 후 보면 일정한 패턴을 만든다. 그 패턴을 지금 비슷하게 만들고 있는 주식을 검색해 향후 주가 흐름을 예측하는 데 도움을 받을 수 있다.

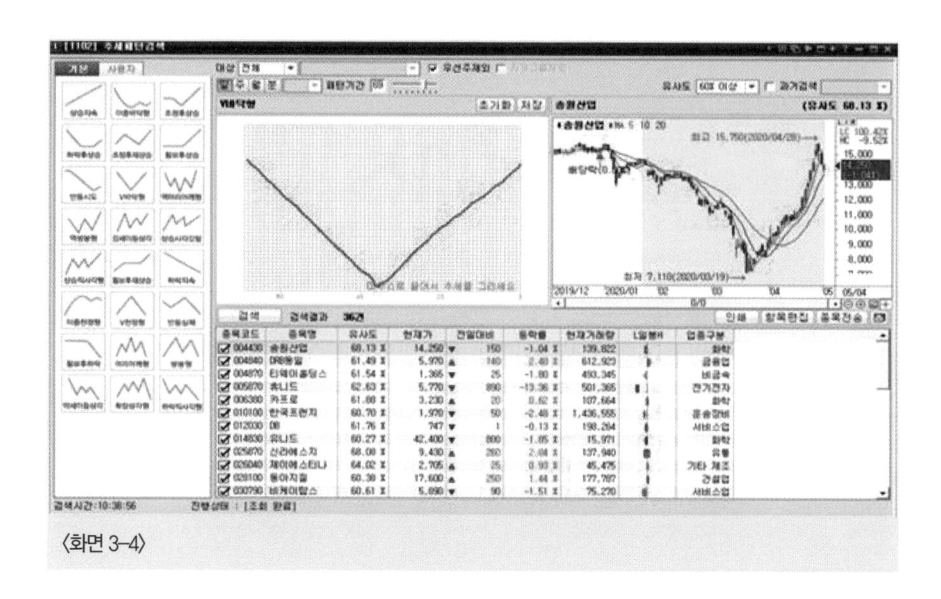

최고 15,750(2020/04/28)
최저 7,110(2020/03/19)

〈화면 3-4〉

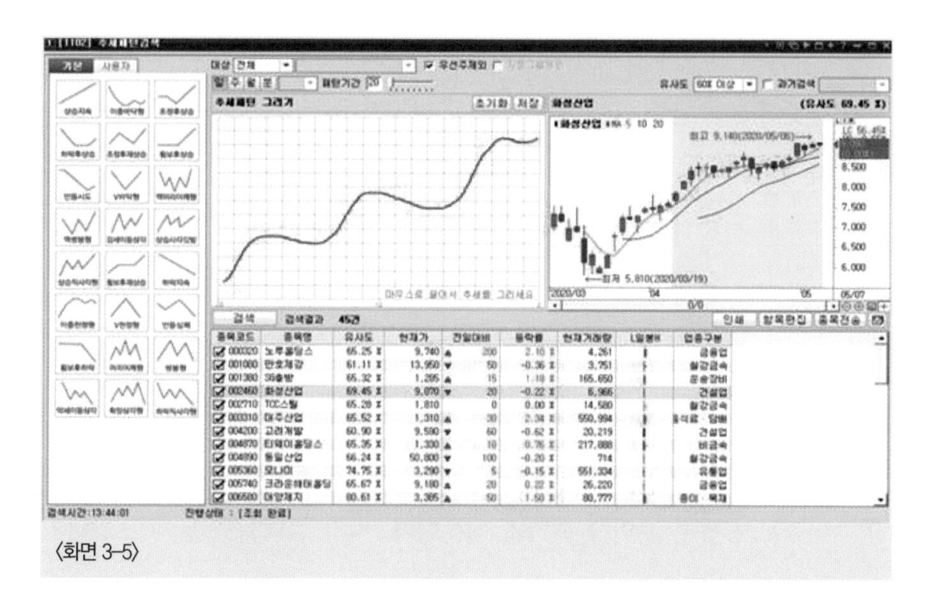

최고 9,140(2020/05/06)
최저 5,810(2020/03/19)

〈화면 3-5〉

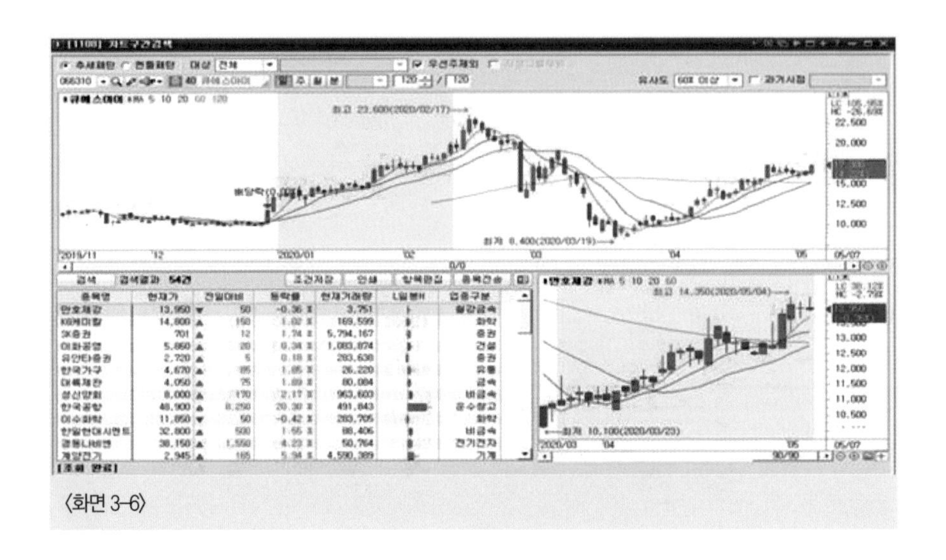

〈화면 3-6〉

화면 3-7은 황소와 곰의 싸움에서 황소의 힘이 강한 주식, 두 개의 봉에서 전일 음봉의 50% 위로 가격 상승이 있고 거래량이 전일보다 200% 이상 증가한 주식, 자신이 그려 놓은 추세 선과 유사한 움직임이 만들어진 주식 등 사용자가 유용한 신호 지표를 저장하면 전 종목 또는 자신의 관심종목 중에서 장중 신호를 주는 화면이다. 이 화면만 보고 있으면 자신이 설정해 놓은 매수 및 매도 타이밍을 놓치지 않을 수 있다. 더불어 화면 3-8에서 볼 수 있듯이 자신이 만들어 놓은 매매 신호로 거래했을 때의 손익 결과가 시장이나 BM 대비 우월한지, 오히려 좋지 않은지 분석할 수도 있다. 직접투자를 하는 이유는 시장 수익률보다 높은 수익을 원하기 때문이다. 시장 수익률을 높게 초과하지 못하는 검색 조건은 잘못 만들어진 것이다. 이러한 화면을 통해 자신의 관심종목에 최적화된 매매 타이밍 조건을 만들 수 있다. 검색 조건을 이용하는 것

〈화면 3-7〉

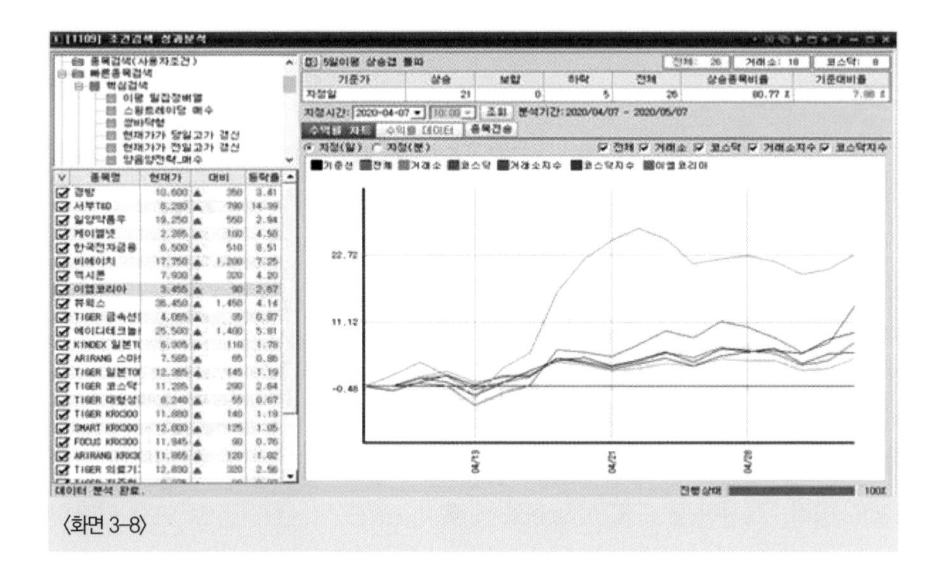

〈화면 3-8〉

은 기초다. 어떤 상황에서 주가가 상승하는지 판단할 수 있는 투자자라면 좀 더 견조한 검색 조건을 만들 수 있다. 그것이 '알고리즘 매매'의 시작이다.

매매 타이밍을 위한 여섯 가지 요소

많은 가치 투자자들의 이론서를 보면 매매 타이밍보다는 좋은 주식을 선정하는 것이 중요하다고 말하고 있다. 그렇다면 가치 투자자들은 매매 타이밍을 고려하지 않고 투자할까? 그렇지 않다. 매매 타이밍만을 중요하게 생각하는 차티스트들과 단기 거래자들의 이론에 비해 종목 선정의 중요성을 강조하는 것뿐이다. 주식시장은 큰 대세 흐름의 사이클이 있고 대세 사이클을 만드는 산업 사이클이 있다. 1년에 네 번 실적을 발표하면서 나타나는 분기 사이클도 있다. 그러한 흐름을 이해하고 매매 타이밍을 잡는 것은 반드시 필요하다. 개별 주식의 매매 타이밍 역시 중 · 장기적으로는 대세 시황, 산업 사이클에 연동해야 한다. 단기적으로는 수급과 차트로 타이밍을 잡아야 한다.

지금부터 소개하는 매매 타이밍을 위한 여섯 가지 요소는 원래 데이트레이더를 위해 쓴 것이다. 하지만 여러분에게 데이트레이딩 기법을 가르치려는 것은 아니다. 데이트레이더들이 매수 및 매도 타이밍을 잡는 데 활용하는 시그널을 일반적인 중장기 투자자도 그대로 적용할 수 있기 때문에 그 개념을 소개하고자 한다. 스캘퍼는 장중 초단위로 움직이는 '틱 차트'를 이용하고 데이트레이더는 장중 분단위로 움직이는 '분 차트'를 이용하는 것과 마찬가지로 일반적인 투자자는 '일봉 차트', '주봉 차트'를 이용한다. 차트 해석의 주요 개념은 같다. 다만 차트를 만드는 시간의 차이뿐이다. 일반 투자자에게는 좋은 주식을 선정하는 것이 매우 중요하며 가치 분석 공부를 많이 해야 한다. 반면 데이트레이더는 좋은 기업의 주식보다 변동성이 큰 주식을 빈번하게 매매하기 때문에 주가의 움직임, 고가와 저가를 형성하는 시세의 특징, 추세 패턴 등 차트 분석에 능숙하다. 그들의 차트 분석법을 공부함으로써 좀더 적절할 타이밍을 찾아낼 수 있을 것이다.

첫 번째 요소는 시간이다. 주식을 매수하여 보유하는 시간이 길어지면 돈을 더 많이 벌 수 있는 기회와 더 크게 손실이 날 수 있는 위험, 두 가지가 동시에 커진다. 주식시장에서 위험(Risk)은 부정적 · 긍정적 양면성을 갖고 있다. 주식 투자에서 시간은 위험이다. 그러므로 양면성을 갖고 있다. 데이트레이더는 보수적인 거래자다. 기회보다는 손실의 위험을 줄이고자 한다. 시간이 길어짐으로써 발생하는 불확실성의 증대, 예측의 어려움을 회피하고자 하는 것이다. 1년 후 주가, 한 달 후 주가, 내일 주가, 5분 후 주가를 예측한다면 어떤 예측이 가장 확실할까? 당연히 가장 짧은 시간 예측이다. 자신이 예측 가능한 시간 내에서 매매하고자 하는 것이 데이트레이딩이다.

주식 투자에서는 투자 원금의 가용 기간이 중요하다. 투자할 주식을 선정하고 목표하는 가격까지의 보유 기간, 매수 후 주가가 예상대로 움직일 때까지의 시간을 판단해야 한다. 데이트레이더는 시장이 열리고 한 시간, 시장이 끝나기 직전 한 시간에 거의 모든 매매를 한다. 특히 아침 한 시간에 집중한다. 가장 변동성이 크기 때문이다. 일반 투자자의 투자 시점은 연초, 연말, 분기 어닝 시즌, 노이즈 발생 기간 등 주가의 변동성이 커지며 가치 대비 위 아래로 등락할 때다. 데이트레이더는 가격 변동이 큰 것을 선호한다. 더 중요한 것은 '천천히 많이 하락'이 아니라 '짧은 시간에 큰 하락' 즉 급락 · 급등을 해야 수익을 낼 수 있다. 급락한 주식이 급등하며, 단기 급등한 주식이 급락한다. 틱, 분, 일봉 등 차트의 기울기가 급하면 상승과 하락의 기울기는 그와 비례해 움직인다. 완만한 기울기의 하락 추세 종목은 상승할 때도 완만한 상승 추세로 움직인다. 완만하게 하락한 종목은 상승 시 매물이 많다. 급락한 주식은 매매할 시간적 여유가 없었기 때문에 매수자도 많지 않다. 다시 상승할 때 매물이 적은 이유다. 차트의 기울기가 주식 보유 시간을 결정하는 것이다. 급경사 차트에서는 짧게 매매해야 하기에 선택과 집중을 해야 한다. 매매 타이밍을 빠르게 선택하고 분할 매매가 아닌 집중 베팅을 해야 한다. 추세적으로 길게 움직이는 주식은 길게 보유해야 하기에 분할 거래를 해야 한다.

두 번째 요소는 가격이다. 차익실현을 목표로 하는 주식 투자자는 단기이든, 중장기든 결국 큰 가격 움직임이 나타나기를 바란다. 데이트레이더라면 한 번의 거래에서 3~5%의 수익은 '대박' 수준이다. 일반 투자자는 한 번의 투자에서 20~30%를 목표로 잡아야 할 것이다. 그러나 절대적 목표는 아니다. 가치, 수급, 차트 분석에 의해 목표가를 결정하는 것이며 성장주는 훨씬 높은 목표가를 잡아야 한다. 가격 결정에서 고려할 요소는 거래수수료, 거래세, 슬립피지 비용 등 제 비용이 있다. 거래할 때 발생하는 거래 수수료와 거래세를 계산해야 한다. 최근 최대주주 요건이 강화돼 대상이 되면 매매 차익에 대한 양도세를 내야 한다. 슬립피지 비용도 고려해야 한다. 슬립피지란 실전 매매에서 시세 변화 탓에 계획보다 좀 더 높은 평균가격으로 매수하고, 좀 더 낮은 평균 가격으로 매도함으로써 발생하는 비용을 말한다. 가령 1만원에 사서 1만500원에 매도하려 했는데 매수 평단이 1만100원 정도, 매도 평단이 1만400원이 되면 수수료와 세금을 제외한 실제 수익은 250원가량이 된다. 데이트레이더에게는 이 비용이 매우 중요하다. 일반 투자자도 마찬가지다. 분할 매수 때문에 발생하는 매수 평단, 매도 평단을 고려한 목표 가격으로 종목을 선정해야 한다. 이런 비용을 감안하면 1만원에 매수해 손절매 9500원, 목표가 1만1000원이라는 식으로 투자하면 안 된다. 최소한 손실 예상의 세 배 이상, 즉 '수익 보상 배율'이 세 배 이상이 되어야 한다.

수급 균형이 일시적으로 깨지는 경우 가격 갭이 커지므로 높은 수익률이 가능하다. 장중이든, 며칠간이든 수급 불균형으로 가격이 비정상적으로 급등락을 할 때가 있다. 그때가 타이밍이다. 라운드 피겨 가격도 이해해야 한다. 가격이 1만원, 2만원 또는 8000원, 9000원 등과 지수 2000포인트, 2100포인트 등 나누어 딱 떨어지는 숫자를 말한다. 보통 라운드 피겨가 의미 있는 지지 · 저항이 되는 경우가 많으며 추세의 전환점이 된다. 매매 주문을 할 때도 라운드 피겨 가격을 피해 주문해야 한다. 매수 주문은 현재가가 1만원이라면 1만50원에 넣어야 확실히 체결된다. 매도 주문은 9990~9970원으로 내야 한다. 통상 라운드 피겨 가격에 많은 매수 및 매도 잔량이 쌓여 있으며 그것을 돌파하고 상승할 때는 매우 빠르게 돌파하기 때문에 내 주문이 체결되지 않고 급등하는 경우가 많다. 반대의 경우에도 매도 체결이 되지 않고 급락하는 경우가 많다. 라운드 피겨에서 주문을 신속히 체결시키지 못할 경우 내 주문이 체결되지 않고 반전이 일어날 수 있다.

세 번째 요소는 거래량이다. 거래량 증가는 유동성과 변동성의 확대를 의미한다. 데이트레이더는 순간 체결량에 집중한다. 순간적으로 거래가 급증한다는 것은 가격이 급변하고 있다는 의미다. 매매 타이밍이 발생하고 있는 것이다. 일반 투자자에게도 일봉에서 거래량이 급증하는 날이 중요한 이벤트데이다. 가격이 며칠째 급등하고 나서 거래량이 급증하거나 며칠째 급락하고 나서 거래량이 급증하는 것은 반전의 신호다. 평균 거래량보다 두세 배 이상 거래량이 발생하는 날은 순간 체결, 즉 매번 체결될 때의 체결 단위가 평소 체결 단위의 열 배 정도는 된다. 가령 어떤 주식이 장중 체결될 때 몇 백 주씩 체결되었는데 특정 일 특정 시간에 몇 천 주씩 체결되면 하루 종일 대량 체결이 되기 마련이다. 장 마감 후에 보면 일봉에서 대량 거래가 발생한 것이다. 대량 체결은 일회성으로 끝나면 의미가 없다. 연속적으로 체결되었을 때 그

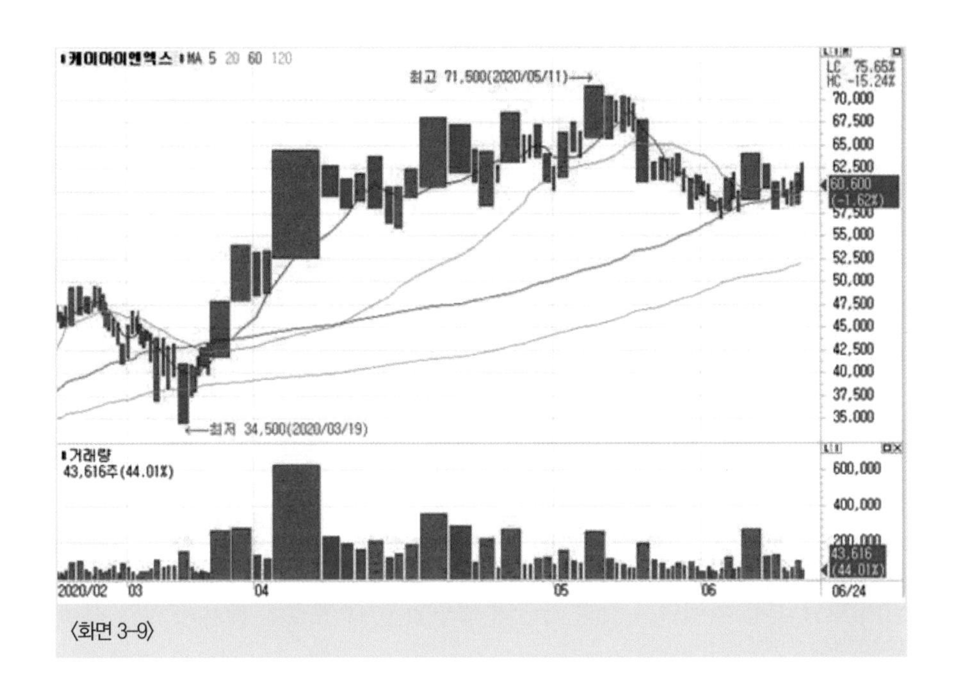

〈화면 3-9〉

주식에 의미 있는 일이 발생하고 있는 것이다. 장중 의미 있는 체결이 연속적으로 발생될 때 일봉의 거래량에서도 의미 있는 증가가 나타난다. 일봉에서 거래량은 전일보다 증가하면 붉은 색으로, 감소하면 푸른 색으로 표시된다. 위의 '이퀴 볼륨 차트'에서는 거래량이 많으면 많을수록 그 날의 봉의 가로 길이를 길게 해 봉을 뚱뚱하게 표현한다(화면 3-9). 즉, 거래량이 급증하며 가격이 급등하면 양봉의 두께를 두껍게 만들어서 쉽게 판단할 수 있도록 표현하는 것이다. 왜 그렇게 하는 것일까? 그만큼 양봉과 음봉, 즉 상승과 하락 못지않게 거래량 증감이 중요하기 때문이다. 거래량 급증을 매수든, 매도든 타이밍으로 삼는 이유는 그 주식에 뭔가 중요한 이벤트가 발생했다는 것을 거래량이 보여주기 때문이다.

네 번째 요소는 움직임이다. 가격이 상승하고 하락하는 것을, 거래량이 증가하고 감소하는 것을, 순간 체결량이 증가하고 감소하는 것을 움직임이라고 표현하자. 가격이 급등하거나 급락할 때 반드시 거래량이 수반된다. 이때 가격 상승 움직임과 거래량 증가 움직임은 동반하며 가격 하락 움직임과 거래량 증가 움직임도 동반한다. 거래량이 동반되지 않는 가격 움직임은 의미가 없거나 속임형일 가능성이 높다. 가격 움직임에 동반하는 또 하나의 움직임은 호가 잔량의 움직임이다. 가격이 상승하기 시작하면 매수호가 잔량은 늘어나고 매도호가 잔량은 줄어든다. 가격이 하락하면 반대의 호가 잔량 움직임이 나타난다. 그러다가 가격 상승이 멈추면 순간 체결도 줄고 동시에 거래량이 줄어든다. 호가 잔량은 매수호가 잔량이 줄고 매도호가 잔량이 늘어난다. 즉, 가격 상승 초기에는 거래량이 증가하면서 상승하기 마련이고 가격이 부담스러운 정도가 되면 거래량이 줄어든다. 이후 다시 거래량이 증가할 때는 방향을 잡는데 이때가 매수이든, 매도이든, 거래 타이밍인 것이다. 가격 상승 시에는 거래량이 늘어나는 것이 좋은 것이고 급등 후에는 거래량이 현저히 줄어들어야 좋은 것이다. 하락 시에는 반대 상황이 연출된다.

움직임이란 다소 추상적인 개념이지만 포인트는 다음과 같다. 움직임 구간을 사전에 분석해 놓으면 타이밍을 선정할 때 보다 확신을 얻을 수 있다. 움직임 구간은 지지, 저항, 추세, 패턴 등 일반적인 차트 분석으로 사전에 예상할 수 있다. 차트상의 주가 움직임으로 발생하는 시그널을 미리 지정하는 것이 바로 알고리즘(시스템) 매매다. 움직임을 관찰하는 것은 매매 결정이 아닌 매매 준비를 하는 것이다. 예를 들어 거래량이 급격히 증가하며 하락하는 상황이 발생하면 급락했다고, 싸다고 무조건 매수하는 것이 아니라 매수 준비를 하는 것이다. 실제로 매수 매도는 '멈춤'에서 실행한다.

다섯 번째 요소는 멈춤이다. 멈춤은 실제로 매수 및 매도를 '실행'하는 요소다. 움직임은 매매 준비이며 멈춤은 실제 매매다. 멈춤은 하나의 바닥을 순간적으로 형성하는 외바닥의 '스탑(STOP)'이 있고 이중 또는 다중 바닥을 형성하는 '포즈(PAUSE)'가 있다. 데이트레이더는 외바닥을 형성했을 때 수익이 크다. 일반 투자자는 다중 바닥을 형성할 때 분할 매수 기회가 있고 확인 매수를 할 수 있다. 즉, 두 번째 저점 형성 시에 직전 저점을 하향하지 않는지 확인하며 이때 하락 움직임의 멈춤과 거래량의 증가 움직임 그리고 상승 움직임을 보고 매수할 수 있기 때문이다. 추상적으로 들릴 수 있기에 움직임과 멈춤의 예를 들어 본다.

가격이 급락하기 시작하면 가격 하락 움직임이 발생하고 이때 순간 체결량이 증가하며 거래량 증가 움직임이 따라온다. 호가 잔량은 매도호가 증가 · 매수호가 감소 움직임이 나타난다. 하락하던 주가의 움직임이 천천히 멈추기 시작하면 거래량이 줄어든다. 추격 매도자가 매도를 멈추고 저가 매수자도 매수를 멈추고 관찰하기 때문이다. 이때 매도호가 잔량은 취소되고 매수호가 잔량은 늘어난다. 결국 일방향으로 진행되던 움직임이 멈추면 바로 그때가 타이밍인 것이다. 매수하려고 준비 중인 주식을 매수하라는 신호가 되는 것이다.

주가의 상승 움직임이 나타나는 초기에는 거래량이 증가하며 상승한다. 며칠 상승하면 주가 상승 움직임이 둔화된다. 양봉의 크기가 작아지거나 도지형이 나타나며 거래량도 현저히 줄어든다. 매도호가 잔량은 늘어나기 시작한다. 일방향의 움직임이 멈추기 시작하는 것이다. 매수든 매도든 준비해야 한다. 이후 가격 조정 또는 기간 조정을 거치면서 거래량이 줄어들 것이다. 그러다가 다시 거래량이 증가할 때 가격이 상승 움직임이면 양봉일 것이고 하락 움직임이면 음봉일 것이다. 그 움직임을 추종해 매매한다. 멈춤 없이 상승하는 동안에는 매도 타이밍이 없는 것이다. 이를 일봉 차트에서는 쉽게 알 수 있다. 다만, 데이트레이더이든 일반 투자자든 멈춤의 속임형을 주의해야 한다. 가격 상승 움직임의 멈춤에서 매도했는데 재상승하거나 가격 하락 움직임의 멈춤에서 매수했는데 추가 하락하는 경우가 있다. 그래서 거래량이 중요하다. 수급의 주체도 봐야 한다. 그리고 시장의 영향인지, 종목 그 자체의 가치 변화인지를 구분해야 한다. 시장의 영향으로 하락하면 매수, 시장의 영향으로 상승하면 매도의 타이밍이 되기 때문이다.

스캘핑 데이트레이딩의 개념으로 설명하니 다소 어렵게 느껴질 수 있다. 그러나 이 이론을 그대로 적용하면 간단하다. 주가가 상승할 때는 거래량이 증가하고 양봉의 크기도 크다. 며칠간 상승하고 나서는 거래량도 줄고 봉의 크기도 줄어든다. 도지형도 나타난다. 이때 매매 준비를 하는 것이다. 그러다가 다시 거래량이 증가할 때 양봉이 발생하느냐 음봉이 발생하느냐 따라 추종해서 거래한다. 일반적인 차트 분석이다. 그것을 장중 움직임으로 설명한 것뿐이다. 일봉이든, 주봉이든 장중 움직임을 이해하면 다른 차트 분석은 쉽다.

여섯 번째 요소는 속도다. 가격과 거래량이 급변하는 것은 속도가 빨라지는 것이다. 지금까지 설명한 가격, 거래량, 호가 잔량의 움직임과 멈춤의 속도가 빠르면 빠를수록 가격 변동성은 크고 수익의 기회는 커지며 수익률도 높게 잡을 수 있다. 물론 위험(손실) 확률도 비례해 커지며 타이밍 잡기가 어려워진다. 속도가 빠를수록 목표수익률이 높아진다. 속도가 빠를수록 매매수량(금액)을 크게 가져갈 수 있다. 속도가 빠를수록 멈춤의 시간이 짧다. 빠른 속도로 움직이던 주가가 느려지면 반전의 신호다. 속도가 느려진다는 것은 움직임이 둔화돼 서서히 멈추고 있다는 의미와 같기 때문이다.

05

장 시작 후 한 시간
장 종료 전 한 시간의 결정

주식 시장은 아침 9시부터 오후 3시 30분까지 점심시간 없이 열린다. 하루 6시간 30분 동안 주식을 사고팔 수 있다. 시간외 단일가 거래가 있긴 하지만 한산하다. 정규 개장 시간은 6시간 30분이다. 주식을 사고파는 거래자에 의해 주가는 등락하는데, 하루 중 가장 변동성이 심한 시간이 아침 시작하자마자 한 시간 그리고 장 마감 전 한 시간이다.

어떤 주식이 당일 강세일지, 약세일지는 시장이 열리고 한 시간 안에 결정된다. 또한 그 주식이 내일 그리고 이후에 추가적으로 상승할지, 아니면 하락할지는 장 마감으로 갈 때 매수 및 매도 주체의 거래를 보고 판단할 수 있다. 특히 장 막판 한 시간 정도의 거래를 보면 알 수 있다. 매수 및 매도 주체가 가장 활발하게 거래하면서 주가가 상승 또는 하락으로 방향을 잡는 시간이 바로 아침 9시부터 10시, 오후는 대략 2시 30분부터 3시 30분이다.

단기 거래자의 입장에서는 이 시간을 잘 활용해야 수익을 낼 수 있다. 단기 거래자의 거래는 하루 중 거의 70% 이상이 아침 10시 이전 발생되고 오후 2시 이후에 30% 정도의 거래가 형성된다고 해도 과언이 아니다. 당일 강세 및 약세로의 가격 형성이 되기 전에 매수하여 장중 시세 차익을 거두려는 데이트레이더들이 아침에 집중 매수할 것이고 오늘 매수하여 내일 오전에 매도해서 차익을 거두려는 단기 거래자는 오후 2시 이후에 집중적으로 매수할 것이다. 변동성도 이 시간대에 가장 크기 때문에 변동성을 이용한 거래를 하는 스캘퍼 역시 이 시간에 집중해서 거래한다.

아침 10시 이전 주가 움직임의 특징을 살펴보고 거래 전략을 생각해 보자. 시장이 열리고 한 시간 정도는 매수 주체와 매도 주체가 공방을 벌이며 활발하게 거래한다. 이때 매수 주체의 힘이 강하면 주가는 상승을 하고, 매도 주체의 힘이 강하면 주가는 하락한다. 즉, 당일 주가가 상승할 것인가, 하락할 것인가가 결정되는 시간이다. 극단적으로 전일 상한가인 주식을 생각해 보자. 전일 장중에 상한가에 진입해 매수 호가 잔량이 쌓여 있는 주식이라 하더라도 다음 날 계속 상승하는 것은 아니다. 특히 아침부터 주가가 상승하며 지속적으로 강세를 보이진 않는다. 단기 급등에 따른 이익을 실현하려는 매도 주체와 추가 상승을 기대하는 매수 주체에 의해 아침에는 주가가 상승과 하락을 반복한다. 물론 연속적으로 상한가로 가는 소위 '점상한가'도 있지만, 대개는 아침 시가 이후 매도 주체에 의해 가격이 잠시 내려오기 마련이다. 강한 주식이 아침 매매 공방을 벌이며 잠시 하락할 때 매수하는 것이 아침 10시 이전 매수 전략이다. 전일 상한가에 들어가서 매수하고 싶어도 체결되지 않던 주식이 다음 날 아침 매매 공방에 의해 약보합권으로 마이너스가 났다고 해보자. 어제는 그렇게 강했는데 다음 날 아침부터 마이너스가 났으니 시세를 마무리했다고 보지 말고 매매 공방에 의한 것이므로 매수 기회로 삼아야 한다는 뜻이다. 상한가가 아니더라도 신고가인 주식, 전고점 돌파한 주식, 5일 이동평균선을 타고 연속적으로 상승한 주식, 시장 선두 주식, 조정 후 거래량 급증하며 장대양봉 형성한 주식 등등 시장 강세 주식들은 아침 10시 이전 매수 타이밍을 전략적으로 이용하여야 한다.

최근 시장 선두로 나서며 며칠간 상승한 주식이 전일 거래량이 실리며 전고점을 돌파했다고 가정해보자. 전일 종가 가격은 3만8000원이고 다음 날 아침 강세를 이어가 3만8500원에 시작했는데 곧바로 매도 주체에 의해 3만7000원까지 하락했다면 우선 1차 매수해야 한다. 만일 3만7000원 아래로 하락하지 않고 매수 유입이면 추가 매수 해야 한다. 3만7000원 아래로 내려가면 추가 매수 하지 않고 빠른 시간 안에 3만7000원 위로 주가가 회복되는지 지켜보아야 한다. 짧은 시간에 다시 회복하면 매수하지만 그렇지 못하면 매도 주체가 강한 것이므로 1차 분할 매수한 것만 보유하며 관찰한다. 즉, 1차 매수한 가격에서 하락할 때 추가 매수하는 것이 아니고 자신이 예측한 대로 상승할 때 매수하는 것이다. 3만7000원 전후에 1차 매수하고 주가가 아침 시가인 3만8500원을 향해 상승할 때 추가 매수해 보유하고 이후부터는 주가의 추이를 관찰하는 것이 전형적인 아침 10시 이전 매수 전략이다. 주가가 3만

8500원 위로 올라서서 장중 내내 아래로 하락하지 않으면 매수한 주식을 다음 날까지 보유해서 추가 수익을 노리는 스윙 거래를 할 수도 있다. 장기 보유 목표로 매수하였다면 적절히 매수한 것이다. 최근 강세인 주식은 대개 아침 시가 이후 잠시 하락했다가 다시 상승해 10시 이후에는 좀처럼 하락하지 않는다. 따라서 강세 주식은 아침 10시 이전 '잠시 하락'하는 타이밍에 매수해야 한다. 더불어 강세 시장에서는 아침 10시 이전이 매수 타이밍이다.

오후 2시 30분 이후 주가 움직임의 특징을 살펴보고 거래 전략을 생각해 보자. 아침 10시 이전은 '나 오늘 상승할 거야, 나 오늘 하락할 거야'가 결정되는 시간이라면, 오후 2시 30분부터 3시 반까지는 '나 내일 상승할 거야, 나 내일 하락할 거야'가 결정되는 시간이다. 투자자가 오후 장 마감할 무렵 주식을 매수한다는 것은 다음 날까지 주식을 보유하려 하는 것이다. 당연히 다음 날 상승할 주식을 매수해야 한다. 오후 2시 이후의 주가 움직임과 매수 및 매도 주체의 거래 상황을 보고 내일 상승할 주식을 판단하는 것이 오후 2시 이후 거래 전략의 핵심이다.

시장이 아침보다 높게 마감했는지(전약후강), 낮게 밀리면서 마감했는지(전강후약)가 다음 날 시황에서 매우 중요한 것과 같은 이치다.

아침 매매공방 후 상승한 주식과 하락한 주식이 있다. 상승한 주식을 살펴보자. 아침 저점 형성 후 상승한 주식이 이후 계속 상한가에 이르기까지 상승하는 것은 아니다. 어느 정도(주식의 성향에 따라 폭은 다르지만) 상승하면 가격 부담이 생겨 추가 상승하지 못하고 횡보하기 마련이다. 매수 주체도 더 이상 가격을 올려 매수하지 않고, 매도 주체도 강한 상승을 확인했기 때문에 더 이상 매도하지 않게 돼 거래도 부진해지면서 횡보한다. 장중 시황에 따라 등락이 있기도 하지만 대개 횡보 국면으로 접어들어 오후 2시 정도까지 관망하는 분위기가 된다. 그러다가 오후 2시 이후가 되면 관망하던 매수 주체와 매도 주체가 다시 거래를 활발하게 하기 시작한다. 아침처럼 매수 주체가 강하면 아침보다 높게 상승해 마감하지만, 매도 주체가 강하면 아침에 상승한 부분을 상쇄하는 하락을 하며 마감한다. 만일 그 주식을 보유하고 있는데 오후에 추가 상승해 마감하면 가장 좋은 상황이 되는 것이며 하락하며 마감하면 하락의 폭과 일봉을 확인해 분할 매도 또는 보유를 판단해야 한다.

주식을 신규 매수하려고 하는 투자자라면 오후에 매수 타이밍을 판단하는 것이 좋다. 특히 시장이 약세 국면일 때는 더욱 그렇다. 아침에는 상승 기대감으로 매수 유입이 되지만(매도자도 기다리지만) 오후까지 상승하지 못하거나 하락하면, 매수자도 없어지고 보유자들도 매도에 나서기 때문이다. 오후까지 기다려 아침 상승을 넘어서는 강세를 보일 때 매수하는 것이 좋다. 아침에 상승했지만 오후 매도세에 하락하는 주식은 매수하지 않고 다음 날로 매수 타이밍을 연기한다. 오후 2시 이후 매수한다는 것은 오늘 막판 매수세가 유입되는 것을 확인하는 매수이며 다음 날 강세일 것이라고 판단할 때 매수하는 것이다. 그런데 2시 30분 이후 하락하면 다음 날도 하락할 것이기 때문에 매수하지 않는 것이다. 예상대로 2시 30분 이후 상승하고, 특히 아침 시가 위로 올라가기 시작하면 일봉 차트에서 아래꼬리 달린 양봉이 만들어지기 시작하는 것이므로 보다 적극적으로 매수할 수 있다.

반면, 시장이 강세일 때는 아침 매물로 장중 하락이 올 때 매수하는 것이 좋다. 약세장 아침에 매수세가 있는 것처럼, 강세장 아침에도 매도세가 있다. 그로 인한 하락이 매수 타이밍이다. 강세장이면 양봉을 만들며 상승하는 속성이 있다. 물론 이러한 거래 전략을 사용하려면 시황을 우선적으로 고려해야 한다. 주가의 등락 흐름에 따라 아침에 매수하거나 오후에 매수하는데, 이때 시황이 자신이 생각하는 대로 움직여 준다면 보다 적극적으로 매수해 차익을 추구할 수 있다. 가령 장중 내내 약세 국면에서 횡보하던 주식이 오후장 끝날 무렵 매수세가 유입되며 상승하기 시작하는데, 시황도 오후 들어 함께 상승하고 있다면 확률적으로 보다 신뢰할 수 있는 매수 타이밍이 된다.

06

보조지표와 종목 검색 사용법

화면 3-10, 3-11, 3-12는 여러분들이 사용하고 계시는 HTS에서 디폴트로 제공하는 각종 기술적 지표다. 각각의 지표를 설명하고자 보여주는 것이 아니다. 이렇게 많은 기술적 지표가 있다는 것을 강조하려는 것뿐이다. 이 지표 거의 모두 가격이 상승하면 매수 신호, 하락하면 매도 신호가 나오는 후행 지표다. 기술적 지표에 능숙하다고 주식 투자로 수익을 낼 수 있는 것이 아니다. 가격, 거래량이 기본이며, 그것을 기초로 만들어진 각종 보조지표는 말 그대로 '보조적으로' 사용한다. 간혹 전문가들이 어려운 보조지표를 이용해 현재 가격을 설명하고 이후 가격 움직임을 예상하기도 한다. 그들 역시 '설명하기 편리'해서 이용하는 것이지, 기술적 분석에서 도출된 매수 및 매도 타이밍을 추종해 거래하지 않는다는 것을 분명히 알아야 한다. 그럼에도 매수 및 매도 타이밍을 잡는 데 도움을 받으려 보조지표를 사용하고자 하는 투자자들을 위해 '간단히' 사용법을 설명한다.

〈화면 3-10〉

지표
모멘텀지표
AB-ratio 지표
Accumulation Swin
Arms Ease of Move
Band Width 지표
Band%B 지표
BPDL HiLo Index
BPDL Relative Volu
BPDL RSI
BPDL Trend Filter_R
Breadth Thrust 지표
Chaikin's Oscillator
DPO(Detrended Pri
Ease of Movement
Energy 지표
High Low Oscillator
MACD Oscillator
Mass Index 지표
Momentum 지표
Momentum(%) 지표
Morris Daily Pressu
지표
시장강도지표
Accumulation_Distr
BPDL Short Trend
BPDL Stochastic
CompuTrac Volatili
Elder-Ray Bear Pow
Elder-Ray Bull Powe
Force Index
Force Index Long T
Force Index Short T
GM McClellan Oscil
GM McClellan Sum
McClellan Oscillato
McClellan Summati
MFI(Money Flow In
Morris Intraday Acc
Moving Balance Inc
Negative Volume Ir
North Price Action
Plurality Index
Positive Volume Inc
지표
신심리도
투자심리선
가격지표
DEMA 지표
Demark 지표
McGinley Dynamic
Median Price
Price Channel 지표
TEMA 지표
Weighted Close 지표
가격 & Box
가격 이동평균
시고저라인
일목균형표
〈화면 3-11〉

지표
거래량지표
Bostian's intraday Ir
Chaikin Money Flov
Daily Volume Index
Dysart Volume
OBV with Average
OBV 지표
OBV(Midpoint)
OBV(Oscillator)
Volume Oscillator
Volume Ratio
Volume%Plus-minu
Volume(Std Deviati
거래량 이동평균
거래량차트
채널지표
Envelope 지표
Keltner Channels
MAC(Moving Avera
Pivot 분봉
Pivot 지표
Standard error banc
Starc Bands 지표
지표
채널지표
Envelope 지표
Keltner Channels
MAC(Moving Avera
Pivot 분봉
Pivot 지표
Standard error banc
Starc Bands 지표
기타지표
Binary Wave MACD
Binary Wave 지표
High Low Envelope
Linear Trend Oscilla
R-squared 지표
Sigma 지표
Slope of Price
Slope of Volume
Smoothed Moment
Stochastics Fast w-
Stochastics Slow w
Volume & Price Ac
〈화면 3-12〉

화면 3-13은 RSI라는 지표로 주가가 강한 구간을 표시해 주고 있다.

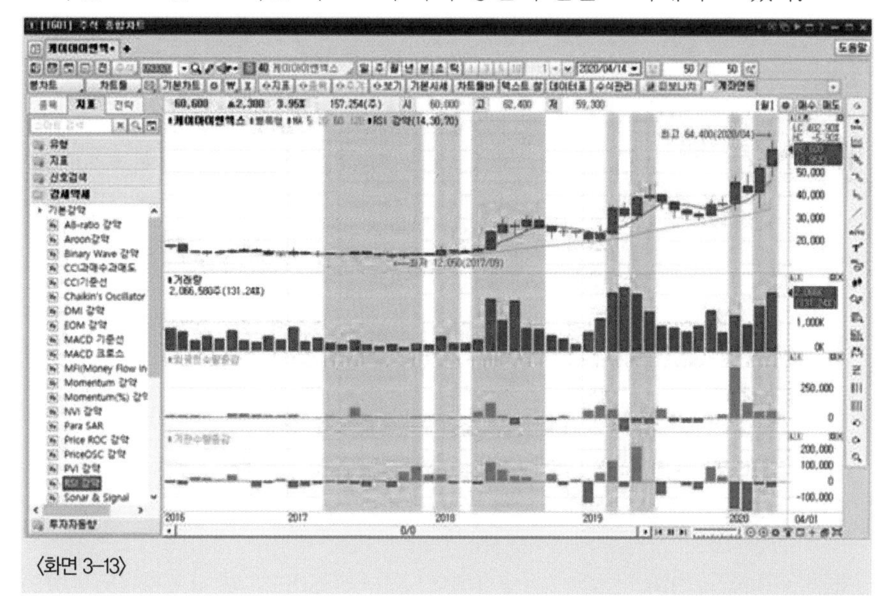

〈화면 3-13〉

화면 3-14는 스토캐스틱이란 보조지표로 매수 및 매도 신호를 표시해 주고 있다.

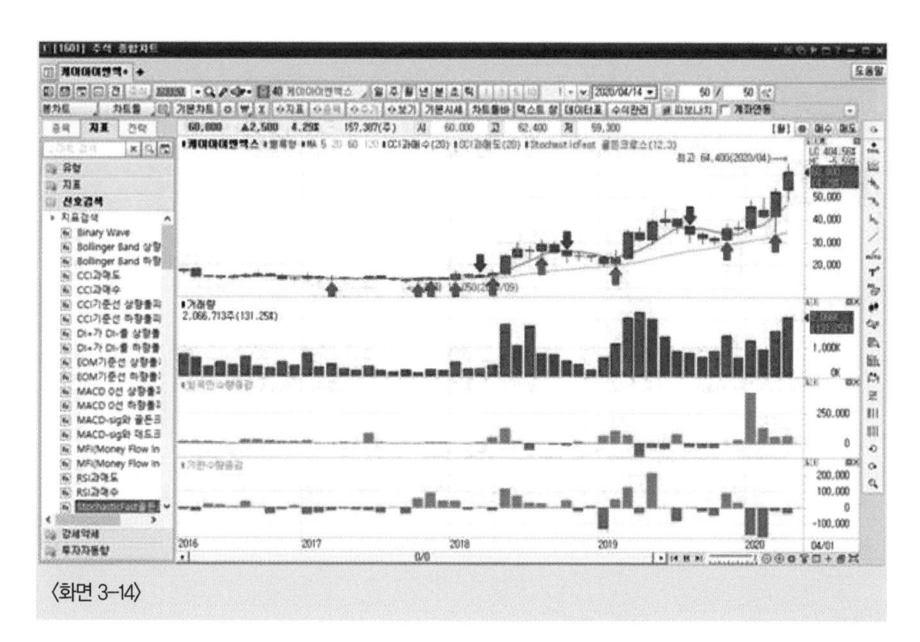

〈화면 3-14〉

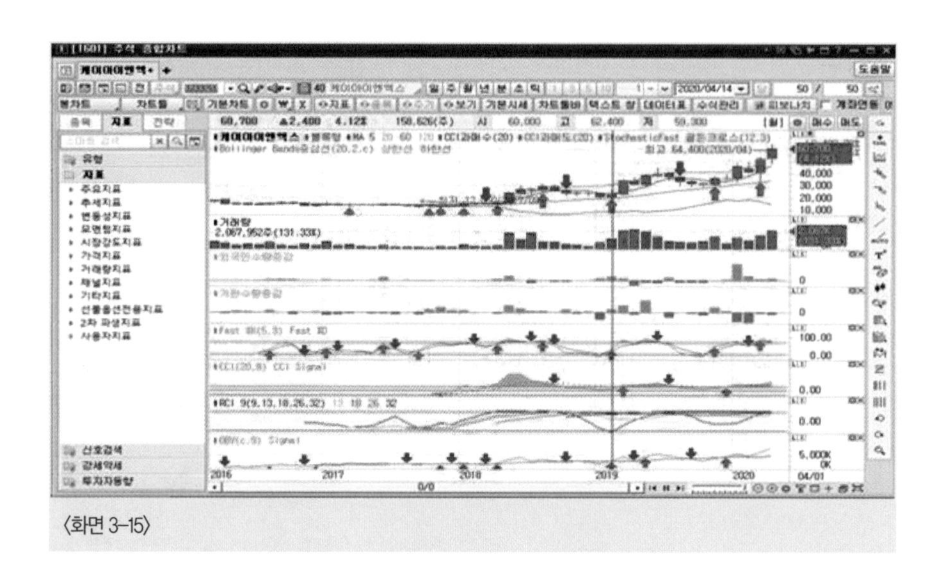
〈화면 3-15〉

화면 3-15는 OBV, RCI, CCI, FAST 스토캐스틱, 볼린져 밴드 등 6개의 보조지표를 동시에 사용해 지표들이 매수 신호나 매도 신호를 표시하도록 한 것이다.

몇 개의 기술적 지표를 차트에 삽입해 매매 시그널을 표시한 것을 살펴보았다. 매수 및 매도 신호를 보면 잘 맞아떨어진다. 이 신호대로 투자한다면 금방 돈을 벌 수 있을 듯하다. 정말 그렇다면 기술적 분석의 대가들, 통계나 수리학에 능숙한 이과 계열 대학생은 이러한 지표를 이용해 큰 부자가 되었을 것이다. 현실이 그렇지 않다는 것은 차트가 답은 아니라는 의미다. 뭔가 문제가 있는데 그것은 바로 '사후적'이란 것이다. 주가가 오르고 내리는 것은 기업 이익의 증가와 감소에 연동한다. 또는 기업 가치가 좋아지거나 나빠질 모멘텀에 의해 등락하는 것이다. 기술적 지표는 그 등락이 발생할 때 그 방향대로 신호를 준다. 결국 차트들은 주가의 단기적인 방향과 매매 타이밍 그리고 시장 심리와 수급을 판단할 수 있게 해주는 보조 도구인 것이다.

몇 가지 기술적 지표를 사용하는 화면을 소개했는데, 기존에 발표된 기업 실적과 기술적 분석을 함께 사용해 원하는 주식을 검색하는 기능이 HTS에 잘 준비돼 있다. '로보 어드바이저', '알고리즘 매매'는 이러한 검색식을 이용한 매매 신호를 서비스한다. 로봇 매매와 알고리즘 매매의 성공 여부는 트레이딩 경험에 달려 있다. 시장의 움직임, 주가의 움직임을 오랫동안 관찰해온 전문 투자자는 주가 움직임의 속성을 안다. 그 속성을 이용해 보조지표들의 변수값을 조절할 수 있어야 한다. 각각의 보조지표가 만들어지는 수식을 잘 알아야 하며 그 보조지표가 어떤 경우에 신호를 주는지 알아야 한다. 수많은 지표 중에 현재 시장에 가장 적합한 것을 찾아내야 하고, 그 지표의 변수값을 투자 풀 종목에 적합하게 변경할 수 있어야 한다. '가장 적합한 것을 찾아내고, 변수값을 변경'하는 작업을 컴퓨터가 스스로 해내 최적의 솔루션을 주는 것, 그것이 인공지능 알고리즘 매매다. 실제로 수퍼 컴퓨터를 이용해 수조 원의 자금을 알고리즘 매매하는 외국인들이 있다.

화면 3-16은 아주 기초적인 사례를 보여 주고 있다. 검색식에 가격과 이동평균선의 골든크로스 값만 넣어 검색했더니 화면 3-17처럼 SK바이오랜드라는 하나의 종목만 검색됐다. 검색 당일 차트를 보면(화면 3-18) 상승 후 오후에 밀려 작은 위꼬리 양봉이었으나, 다음 날 강하게 상승해 장대양봉을 만들었다. 화면 3-19는 주봉 차트다. 이렇게 기술적 지표로 종목 검색을 하는 이유와 사용법을 알아보자.

우선 이해하기 쉬우면서도 사람들이 많이 사용하는 보조지표를 몇 가지 공부한다. 기술적 검색에 거래량, 이평선의 배열 상태, 양봉의 크기 등으로 조건식을 만든다. 재무적 검색에는 최근 영업이익 증가율 상위 200개, 유보율 300% 이상, 부채비율 100% 미만 등으로 조건식을 저장한다. 외국인이나 기관이 연속 순매수한 종목을 검색할 수도 있다. 조건이 까다로울수록 검색 결과값이 거의 나오지 않을 것이고 러프하게 조건식을 만들면 검색 결과값이 많이 나올 것이다. 검색된 종목을 현재 시장에서 성장하는 산업군, 테마군, 기업 가치가 좋은 종목군으로 분류한다. 투자 전략을 결정하기 위함이다. 결과값을 차트와 연동해 간단한 분석으로 매수의 힘이 강한지 매도의 힘이 강한지 판단한다. 조금 더 압축하려면 실적 데이터를 보고 전망이 좋은 기업을 추려 본다. 그렇게 압축해 열 개 내외의 종목을 선정해 관심 종목에 넣어 두고 MACD, RSI, 스토캐스틱, 볼린저밴드, OBV 등 몇 가지 보조지표에 의한 신호를 표시하게 한다. 우선 투자할 주식을 결정하고 보조지표의 신호를 이용하는 것이다.

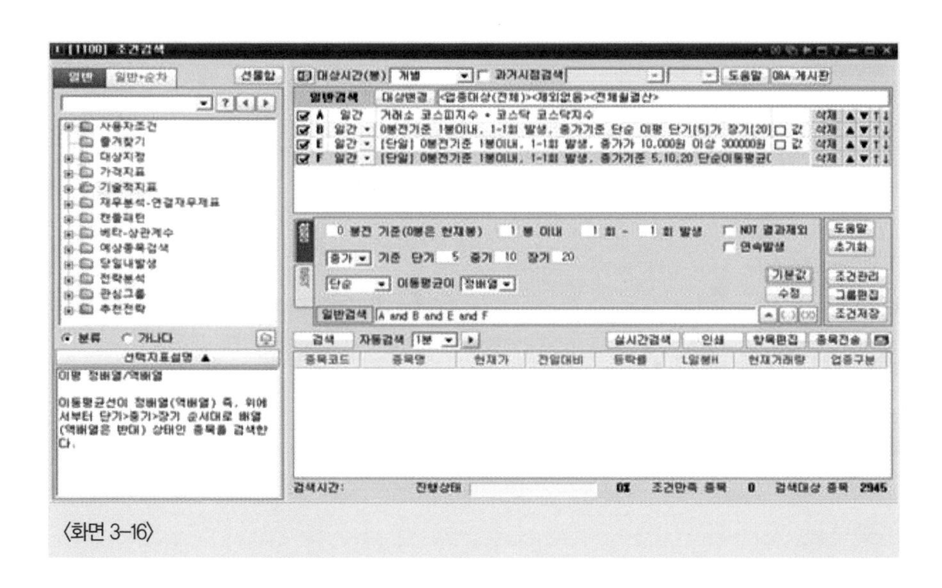

〈화면 3-16〉

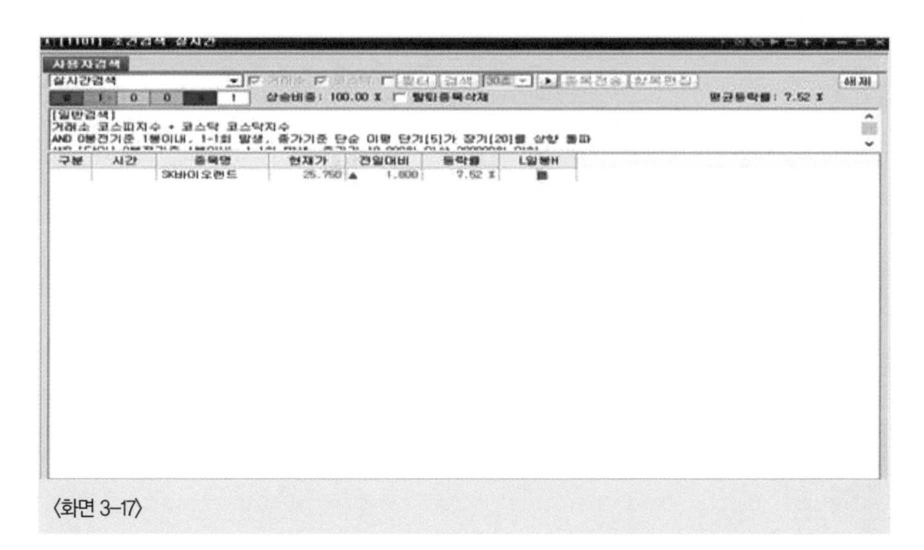

〈화면 3-17〉

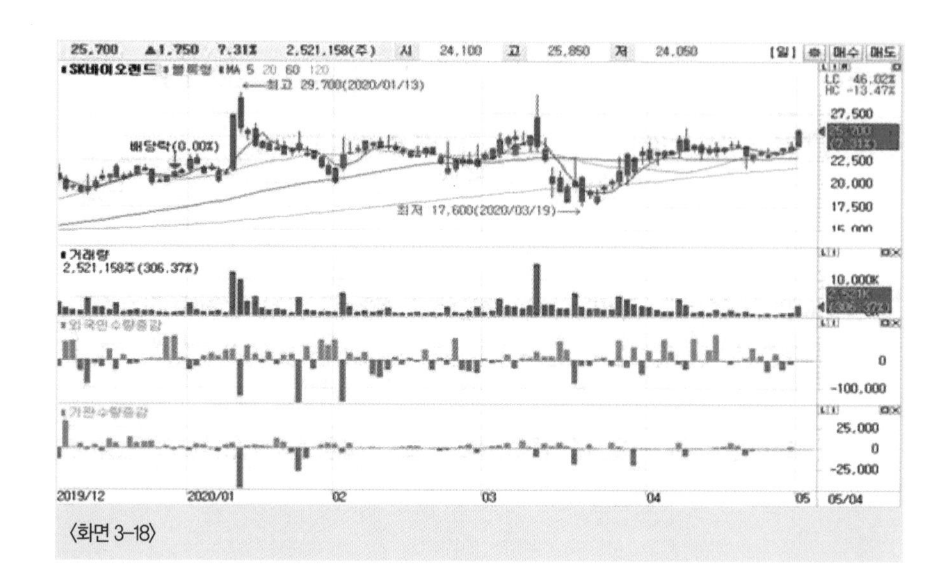
25,700 ▲1,750 7.31% 2,521,158(주) 시 24,100 고 25,850 저 24,050
[일] 매수 매도
SK바이오랜드 블록형 MA 5 20 60 120
최고 29,700(2020/01/13)
배당락(0.00%)
최저 17,600(2020/03/19)
LC 46.02%
HC -13.47%
27,500
22,500
20,000
17,500
거래량
2,521,158주(306.37%)
10,000K
외국인수량증감
0
-100,000
기관수량증감
25,000
0
-25,000
2019/12
2020/01
02
03
04
05
05/04
〈화면 3-18〉

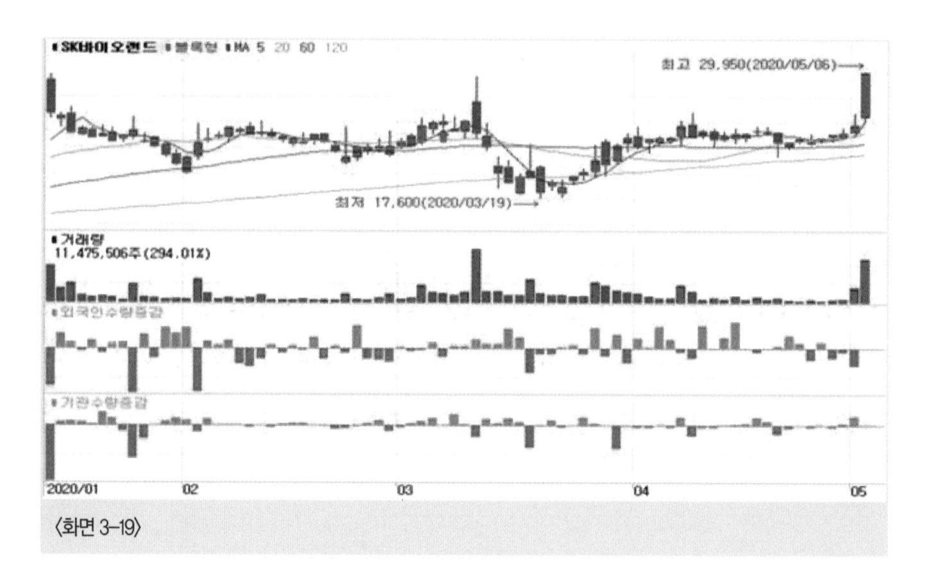
SK바이오랜드 블록형 MA 5 20 60 120
최고 29,950(2020/05/06)
최저 17,600(2020/03/19)
거래량
11,475,506주(294.01%)
외국인수량증감
기관수량증감
2020/01
02
03
04
05
〈화면 3-19〉

4
chapter

가치 분석은 어떻게 하는가?

목표 주가 계산을 위하여

HTS에서 제공되는 종목 분석 화면 보는 법

- 항목별 분석 방법과 사례

주식 투자를 시작하며 '공부를 해봐야겠다'고 생각하는 거의 모든 투자자가 가장 먼저 차트 분석 공부를 한다. 쉽기 때문이다. 최근에는 가치 분석과 차트 분석 외에 시장 심리와 시장 유동성, 정부 정책 등을 분석하는 '인지행위적 투자론' 등이 각광받는다. 그럼에도 대형 서점의 주식 투자 코너에 가면 많은 사람들이 기술적 분석 책을 들춰 보고 있다.

반면, 투자할 주식의 선택은 주변 지인의 추천이나 증권사 직원, 증권 방송 등의 채널을 보고 선정한다. 투자할 종목의 선정과 적정 주가의 계산은 기업의 가치를 분석해서 얻어내야 한다. 기업 가치 분석은 기업의 사업 내용을 알아야 하고 그 사업을 통해 미래에 얻을 이익을 계산해야 한다. 어렵다. 바이오, 반도체, 자율주행, 2차전지, 5G 등의 성장 산업군의 기술을 공부해야 한다. 핵심 기업을 골라 기술을 파악하고 그것이 미래에 창출할 이익을 산정해야 한다. 가치 분석은 회계를 알아야 한다. 가치 분석법은 오랫동안 변함없는 이론을 바탕으로 하고 있다.

'주식 투자를 하면서 적어도 이 정도는 알고 하자'라는 컨셉으로 글을 쓰고 있는 입장에서 '어떻게 설명하는 것이 가장 쉽고 효과적일까'라는 고민 끝에 HTS에서 제공하고 있는 종목 분석 화면을 이용하기로 했다. 모든 증권사의 HTS에는 '종목 분석' 화면이 있는데 유료 컨텐츠 제공 기업인 '에프앤가이드(FN Guide)'라는 업체의 자료를 사용한다. 전 증권사가 똑같다고 보면 된다. 기업 분석을 할 수 있는 거의 모든 자료가 요약돼 있으므로 하나하나 살펴보면 가치분석에 도움이 될 것이다. 사례는 '케이아이엔엑스'라는 종목이다.

화면 4-1은 종목 분석의 메인 화면이다. 상단에 메뉴가 있는데, 필요한 것만 골라서 살펴보기로 하자. 코스닥 기업이고 종목 번호가 있다. 그 옆에 있는 PER, 12개월 포워드 PER, 업종 PER, PBR, 배당 수익률은 중요하게 판단하지 않는다. 이유는 이 책의 다른 곳에서 설명하겠지만, 분석자에 따라, 상황에 따라, 수치가 정확하지 않거나 유동적이기 때문이다. 중요한 것은 시가총액과 외국인 보유비중, 발행주식수와 유동주식수다. 시가총액을 주식수로 나누면 현재가가 된다. 적정 시가총액은 '기업의 미래 이익 × PER'이다. 이 화면에서는 시가총액이 가장 중요하다. 외국인 보유 비중이 높다는 것은 기업의 미래 가치를 좋게 보는 외국인 자금이 많이 투자돼 있다는 것이므로 의미가 있다.

이 종목의 2020년 4월 9일 현재 시가 총액은 2904억원이다. 외국인 보유 비중은 21.79%이고 총 발행주식은 488만주다. 이 중 언제든 매매될 수 있는 유동 비율이 51.88%로 약 253만주다.

〈화면 4-1〉

화면 4-2는 운용사별 보유 현황이다. 이 종목은 삼성액티브 자산운용 등 10여 곳의 자산 운용사가 보유하고 있다. 이때 가장 중요한 것은 운용자금을 크고 분석력이 훌륭한 기관이 보유하고 있어야 하며 한두 곳이 대량으로 보유하기보다 많은 기관이 공통으로 보유하고 있어야 한다. 국내 유수의 기관이 공통으로 보유하고 있다는 것은 이 기업의 성장과 미래 이익을 좋게 판단하기 때문이다.

화면 4-3 주주현황은 대주주 및 자사주 그리고 5% 이상 대량으로 보유한 기관을 표시한다. 이때 중요한 것은 대주주가 누구인가, 누가 대량 보유하고 있는가다. 대주주는 당연히 자금력이 탄탄하고 이 기업이 성장하도록 지원할 수 있는, 또는 시너지를 기대할 수 있는 개인 또는 법인이어야 한다. 대주주의 지분이 너무 낮으면 M&A에 노출될 수 있고 너무 높으면 시장 유동성이 낮아져 기관 투자가들이 선호하지 않는다. 적당한 분산이 중요하다. 5% 이상 대량 보유자가 외국 롱텀 펀드나 연기금과 같은 곳이라면 기업 안정성에 신뢰도가 높다고 할 수 있다.

이 종목은 인터넷 도메인, 호스팅, 서버 등을 서비스하는 가비아가 대주주이어서 시너지를 기대할 수 있다. 삼성액티브 자산운용이 5% 이상 보유하고 있다는 것은 성장주를 골라 중장기 투자하는 '액티브'형 자금이 투자돼 있다는 뜻이다. 대주주인 가비아 외에 특수관계인의 보유 주식 일부가 최근 주가 상승 시점에 매도된 것을 알 수 있다. 반면 삼성액티브 자산운용이 5%를 매수한 변동 내역을 기간으로 추정해 보면 평균 가격을 알 수 있다.

운용사별 보유 현황 [2019/12]

단위 : 천주, 억원, %

운용사명	보유수량	시가평가액	상장주식수내비중	운용사내비중
삼성액티브자산운용	97.42	35.51	2.00	0.44
한국투자밸류자산운용	50.41	18.37	1.03	0.07
케이티비자산운용	27.69	10.09	0.57	0.03
삼성자산운용	19.70	7.18	0.40	0.00
유리자산운용	6.14	2.24	0.13	0.03
현대자산운용	3.60	1.31	0.07	0.01
케이비자산운용	1.32	0.48	0.03	0.00
유진자산운용	0.75	0.27	0.02	0.00
프랭클린템플턴투자신탁운용	0.59	0.21	0.01	0.01
엔에이치아문디자산운용	0.54	0.20	0.01	0.00

주주현황

단위 : 주, %

항목	보통주	지분율	최종변동일
가비아(외 6인)	2,043,120	41.87	2020/01/08
자사주	305,196	6.25	2020/03/04
삼성액티브자산운용	244,045	5.00	2019/12/12

주주구분 현황 자세히보기

단위 : 주, %

주주구분	대표주주수	보통주	지분율	최종변동일
최대주주등 (...	1	2,043,120	41.87	2020/01/08
10%이상주...				
5%이상주주 ...	1	244,045	5.00	2019/12/12
임원 (5%미...				
자기주식 (자...	1	305,196	6.25	2020/03/04
우리사주조합				

〈화면 4-2〉

[0575] 종목업체분석

종목 093320 40 케이아이엔엑스 토론방 IE로 열기 금감원공시

Snapshot 기업개요 재무제표 재무비율 투자지표 경쟁사비교 Disclosure

주주 상세 [최대주주등(본인+특별관계자)]

단위 : 주, %

최대주주등 | 10%이상주주 | 5%이상주주 | 임원 | 자기주식 | 우리사주

주주명	관계	보통주	지분율	최종변동일
가비아	본인	1,771,220	36.30	2011/02/08
전정완	특수관계인	122,510	2.51	2011/02/08
이선영	특수관계인	80,000	1.64	2019/01/31
김지욱	특수관계인	31,000	0.64	2018/12/28
황용현	특수관계인	19,400	0.40	2019/03/25
김홍국	특수관계인	15,790	0.32	2011/02/08
윤원철	특수관계인	3,200	0.07	2020/01/08
합계		**2,043,120**	**41.87**	**2020/01/08**

주주변동내역 [최근 20건]

단위 : 주, % Show Columns

주주구분	대표주주	변동주주	변동일	주요 변동사유	주식 종류	변동전	증감	변동후	지분율
최대주...	가비아	윤원철	2020.01.08	장내매...	보통주	2,045,120	-2,000	2,043,120	41.87
주요주주	삼성액티브자...	삼성액티브자산...	2019.12.12	장내매...	보통주	238,262	5,783	244,045	5.00
주요주주	삼성액티브자...	삼성액티브자산...	2019.12.12	신규보...	보통주	0	238,262	238,262	5.00
최대주...	가비아	황용현	2019.03.25	장내매...	보통주	2,046,120	-1,000	2,045,120	41.91
최대주...	가비아	황용현	2019.03.22	장내매...	보통주	2,073,120	-27,000	2,046,120	41.93

〈화면 4-3〉

화면 4-4는 기업 개요를 설명하고 있다. 회사의 사업 개요와 실적 개요다. 실적에 대한 보다 자세한 내용은 재무제표에서 확인한다. 사업 개요는 워낙 간단히 나와 있어 이해가 어려울 수 있다. 좀 더 자세히 알고 싶다면 화면 4-5처럼 메인 메뉴의 '금감원 공시'나 '거래소 공시'를 클릭해 감사보고서와 사업보고서로 확인할 수 있다. 상장 기업은 반기 및 기말 실적 발표를 하면서 사업보고서를 제출한다. 사업보고서에는 실적 외에 주요 사업의 현황과 미래 계획 등이 포함돼 있어 보다 자세히 회사의 성장 스토리를 확인할 수 있다.

각 기업의 사업과 기술이 생소할 수 있다. 그런 기업이라면 화면 4-6처럼 회사의 홈페이지를 통해 어떤 제품(서비스)을 제공하는지, 그 제품(서비스)이

〈화면 4-4〉

〈화면 4-5〉

무엇인지를 알 수 있다.

이 종목은 인터넷 연동 서비스, 컨텐츠 전송 네트워크 서비스, 클라우드 서비스를 제공하고 있으므로 미래 4차 산업 시대의 성장 스토리를 갖고 있다. 바이러스 확산으로 비대면 사회로의 전환이 예상되므로 인터넷 네트워크의

〈화면 4-6〉

사업 성장은 밝다고 할 수 있다.

화면 4-7은 기업 분석에서 가장 중요한 재무제표의 개요다. 연결과 별도로 구분해 볼 수 있는데, 자회사가 많은 지주회사는 연결 재무제표가 중요하다. 대부분 관계회사가 있기 때문에 연결 재무제표를 참고하는 것이 정확하나 개별 중소형 기업은 일반적으로 별도 재무제표를 이용한다.

실적을 연간과 분기로 나눠서 볼 수 있는데 연간 실적을 통해 기업의 수년간의 성장을 파악하고 분기 실적으로 분기별 성장과 계절성 등을 파악한다. 연간으로 실적을 비교할 때 YOY라고 표현하며 분기로 비교할 때 QOQ라고 표현한다. 상반기에 수주를 많이 받는 기업은 상반기 실적이 좋고 하반기에 좋지 않다. 빙과류 기업은 더운 여름 분기에 실적이 좋고 겨울 분기에 실적이 좋지 않다. 그래서 전년도 동분기 실적과 비교하는 것이 중요하다. 연간으로 어느 정도의 실적 성장이 있었는지를 바탕으로 올해는 어느 정도 실적이 나

[0575] 종목업체분석

Snapshot 기업개요 재무제표 재무비율 투자지표 경쟁사비교 Disclosure

Financial Highlight [연결|전체] 단위 : 억원, %, 배, 천주

IFRS(연결)	Annual				Net Quarter			
	2017/12	2018/12	2019/12	2020/12(E)	2019/06	2019/09	2019/12	2020/03(E)
매출액	473	563	646	743	156	167	168	179
영업이익	92	132	165	201	40	44	42	47
영업이익(발표기준)	92	132	165		40	44	42	
당기순이익	67	125	157	181	33	39	49	44
지배주주순이익	65	122	150	169	32	37	47	42
비지배주주순이익	3	3	6		1	2	2	
자산총계	653	772	1,049	1,478	943	1,014	1,049	
부채총계	65	67	203	473	186	216	203	
자본총계	587	704	846	1,005	757	797	846	
지배주주지분	567	681	816	967	731	768	816	
비지배주주지분	20	23	30	39	26	29	30	
자본금	24	24	24	22	24	24	24	
부채비율	11.13	9.54	24.02	47.01	24.56	27.16	24.02	
유보율	2,361.92	2,832.91	3,384.00		3,037.50	3,186.46	3,384.00	
영업이익률	19.36	23.38	25.48	27.09	25.91	26.16	24.72	26.53
지배주주순이익률	13.66	21.68	23.28	22.69	20.47	22.24	27.67	23.53
ROA	10.72	17.50	17.22	14.33	14.05	15.87	18.83	16.78
ROE	11.75	19.55	20.10	18.93	17.84	19.78	23.52	20.59
EPS (원)	1,324	2,501	3,083	3,456	654	760	954	861
BPS (원)	12,310	14,665	17,420	20,506	15,687	16,432	17,420	
DPS (원)	220	400	500	500			500	
PER	10.43	9.59	11.82	17.22				
PBR	1.12	1.64	2.09	2.90	2.55	1.94	2.09	
발행주식수	4,880	4,880	4,880		4,880	4,880	4,880	
배당수익률	1.59	1.67	1.37				1.37	

기업의 재무,실적 공시 제출 이후 해당자료가 반영되기까지는 종목에 따라 최대 한달까지 소요됩니다

〈화면 4-7〉

올 것인지를 추정할 수 있다. 이 화면의 실적 데이터는 과거의 것은 확정 수치이며 미래의 것은 여러 애널리스트가 탐방 후 발간한 자료를 취합해 평균적인

값을 제공한 것이다. 미래의 평균값을 시장에서는 '시장 컨센서스'라고 한다.

여기서는 매출액과 영업이익, 순이익을 본다. 영업이익은 매출에서 재료비 인건비 등 사업을 하는 과정에서 발생하는 비용을 차감한 것이다. 순이익은 영업이익에서 이자비용, 세금 등 영업을 하는 데 필요한 비용 이외의 제 비용을 차감한 것이다. 당연히 영업이익과 순이익은 높아야 좋다. 특히 연간 순이익이 수년간 연속적으로 증가하고 있다면 지속 성장을 하고 있는 것이다. 분기 순이익 역시 꾸준히 증가하고 있는 기업이어야 성장 기업이다. 아주 특별한 경우 특정한 분기에 실적 감익이 있을 수도 있으나 연간 또는 분기별 실적이 좋았다 나빴다 하는 기업은 좋지 않다. 윌리엄 오닐은 그의 저서에서 연간 순이익과 분기 순이익이 최소한 3~5년(분기) 이상 연속적으로 성장하는 기업을 선택해야 한다고 설명하기도 했다.

이 종목은 2017년부터 자료가 나와 있는데, 매출액은 473억원, 563억원, 646억원으로 매년 증가하고 있다. 2020년 예상 매출은 743억원으로 증가할 것이라고 예측하고 있다. 분기별 매출은 19년 2분기부터 156억원, 167억원, 168억원, 173억원(예상)이다. 영업이익은 연간 92억원, 132억원, 165억원, 201억원(예상)이다. 순이익은 67억원, 125억원, 157억원, 181억원(20년 예상)이다. 매년 매 분기 이익이 증가하고 있는 성장주다. 과거의 실적은 지속성, 성장성을 확인하는 것이며 미래의 실적은 얼마나 증가하는지 못지않게 '정말로 그 실적을 달성할 수 있는가'를 보는 것이다. 기업에 문제가 없어도 글로벌 경기나 산업 사이클 등과 같이 기업 실적에 영향을 주는 요인들이 있다. 그 부분을 체크하는 것은 '시황 분석'편에서 다시 설명하기로 한다.

종목의 시가 총액은 2904억원이다. 올해 예상 영업이익인 201억원으로 계산하면 PER은 14.4배다. 예상 순이익인 181억원으로 계산하면 16배다. 예상 이익이 더 증가하면 PER은 낮아져 현재가를 저평가라고 할 것이고 이익이 줄면 현재가를 고평가라고 할 것이다. 결국 미래의 이익이 얼마나 증가하는지, 또 그것을 달성하는지를 판단하는 것이 주식 투자의 핵심인 것이다. 만일 향후 실적이 급증해 200억원이 아닌 400억원이 될 것이라고 추정한다면 PER이 7.26배뿐이 되지 않으므로 절대 저평가이니 적극 매수해야 한다. 반대로 이익이 이런저런 이유로 반토막으로 줄어들 것이라고 추정된다면 PER이 29배나 돼 고평가이므로 주가는 하락할 것이다.

영업이익률이 높은 성장 기업은 영업이익에 높은 PER을 곱해 시총을 계산하고 저성장 굴뚝 기업은 순이익에 낮은 PER을 곱해 적정 시총을 계산하기도 한다. 여기서는 영업이익과 순이익 양쪽을 계산하여 PER을 계산해 보았다. PER 14.4배와 16배가 고평가인가, 적정 평가인가? 그것은 이 기업의 성장성으로 판단한다. 고성장 기업은 PER을 높게 준다. IT 버블 당시엔 PER 100배도 있었다. 현재에도 고성장을 기대하는 바이오 기업은 PER을 30배 정도로 부여한다. 인터넷 네트워크 관련인 이 기업의 14~16배는 높다고 볼 수는 없다고 판단된다.

영업이익률은 매출액 대비 영업이익을 말한다. 어떤 기업은 매출이 1조원인데 영업이익이 500억원밖에 안된다. 영업이익률이 5%다. 인건비, 원재료비 등의 고정비용이 어마어마한 것이다. 반면 매출이 1000억원인데 영업이익이 500억원인 기업도 있다. 영업이익률이 50%다. 매출이 증가하는 것에 비해 비용의 비율이 상대적으로 적은 기업이다. 대부분의 성장 기업은 영업이익률이 높다. 대표적으로 바이오 기업은 초기 연구개발비가 많이 들지만 개발이 끝나고 나면 적은 비용으로 큰 수익을 창출한다. 영업이익률이 높은 기업일수록 성장 기업이라고 볼 수 있고 낮은 기업일수록 저성장 굴뚝 산업이라고 볼 수 있다. '주가의 기울기는 영업이익의 기울기'라고도 한다. 영업이익률이 지속 성장하는 기업은 주가 역시 지속하여 상승할 것이다.

이 기업의 영업이익률은 17년부터 연간 19.36%, 23.38%, 25.48%, 27.09%(예상)로 성장주답게 높은 비율을 유지하고 있다. 이 기업은 매출이 높아질수록 영업이익이 더 큰 폭으로 증가한다.

또 유보율과 부채 비율이 있다. 유보율은 영업 활동에서 생긴 이익인 이익잉여금과 자본거래 등 영업 활동 이외의 거래에서 생긴 이익인 자본잉여금을 합한 금액을 납입자본금으로 나눈 비율로서 기업이 동원할 수 있는 자금력을 보여 준다. 당연히 높을수록 재무 안정성이 높다고 볼 수 있다. 부채 비율은 회사의 부채 총액을 자기자본액으로 나눈 백분율 값이므로 기업 자본 구성의 안정 정도를 알 수 있다. 당연히 낮을수록 재무 안정성이 높다고 볼 수 있다. 유보율과 부채 비율을 분석하는 이유는 성장 기업이라 해도 재무 안정성이 없으면 언제든 파산할 수 있기 때문이다. 당장 이익이 증가해 좋게 보이지만 사내 유보금이 거의 없고 부채 비율이 과도하게 높다면 이익을 부채 갚는데 쓰느라 급급한 부실 기업이다. 그러한 기업은 배당도 줄 수 없을 것이다. 특히 미래 성장을 기대하고 투자하는 중소형 기업일수록 재무 안정성은 더욱 중요하다.

이 종목은 유보율이 2361%, 2832%, 3384%나 된다. 부채 비율은 11.13%, 9.54%, 24.02%로 현저히 낮다. 우량한 재무 안정성을 보여 주고 있다.

ROE는 순이익을 자기자본으로 나눈 값이다. 경영자가 주주의 자본을 사용해 어느 정도 이익을 올리고 있는가를 수치화한 것이다. 자본이 100억원인 기업이 1년에 10억원의 이익을 올린다면 ROE는 10%다. 절대 수치가 무조건 높은 것보다 꾸준히 높게 유지되는 쪽이 좋다. 워렛 버핏은 "ROE가 3년 이상 꾸준히 15% 이상인 기업에 투자"하라고 했다.

이 종목의 ROE는 11.75%, 19.55%, 20.10% 18.93%(예상)다. 꾸준히 그리고 점차 높아지고 있다. 2020년 예상 ROE를 약간 낮게 추정하고 있는데, 그 이유는 따로 알아본다. 약간 줄어든다고 하지만 19%에 근접하는 높은 수치이므로 좋은 성장주라 볼 수 있다.

PER과 PBR은 이 책의 다른 쪽에서 의미를 자세히 설명한다. PER은 주가를 주당순이익으로 나눈 값이며 시가총액을 이익으로 나눈 값이다. 우리가 흔히 적정 주가를 계산할 때 예상 이익에 PER을 곱해 적정 시가총액을 구한다. 적정 시가총액을 발행 주식수로 나누면 적정 주가가 된다. PER은 시장 상황에 따라, 산업군에 따라, 기업의 성장 속도에 따라 다르게 적용하기 때문에 '고무줄'이라는 비판을 받기도 하지만 적정 주가를 계산하는 데 가장 기본적인 개념이기 때문에 반드시 알아 두어야 한다.

PBR은 주가를 주당순자산으로 나눈 값이며 시가총액을 순자산으로 나눈 값이다. 시가총액은 현재 발행된 주식 가치의 총합이다. 이 합을 순자산과 비교해 1보다 높으면 기업의 자산 가치 대비 높은 가격이고 1보다 낮으면 기업의 자산 가치 대비 낮은 가격에 거래되고 있는 것이다. PBR 역시 자산 가치를 제대로 반영하지 못한다는 비판이 있다. 기업의 자산을 분석하는 사람에 따라 수치의 차이가 있을 수 있고, 대규모 장치 산업은 어떤 자산에 어느 정도의 가치를 부여하는지가 다를 수 있다. 무형의 자산을 어떻게 평가해야 하는지는 더욱 애매하다. PBR이 유용한 시점은 경기가 불황일 때, 기업의 미래 가치보다 현재 보유하고 있는 현금 및 자산 가치가 중요한 때다. 위기 국면에서는 '미래보다는 살아남는 게 중요'하기 때문이다. 미래의 성장 스토리로 거래되고 있는 주식은 언제든지 파산할 위험이 있고 현금을 비롯한 자산이 별로 없다. 대표적으로 항암제 등 신약 개발을 하고 있는 바이오 기업이 그렇다. 그 기술이 실패하면 회사에는 아무것도 남는 게 없다. 그래서 성장 기업일수록 자산 가치는 중요하다. 회사가 파산해도 청산해서 남길 가치가 있으면 투자자 입장에서 안정적이다. 성장 기업인데 PBR이 1배 이하인 주식은 성장 스토리가 훼손돼도 투자한 주식의 가치는 보전할 수 있으므로 PBR을 중요하게 살펴본다.

이 종목의 PER은 앞에서 설명했고, PBR은 1.12배, 1.64배, 2.09배, 2.90배(예상)다. 성장 중소형 기업이므로 자산이 크게 증가하지는 않았을 것이다. 그에 비해 주가가 오르며 시가총액이 증가했으므로 PBR은 점차 높아지고 있다. 주가가 오른 성장주는 대개 PBR이 높다. 고성장 기업인데 PBR이 낮은 기업이 왜 좋은지 알 수 있을 것이다.

배당수익률은 기업이 돈을 벌어 주주에게 얼마나 돌려주는가를 말해 주는 비율이다. 이는 배당금을 주가로 나눈 값이다. 기업이 수익을 많이 내면 배당을 많이 줄 것이다. 거꾸로 꾸준히 배당률이 높다는 것은 기업이 꾸준히 수익을 잘 내고 있다는 뜻이다. 배당을 많이 하는 기업에 투자자들이 몰린다. 그래서 '배당 투자', '배당 ETF'도 있다.

이 종목은 배당수익률이 1.59%, 1.67%, 1.37%로 비교적 꾸준히 배당했다. 주가는 매년 상승하는데, 배당수익률이 일정하다는 것은 배당금이 점차 높아지고 있다는 뜻이다.

화면 4-8에서 중요한 것은 자본금 변동 내역이다. 스탁옵션, 유상증자, 무상증자, BW, CB 등으로 자본금 또는 주식주의 변동을 확인한다. 성장 기업은 자금을 마련하려고 유상증자와 BW, CB을 많이 발행한다. 유치한 자금을 시설을 증축하는 데 사용하는 경우 주가는 상승하지만, 일반 운영비용 등으로 사용하는 경우 주가가 하락한다. 발행 주식수가 증가하면 기업은 자금을 마련한 것이지만 주당 가치는 하락한다. 시장에서는 'EPS가 희석된다'라고 표현한다. 마련한 자금을 바탕으로 기업 실적이 성장하면 희석된 가치를 만회하며 주가는 상승할 수 있지만, 실적 성장 없이 주식 수만 증가하면 주가는 하락한다. 실적 성장은 긴 시간이 걸리고, 주식 수 증가는 당장 일어나는 것이므로 유상증자나 주식 전환형 사채 발행이 있을 때 주가는 하락하는 경우가 많다. 반면, 핵심 기술이 있는데, 돈이 없어서 성장하지 못하는 기업이 자금 조달에 성공하면 주가가 크게 오른다. 유상증자나 전환형 사채를 '제3자

주주 구분별 지분현황

단위 : %

주주구분	2018/01/01	2019/01/01	2020/01/01	2020/04/10
최대주주등 (본인+특별관계자)	42.42	42.43	41.91	41.87
10%이상주주 (본인+특별관계자)				
5%이상주주 (본인+특별관계자)	8.06		5.00	5.00
임원 (5%미만 중, 임원인자)				
자기주식 (자사주+자사주신탁)	6.30	6.30	6.30	6.25
우리사주조합				

신용등급 변동내역

Bond	CP
관련 데이터가 없습니다.	

자본금 변동내역 [변동후 자본금:우선주 포함]

단위 : 주, 백만원

변동일	상장일	종류	변동주식수	변동후자본금
2015/03/17	2015/03/30	스탁옵션행사(보통)	15,000	2,440
2013/04/10	2013/04/22	스탁옵션행사(보통)	45,000	2,433
2012/10/26	2012/11/08	스탁옵션행사(보통)	20,000	2,410
2011/02/08	2011/02/08	신규상장(보통)	0	2,400
2011/01/28	2011/02/08	유상증자(일반공모)(보통)	720,000	2,400
2008/10/09		유상증자(주주배정)(보통)	366,044	2,040
2008/05/22		유상증자(주주배정)(보통)	363,636	1,857
2008/04/29		액면분할(보통)	0	1,675
2006/12/27		유상증자(주주배정)(보통)	185,032	1,675
2000/09/08		유상증자(주주배정)(보통)	140,000	750

〈화면 4-8〉

배정'으로 하는 경우가 있다. 주식을 보유하고 있는 모든 투자자들을 대상으로 발행하는 것을 '일반 주주 배정 발행'이라고 한다. 제3자 발행은 특정한 개인 또는 법인을 대상으로 발행하는 것이다. 핵심 기술을 보유한 IT 기업에 삼성전자가 제3자 발행으로 유상증자에 참여하는 사례가 간혹 있었다. 대기업이 기술력 있는 중소기업에서 안정적으로 부품을 조달받기 위해 제3자 배정

관계사 현황 [3개 관계사 | 2018/12] 단위 : %

관계사	지분율	관계사	지분율
놀명쉬멍	49.75	가비아씨엔에스	28.57
엑스게이트	39.90		

연결대상 회사 현황 [4개 연결대상 회사 | 2019/09] 단위 :억원

연결대상회사	주요사업	설립일	자산
(주)피플커넥트	CDN 서비스	2011/09	117
와이즈월	시스템, 응용 소프트웨어 개발 및 공급	2004/03	5
(주)에이투컴퍼니	클라우드서비스 운영	2013/06	4
(주)위드골프	골프부킹 대행 서비스	2002/11	1

〈화면 4-9〉

증자를 통해 자금 지원을 하는 것이다.

빈번하게 3자 배정으로 유상증자나 CB, BW를 발행하는 중소형 주식은 주의해야 한다. 기업이 주력 사업으로 돈을 벌지 못해 빈번히 자금 조달을 하는 것은 부실 기업이기 때문이다. 소위 '작전꾼'들이 부실 기업을 인수해 빈번히 자금 조달을 하는 경우가 있다. 조달된 자금으로 다시 싼 값에 부실 기업을 인수하는 사례도 볼 수 있다. 어떤 경우이든 실적 증가 없이 주식 수가 증가하면 주당 가치가 하락하므로 주가도 하락한다. 증자든, 채권이든 기업이 재무 활동을 한 경우, 그 이유와 앞으로 기업이 어떻게 변화할지 판단해 봐야 한다. 자본금 변동 내역의 흐름을 보고 향후 주가 상승 시에 매물이 얼마나 나올지, 어떤 가격권이 되면 매물이 나올지 등을 파악할 수 있다.

이 종목은 상장 이전에 주주배정 증자를 여러 차례 하면서 자본금을 늘렸다. 상장 후에는 특별한 재무 활동이 없었으나 스탁옵션이 행사되면서 주식 수가 늘어났다. 수량이 크지 않지만, 주가 상승 시 매도로 나올 수 있는 매물

IFRS(연결)	2016/12	2017/12	2018/12	2019/12	전년동기	전년동기(%)
매출액	**442**	**473**	**563**	**646**	**563**	**14.8**
매출원가	239	248	292	338	292	15.6
매출총이익	203	225	271	309	271	13.9
판매비와관리비	125	133	139	144	139	3.4
영업이익	**78**	**92**	**132**	**165**	**132**	**25.1**
영업이익(발표기준)	**78**	**92**	**132**	**165**	**132**	**25.1**
금융수익	6	9	13	14	13	11.9
금융원가		0	4	7	4	59.1
기타수익	7	4	20	26	20	33.2
기타비용	21	23	15	11	15	-30.6
종속기업,공동지배기업및관계기업관련손익	-0					
세전계속사업이익	**71**	**81**	**144**	**188**	**144**	**29.9**
법인세비용	8	13	20	31	20	55.7
계속영업이익	63	67	125	157	125	25.8
중단영업이익						
당기순이익	**63**	**67**	**125**	**157**	**125**	**25.8**
지배주주순이익	58	65	122	150	122	23.3
비지배주주순이익	6	3	3	6	3	144.1

〈화면 4-10〉

의 수량으로 보아야 한다.

화면 4-9는 관계사 현황과 연결 대상 회사 화면이다. 어떤 기업들이 관계사인지 보면 사업 시너지, 신규 사업 분야 등을 알 수 있다. 연결 대상 회사로 주력 사업 이외에 어떤 사업들을 하는지를 확인할 수 있으며 연결 회사가 수익을 내는 괜찮은 회사인지 부실한 회사인지 확인할 수 있다. 간혹 괜찮은 수익을 내는 기업인데, 연결회사에서 막대한 손실을 내 이익이 줄어드는 경우도 있다.

이 종목은 클라우드 서비스, 네트워크 운영에 관련한 소프트웨어 개발 등

IFRS(연결)	2016/12	2017/12	2018/12	2019/12
영업활동으로인한현금흐름	**112**	**102**	**126**	**256**
당기순손익	63	67	125	157
법인세비용차감전계속사업이익				
현금유출이없는비용등가산	47	64	74	172
(현금유입이없는수익등차감)	13	11	36	42
영업활동으로인한자산부채변동(운전자본변동)	20	-8	-31	-8
*영업에서창출된현금흐름	118	112	132	279
기타영업활동으로인한현금흐름	-6	-10	-6	-23
투자활동으로인한현금흐름	**-85**	**-27**	**-141**	**-171**
투자활동으로인한현금유입액	121	97	325	614
(투자활동으로인한현금유출액)	206	125	466	785
기타투자활동으로인한현금흐름				
재무활동으로인한현금흐름	**-5**	**-33**	**0**	**-85**
재무활동으로인한현금유입액			23	50
(재무활동으로인한현금유출액)		27	13	117
기타재무활동으로인한현금흐름	-5	-6	-10	-18
영업투자재무활동기타현금흐름				
연결범위변동으로인한현금의증가				
환율변동효과	5	-10	4	0
현금및현금성자산의증가	**28**	**32**	**-10**	**0**
기초현금및현금성자산	108	136	167	157
기말현금및현금성자산	136	167	157	157

기업의 재무,실적 공시 제출 이후 해당자료가 반영되기까지는 종목에 따라 최대 한달까지 소요됩니다

〈화면 4-11〉

의 사업을 하는 관계사 및 연결회사들이 있다. 자산 규모가 작은 것으로 보아 관련 회사들로 인한 큰 변동은 없을 것으로 보인다.

화면 4-10은 앞서 본 요약 재무제표보다 매출액, 영업이익, 순이익을 좀더 자세히 알 수 있게 해준다. 매출원가와 판매비, 관리비의 비중이 얼마나 되는지, 금융 수익(손실) 및 기타 수익(손실)이 얼마나 되는지, 세금 등과 제 비용을 파악할 수 있다. 그중 판매비와 관리비가 지나치게 높으면 좋지 않다. 영업과 무관한 수익 및 비용이 특이하게 높다면 무엇 때문에 그런지를 확인해 보아야 한다.

화면 4-11의 현금흐름표는 매우 중요하다. 재무제표는 현금이 아닌 미래에 받기로 한 매출채권이나 어음 등도 수익으로 인식하기 때문에 미래에 그 돈을 받지 못하는 상황이 되면 우수한 실적에도 불구하고 현금 유동성 부족으로 기업이 어려움에 처할 수 있다. '영업 활동으로 인한 현금 흐름'은 기업 본연의 영업을 통해 유입된 현금의 양을 나타내며, '투자 활동으로 인한 현금 흐름'은 금융자산 투자 또는 설비투자 등 유형자산에 투자한 현금의 양을 나타낸다. '재무 활동으로 인한 현금 흐름'은 차입금 및 이자, 배당 수령 등을 나타낸다. 꾸준한 영업 활동을 통해 현금이 유입되는(+) 회사가 성장에 필요한 투자를 하고(−) 차입금을 갚아 나가는(−) 현금 흐름이 좋다. 성장 초기의 기업은 영업 현금(+)과 재무 현금(+)으로 적극적인 설비 투자(−)를 하는데 이러한 기업은 결국 투자의 결과가 중요하다. 이때 무리한 투자로 차입금이 너무 많아지거나 오랫동안 영업으로 인한 현금 흐름이 없는 경우는 주의해야 한다. 영업 투자 재무 활동의 현금이 모두 마이너스인 경우는 그동안 벌어 놓은 현금으로 투자와 차입금을 상환하는 것이므로 위험하다. 영업 활동으로 인한 현금 흐름은 당기 순이익에서 현금 유출이 없는 비용을 더하고 현금 유입이 없는 수익을 차감한 것이므로 손익계산서상 순이익보다 영업 활동으로 인한 현금 흐름이 큰 기업이 좋다. 영업(+), 투자(−), 재무(−)의 현금 흐름을 보이

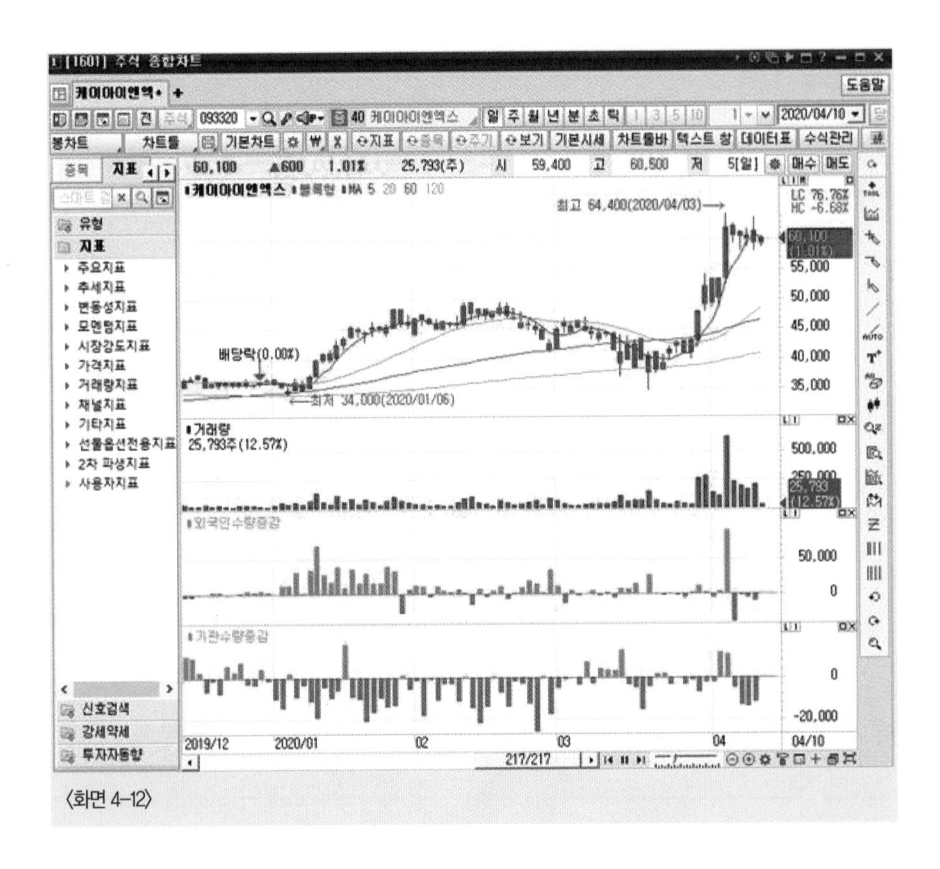

〈화면 4-12〉

는 기업이 좋은 기업이다. 엄청난 현금 수익이 있는 삼성전자도 지속하여 투자하기 때문에 영업(+), 투자(−), 재무(−)의 현금 흐름이다.

이 종목은 영업 활동으로 인한 현금 흐름은 꾸준히 증가하고 있으며 당기순이익보다 높다. 투자 활동으로 인한 현금 흐름은 투자가 지속돼 마이너스 흐름이며 재무 활동의 현금 흐름은 차입금 상환 등으로 마이너스다. + − −의 흐름이므로 양호한 상황으로 판단할 수 있다.

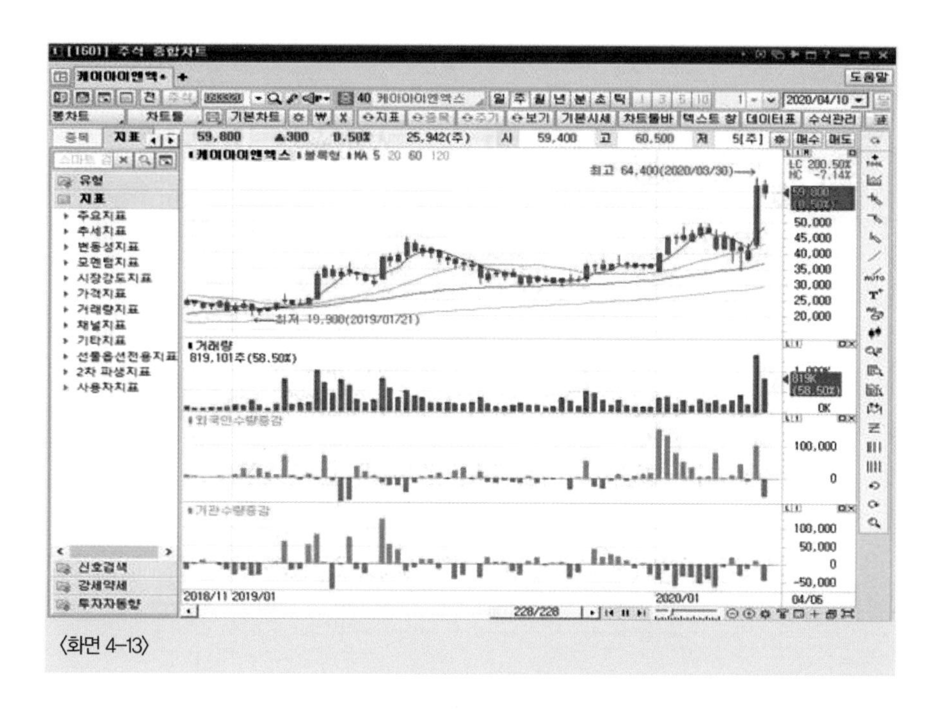

〈화면 4-13〉

이상과 같이 케이아이엔엑스를 샘플로 종목을 분석하는 방법을 살펴보았다.

이제 일봉 · 주봉 · 월봉의 차트를 보며 주가 움직임과 가치 분석을 연계하여 설명해 보고자 한다. 2020년 봄 코로나바이러스 확산으로 대부분의 주식이 폭락했으나 이 종목은 오히려 수혜 기업으로 분류돼 단기 급등했다. 화면 4-12, 4-13의 일봉과 주봉을 보면 3월 중순 3만5000원에서 4월 초 6만4000원까지 50% 이상 급등했다. 주가가 상승할 수 있었던 이슈가 있었지만, 실적 대비 저평가 종목이었기에 매수세가 몰리며 급등할 수 있었던 것이다. 5만9500원일 때 시가 총액이 2904억원이었으므로 3만5000원 당시는 시가 총액이 1195억원이었다. 이 종목의 2020년 예상 이익이 200억원 수준이므로 당시 PER은

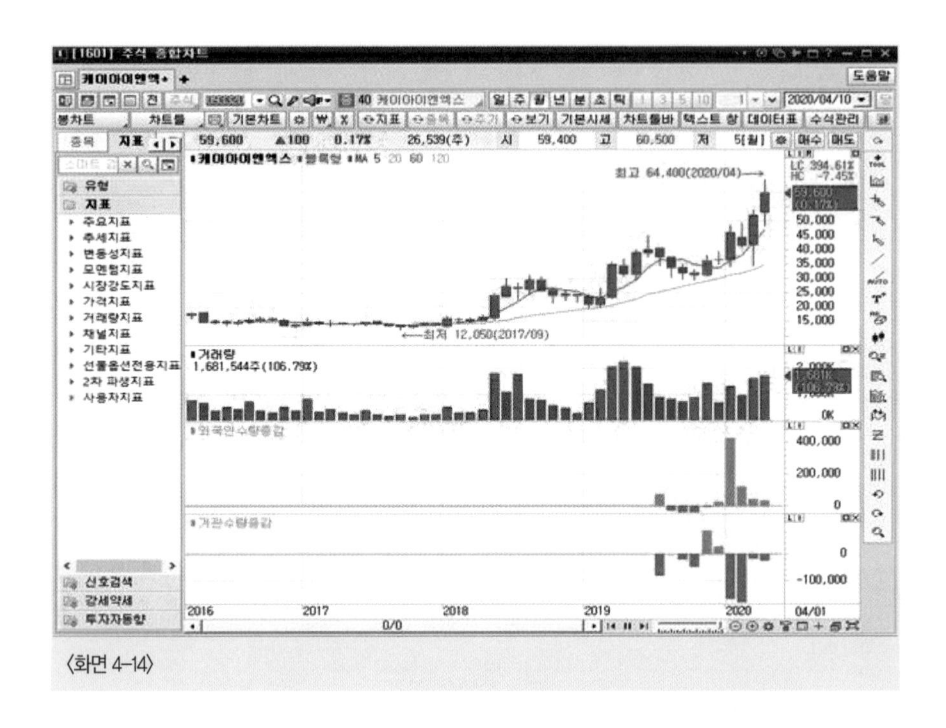

〈화면 4-14〉

5.9배였다.

실적 대비 싼 가격에 거래되었고 바이러스 사태로 '언택트' 생활이 일상화되면 네크워크 사업이 활성화될 것이라는 성장성이 부각되었다. 대부분의 기업은 바이러스 사태로 실적 감익을 예상하지만 이 기업은 오히려 실적이 더 증가할 수 있는 기회를 맞았다. 향후 4차 산업의 성장 국면이 오면 지속 성장이 가능한 기업으로 판단할 수 있다. 다만 현재는 단기 급등해 시가총액이 3000억원 수준으로 증가해서 실적 대비 PER이 15배 정도가 되었기에 차익 실현 매물이 나올 것이며 기간 조정과 소폭 가격 조정이 있을 수 있다.

이 조정 기간 동안 이 기업의 실적 변화에 대한 자료를 검토하고, 조정 하락 폭이 커져서 PER이 하락한다면 매수 대응한다.

화면 4-14의 월봉을 보면 2018년 이후 본격적인 실적 성장이 이루어지며 장기 추세 상승을 하고 있다. 성장 기업의 월봉을 보면 중간중간 하락이 있을지라도 장기적으로 추세 상승한다. 성장주로 좋은 투자 기업 대상이다.

PER, PBR의 불편한 진실

PER(Price–Earning Ratio, 주가수익비율)이란 주당 시가를 한 주당 이익으로 나눈 값이다. 즉, 주당 순이익의 몇 배로 현재가가 형성돼 있는가를 의미한다. 가령 어떤 기업의 현재 주가가 1만원이고 주당 순이익이 1000원이라면 PER은 10배가 된다. 결국 PER이 높다는 것은 이익에 비해 주가가 높게 거래되고 있다는 의미이며, 낮다는 것은 주가가 이익에 비해 싸게 거래되고 있다는 의미다. PER이 10배라는 의미는 지금의 순이익을 10년 동안 내야 현재 투자금을 회수할 수 있다는 의미이기도 하다. 우리나라의 주식시장은 10배 정도로 거래되고 있으나 미국과 중국의 경우는 20배 이상에서 거래되고 있다. 시장에도, 개별 주식에도 '배수'라는 멀티플을 적용한다는 의미는 기본적으로 유통 주식은 미래에 투자하는 것이며 일정 수준의 버블을 부여하고 거래되는 것이란 뜻이다. 동일 업종 내에서 상대적으로 PER이 낮으면 향후 주가가 상승할 것으로 판단한다. PER 산정에 앞서 중요한 것은 주당 순이익 계산이다. 미래의 이익을 추정하여 주당 순이익을 계산해야 한다.

EPS(Earnings per share, 주당순이익)는 당기 순이익을 총 주식수로 나눈 값이다. 총 순이익을 총 주식수로 나누었으므로 한 주당 순이익이 된다. 주당 순이익이 높다는 것은 그만큼 경영실적이 좋다는 뜻이고 주당 순이익이 높을수록 PER은 낮아진다. 현재의 거래 가격은 미래의 실적을 반영한 것이므로 과거의 순이익이 아닌 미래의 이익을 추정한다.

PBR(Price on book-value ratio, 주가순자산비율)은 주당 시가를 한 주당 순자산으로 나눈 것이다. 주가가 주당 순자산의 몇 배로 형성돼 있는가를 의미한다. 가령 어떤 기업이 현재 주가가 1만원이고 주당 순자산이 1만원이라면 PBR은 1이 된다. 주당 순자산이 2만원이라면 0.5배, 주당 순자산이 5000원이라면 2배가 되는 것이다. 결국 PBR이 1 이상이란 것은 현재가가 자산가치에 비해 높게 거래되고 있다는 뜻이며 1이하라는 것은 현재가가 자산가치에 비해 낮게 거래되고 있다는 의미다. 여기서 순자산이란 표현을 사용하는데, 순자산은 기업이 청산할 때 주주에게 분배되는 금액으로, 대차대조표의 자산에서 부채를 차감한 것이다. 자산을 평가하는 방법과 유형에 따라 순자산을 산정하는 데 많은 편차가 있을 수 있다. 전문적인 분석가가 아닌 일반 투자자는 단순하게 총자산에서 총 부채를 뺀 순자산을 보면 된다.

전통적으로 주가를 설명할 때 기본적으로 보는 것이 PER과 PBR이다. 현재의 주가가 주당 순이익 대비, 주당 순자산 대비 얼마나 높게 또는 낮게 평가돼 거래되는지를 판단하는 것이다. 당연히 순이익 대비, 순자산 대비 저평가돼 있는 주식에 투자하면 좋을 것이다. 그렇기 때문에 각 증권사는 주기적으로 저 PER, 저 PBR 종목을 선정해 리스트를 제공해준다. 그러나 실전 투자는 이론과 다르다. 저평가 종목 투자에는 불편한 진실이 숨어 있다.

시기에 따라 저 PER 주식을 선호하거나 저 PBR 주식을 선호하기도 한다. 시장에 유동성이 풍부해 상승하는 시기에는 시장 전체의 평균 PER 대비 저평가 주식에 투자한다. 상승 추세에 있는 업종이 있는 시기에는 업종 전체 평균 PER 대비 상대적으로 저 PER 주, 즉 동일 업종 내에서 상대적으로 싸게 거래되는 주식을 찾아서 투자한다. 가령 반도체 업종의 주식이 대세 상승을 하는 구간에서 전반적인 업종이 PER 10배 정도에서 거래되고 있는데, 같은 업종 내의 어떤 종목이 7배 구간에서 거래되고 있다면 저평가되었다고 하며 매수하려 한다. 이를 '섹터 내 싼 주식 찾기'라고 표현한다.

PER이 절대적인 기준이 될 수 있다면 우리는 저 PER 주식을 찾아 투자하면 될 것이다. 그러나 실제 거래에서는 적정 PER을 높게 주기도 낮게 주기도 한다.

우리나라 코스피지수가 대표적이다. 전 세계 시장이 상승하고 우리 시장이 연동해서 상승하면 다른 국가 대비 저평가이기 때문에 추가적으로 상승해야 한다고 분석하다가도 다른 국가의 상승을 추종하지 못하면 우리나라는 지정학적 리스크가 있어서 상대적으로 낮은 PER이 적용되어야 한다고 말한다(한국의 코스피는 지정학적 리스크도 있지만 기업들의 ROE가 낮다. 그 때문에 낮은 멀티플을 부여하는 것은 일면 타당하다). 시장이 하락해 PER이 상당히 낮아지면 매수 타이밍임에도 하락의 이유를 설명하며 적정 PER을 낮추기도 한다. 심지어 추가적으로 더 하락할 수 있다고 얘기한다. 2017년 트럼프 대통령 취임 이후 미국의 다우지수는 시장 PER이 23배에 이르렀다. 역사적 최고 PER이다. 당연히 고평가 아닌가? 그러나 시장 전문가들은 미국 경기 회복 상황을 감안하면 추가적으로 상승할 것이라고 예상하며 23배가 높지 않다고 한다.

2017년 동 시기에 우리나라의 시장 PER은 11배였다. 우리나라가 저평가돼 추가 상승할 수 있다는 주장은 없었다. 미국과 우리는 다르다는 것이다. '다르다는 것' 이것이 PER 해석의 핵심이다. 2000년 IT 버블 시기에는 웬만한 IT 주식의 PER이 100배를 넘었다. 지나친 고평가임에도 불구하고 성장성을 볼 때 높지 않다고 주장한 전문가가 부지기수였다. 2015년 제약 바이오 열풍이 있을 때는 웬만한 제약 바이오 주식의 PER이 50배에서 100배에 이르렀다. 제약 바이오 산업은 미래 성장산업이기 때문에 멀티플을 30배 이상은 주어야 한다고 했다. 2016년 이후 제약 바이오의 추락 시기에 PER이 30배 이하로 하락했을 때는 미래 성장에 너무 지나친 기대를 했다고 하며 아직 싼 것은 아니라고 했다.

멀티플, 적정 PER은 시장의 상황, 업종의 상황에 따라 고무줄처럼 유동적으로 산정될 수 있다는 것을 인지하고 대응해야 한다. 특히 업종 간의 멀티플은 절대 비교하면 안 된다. 자동차 업종과 IT 업종 그리고 제약 업종 등등의 멀티플이 같을 수 없다. 자동차 산업의 PER은 6~7배가 적당하다고 한다. 그러나 자동차 업황이 좋아지고 시장 주도주로 나서면 PER을 10배로 높여 적정주가를 산정한다. 2017년 IT 업종의 상황이 좋고 시장 주도주일 때 업종 PER을 10배 이상 주었으며 그중 기업 실적이 급증하는 일부 기업의 주식은 PER을 15~20로 주어 목표 주가를 산정하는 자료가 나왔다. 업황이 좋아지고 기업의 상황이 좋아져서 수익이 증가하는 구간에서는 평소보다 높은 멀티플을 주는 것이다. 굴뚝 산업보다 신기술, 신약을 개발하는 성장 산업에 높은 멀티플을 주는 것은 당연하다. 미국은 20배인데 한국은 10배라는 것은 누가 정한 것인가? 섬유 의복은 10배인데 자동차는 6배라는 것은 또 누가 정한 것인가? 이자율에 따라 투자회수의 개념인 PER을 산정하는 이론적 근거가 있긴 하지만, 돌이켜보면 시장이 정한 것이다. 누구 한 사람이 정한 것이 아니고, 시장에 참여하고 있는 투자자가 집단적으로 인정하는 PER이 적정 PER이 되는 것이다. 미래의 성장에 투자하는 것이 주식 투자이므로, 모두다 100배가 적정하다고 생각하고 거래하면 시장 적정 PER이 100배가 될 수도 있지 않을까? 그러다가 버블이 붕괴돼 가격 하락이 발생하면 그제야 '그래 100배는 과열이었어'라고 할 것이다.

주식 투자는 미래의 가치에 투자하는 것이다. 미래의 성장성이 높을 경우 높은 PER을 부여한다. 결론적으로 높은 PER의 주식은 고평가가 아니라 미래의 성장을 반영하는 것이며 향후 주가가 더 상승할 수 있다는 군중의 합의가 반영된 것이다. 반면 아주 낮은 PER로 거래되는 주식은 현재는 물론 미래에도 성장이 없다고 판단된 것이다. 주식 투자는 성장 기업에, 미래 가치에 투자하는 것인데 성장이 멈춘 기업임에도 낮은 PER이라고 투자하는 것은 잘못된 투자다.

산업별로 멀티플을 다르게 주어야 한다. 반면, 동종 업종 내에서 멀티플을 비교하는 것은 의미가 있다. '고 PER에 매수하여 저 PER에 매도'하란 말을 이해해야 한다. 성장 기업이 현재는 실적이 작지만 보유한 기술 등 덕분에 1년 후, 2년 후 실적이 급증한다면, 지금은 고 PER이지만 미래엔 저 PER이 된다. 현재 이익이 100억원인 회사가 시총 5000억원에 거래되고 있다면 현재 상황에서의 PER은 50배다. 그런데 1년 후에 이익이 1000억으로 폭증한다면 미래 수익을 감안한 PER은 5배가 된다. 시장은 현명하다. 미래에 이익이 크게 증가할 기업의 주가는 높은 PER로 거래된다. 미래에 이익이 크게 증가하는데 현재 가격에 반영되지 못하고 있으면 적극 매수한다. 이익이 증가할 기업을 찾고 현재 멀티플이 적정하게 적용되고 있는지를 판단하는 것이다.

PBR을 기준으로 투자하는 시기가 있다. 자산 가치를 판단 기준으로 삼는 것이므로 성장보다는 기업의 현재 가치가 중요한 때다. 경기가 좋지 않아 국가, 산업, 기업의 성장이 기대되지 않을 때 그렇다. 중요한 위기로 기업의 신용 위기, 즉 부도 리스크가 커질 때다. 1997년 외환위기를 맞았을 때 우리나라의 웬만한 기업이 모두 부도 위기에 몰렸다. 많은 기업이 실제로 부도로 상장 폐지 되었고 그보다 더 많은 기업이 '화의 신청'을 해 관리 종목으로 들어

갔다. 그런 상황이라면 투자자는 기업 청산을 감안해서 투자한다. 총 자산을 매각한 금액에서 총 부채를 빼고 남은 돈으로 한 주당 얼마를 돌려받을 수 있을지가 관심이다. 자산가치가 커서 상장 폐지 돼도 현재 거래되고 있는 가치보다 주당 순자산가치가 높다면 오히려 청산되는 것이 투자자 입장에서는 좋다. 실제로 위기 상황이 아님에도 기업이 자발적으로 청산 절차를 밟으며 현재 가치보다 높은 가격으로 주주에게 배분하는 경우도 있었다.

시장이 하락하고 경기가 하강할 때 저 PBR 주식이 많이 발생한다. 2015년 고점을 찍은 성장주가 하락한 2016년에는 소위 '가치주'가 강하게 상승했다. 사실 가치에는 성장 가치도 있기에 '자산 가치주'라고 표현하는 것이 보다 명확하다. 저성장 저금리 기조 속에서 우리나라 대형 제조업의 주가는 지속해서 하락하는 추세 속에 있었다. 2016년 하반기부터 세계 경기 회복에 대한 기대감이 형성되면서 금리가 오르자 자산 가치 대비 저평가된 주식에 관심을 갖기 시작했다.

전통적인 굴뚝주이면서 업황이 좋지 않던 조선 · 건설 · 자동차 · 철강 업종 등 주요 종목의 PBR이 0.4~0.6배 정도로 형성돼 있었다. 0.5배라는 것은 기업을 청산해도 현재가보다 두 배의 가치로 배분받을 수 있다는 의미다. 최소한 PBR 0.7배에서 1배 사이까지는 상승해야 한다는 논리로 주가가 큰 폭으로 상승했는데 대략 40~50% 상승한 후 다시 조정기로 진입했다. PBR을 계산할 때 자산 가치 산정에 오류가 많을 수 있다는 것을 차치하더라도 저 PBR 주식에 무조건 투자하는 것은 잘못된 투자다. 땅이 많고 건물도 있어서 자산 가치는 높지만 주력 사업도 부진하고 성장성도 없는 기업에 투자한다면 결국 그 회사가 청산되기만을 기다리는 투자와 다름없다. 대규모 장치 산업인 굴뚝 산업은 부동산을 많이 보유하고 있다. 그렇다고 그 기업의 주가가 크게 상승할 수 있는 것은 아니다. 자산 가치는 안정성을 담보하는 것이지만 미래 성장을 담보하진 않는다.

결국 PER이 수십 배가 넘는 성장주에 투자하는 것도 위험하지만 반대로 성장이 멈춰 PER과 PBR이 낮은 자산 가치주에 투자하는 것도 위험하다. 성장 산업군에 속해 있고 신기술 · 신제품 · 신약 등을 개발해 미래 성장성이 높은 기업인데 자산가치가 1배 미만으로 낮다면 가장 좋다. 성장 초기의 기업은 언제든지 재무적 위험에 노출될 수 있다. PBR 1 미만이라면 투자 안정성이 담보되는 것이다. 그러나 대부분의 성장주는 PER만이 아니라 PBR 역시 매우 높다. PER이 높은 것은 미래 성장에 대한 기대치가 반영되었기 때문이다. 그러나 PBR이 높다는 것은 그 기업이 성장에 실패하거나 재무적 위기에 처할 경우 부도 확률이 매우 높다는 뜻이다. PBR이 1 미만으로 낮지만 PER 역시 시장 평균 PER인 10배보다 현저히 낮은 5배 정도에서 거래되는 기업은 성장이 멈춘 기업이라고 볼 수 있다. 그러한 주식에 투자하면 주가 상승을 기대하기 어렵다. PER, PBR 두 지표 모두 상황에 따라, 시기에 따라 적용하는 법이 다르고 절대적이라기보다는 상대적이다. 따라서 천편일률적으로 제시되는 자료를 무작정 따르는 것은 매우 위험하다. 상황에 따라 유연하게 사용할 때 유용한 지표가 되는 것이다.

03

가치주 투자와 순환

가치 투자란 기업의 적정 가치보다 싸게 매입하는 투자다. 고전적인 가치 투자에서 흔히 사용하는 개념인 안전마진이란 기업의 내재가치가 현재 거래되고 있는 시장의 가격보다 높은 상황, 즉 '내재 가치 – 시장가치 = 안전마진'이다. 기업의 내재 가치는 기업의 수명이 다할 때까지 만들어낼 수 있는 현금흐름의 총합을 현재 가치로 할인한 것이다. 실전 투자에서 안전마진의 개념으로 투자 종목을 고르기란 만만치 않다. 효율적 시장 가설과 같이 현재 시장에서 거래되고 있는 가격은 과거의 가치는 물론 현재와 미래의 가치를 이미 반영하고 있기 때문이다. 그래서 가치주라고 표현하는 주식의 대부분을 PBR, 즉 기업의 장부가에 비해 시장 가격이 어느 정도에 형성되는가를 가지고 분류하기도 한다.

가치 분석을 한다고 하면 우선 기업의 재무제표부터 본다. 소위 '바텀 업' 분석 방식이다. 시황이나 산업 사이클과 관계 없이 좋은 기업(가치주)를 발굴해 보유하고 있으면 결국 주가는 기업의 가치에 수렴한다는 생각이다. 그 생각에 동의한다. 다만, 무작정 기다리기란 쉽지 않다. 효율적 시장 가설에 따르면 가치주는 정상적인 시장에서는 매수 기회가 없다. 시장의 비 정상적 하락이 있을 때에만 매수 기회가 있다. 투자자들의 심리적 요인으로 가격 왜곡이 생길 때 가능하다. '인지 행동학적 투자론'이 인기인 이유다. 가치 투자론자들은 가치 투자는 왜곡된 시장에서 흔들리지 않는 원칙을 제공한다고 한다. 시장이 비정상일 때 매수해서 정상화 과정에서 고수익을 낼 수 있다고 한다. 그리고 장기 투자를 해야 성공할 수 있다고 한다.

기업은 연속적이다. 그래서 기업이 미래에 만들어낼 수익을 자산으로만 평가하는 것은 단편적인 생각이다. 가령 특정 기업이 가지고 있는 우월한 기술력 등 경제적 해자는 무형의 가치를 가지고 있는 경우가 더 많다. 즉, 무형의 자산으로부터 미래의 수익을 기대하는 기업이 훨씬 많다. 문제는 여기서부터 시작된다. 미래의 가치를 추정하기 어렵기 때문이다. 흔히 현재의 자산과 수익으로 내재 가치를 추정해 주가를 설명하지만 실전 투자에서는 한계가 있다. 현재 가치로 설명하기에는 정말 말도 안 되는 주가 움직임이 있기 때문이다. 전 분기에도 적자, 이번 분기에도 적자인데 앞으로의 한두 분기 내에 이루어 낼 수익을 미리 반영해 주가가 급등하는 경우를 우리는 흔히 접한다. 어쩌면 당연한 것일 수도 있다. 주식 투자는 미래에 투자하는 것이기 때문이다.

좋은 기업이 꼭 좋은 주식이 아니라고 말들 한다. 좋은 기업이라고 투자했는데 주가가 오르기는커녕 긴 기간 동안 하락하거나 횡보하는 경우가 많다. 그래서 가치 투자자라고 해도 시황과 산업 사이클은 기본적으로 전제해야 한다. 시황이 대세 하락일 때는 아무리 좋은 기업이라도 주가 움직임이 좋지 않다. 가치 투자자는 그때가 바로 절호의 매수 타이밍이라고 말한다. 그렇지만 그때 투자할 사람들에게는 두 가지가 필요하다. 기다릴 수 있는 자금이 있어야 하고, 심리적 흔들림이 없을 만큼 그 기업을 확신해야 한다. 산업 사이클도 그렇다. 주식시장의 흐름을 보면 저성장 저금리 상황에서는 소위 성장주와 내수주가 강하게 상승한다. 경기가 성장하고 금리가 올라가는 상황에서는 소위 가치주와 경기 관련주가 강하게 상승한다. 이러한 사이클은 한두 달 만에 끝나는 것이 아니다. 수 개월에서 수 년이 걸리기도 한다.

2012년부터 2015년까지는 전 세계가 금리를 인하하고 양적완화를 하는 저성장 국면이었다. 이 시기 제약, 바이오, 화장품, 음식료 등 주요 주식이 10배가 넘게 상승했다. 그렇지만 2016년 중반부터 2017년을 지나면서는 미국이 금리를 인상하고 주요 선진국의 경제지표가 좋아지는 국면에 접어들었다. 이 시기에는 전기전자 · 철강 · 화학 · 정유 등의 주요 주식이 대형주임에도 두 배 이상 급등했다. 2015년에는 소위 내수 · 성장주에 집중적으로 투자하던 중소형 가치주 펀드들이 엄청난 수익률을 자랑했다. 반면 그 펀드들은 2016년 이후부터 지속하여 수익률이 떨어졌고 많은 투자자들로부터 원성을 샀다. 성장의 시대에는 대형 가치주와 수출주가 강세라고 하는데 중소형 가치주 펀드들은 여전히 내수 · 성장주들을 보유하고 있었기 때문에 2년여 기간 동안 지속하여 하락했다. 그러면서 그들은 투자자들에게 설명했다. “가치주를 보유하고 있기 때문에 지금은 좋지 않지만 결국 다시 큰 수익을 올릴 수 있다”고. 분명 좋은 기업에 투자했는데, 가치주를 발굴해 투자했는데, 무엇이 잘못된 것일까? 아무리 확신한다고 해도 투자자들이 2년, 3년씩 손실이 나는 펀드를 들고 기다릴 수 있을까?

어떤 시기에는 성장 가치가 우세하고 어떤 시기에는 자산 가치가 우세한 시장의 변덕스러운 수급의 변화 속에서 어느 한쪽만을 추구하는 펀드는 계속 인기를 얻을 수 없다. 우리는 늘 가치주에 투자한다. 단지, 경기가 안 좋을 때는 성장 가치주에 투자하고 경기가 좋을 때는 경기 관련 가치주에 투자하는 것이다.

04

기업분석보고서의 허와 실

각 증권사에서 발표하는 기업분석보고서를 많이 읽어본 투자자라면 목표 주가 제시에 대한 의구심이 있었을 것이다. 현 주가 대비 터무니 없이 높은 목표 주가를 제시한다든지, 주가가 상승하면 목표 주가를 지속하여 상향 조정한다. 반면 주가가 하락할 때는, 하락 초기에는 목표 주가를 유지하다가 주가가 큰 폭으로 하락해 모두들 충분히 하락했다고 느낄 때에야 뒤늦게 목표 주가를 하향하는 경우가 빈번하다. 기업분석보고서에 따라 투자할 경우 수익률과 승률은 얼마나 될까?

통상 기업분석보고서는 목표 주가를 12개월 포워드로 제시한다. 현재로부터 12월 이내에 분석한 내용과 같이 사업이 진행돼 예상하는 실적이 나와 주면 목표 주가에 도달할 수 있다는 의미다. 어떤 기업이 향후 실적이 부진하거나 성장이 없을 것으로 판단되면 커버링하지 않을 것이다. 커버링을 시작해 목표 주가를 부여한다는 것은 해당 기업이 성장해 실적이 좋아질 것이라고 판단했다는 뜻이다. 역설적으로 당연히 목표 주가는 현재보다 현저히 높을 것이다. 그렇다면 핵심은 '기업의 성장을 정확히 분석했고 기업이 보고서의 내용대로 성장해 예상 실적을 이루어 내느냐'다.

보고서를 추종하는 투자는 애널리스트의 자질에 따라 성공과 실패가 좌우될 것이다. 애널리스트는 개별 기업을 분석하는 팀과 경제, 환율 등 글로벌 매크로 환경을 분석하는 팀으로 나눌 수 있다. 여기서는 개별 기업을 분석하는 애널리스트에 한정하여 말한다. 그들이 만든 보고서는 근본적으로 개인 투자자들을 위한 것은 아니다. 기관 투자자에게 제공하기 위한 것이며 그들에게 우선적으로 세미나를 통해 설명한다. 분석 자료가 잘 맞아서 미래의 기업 실적과 주가가 예상대로 상승하면 그 애널리스트의 몸값은 올라갈 것이다. 기업 담당 애널리스트들은 주식시장에서 그 누구보다도 그 산업을, 그 기업을 잘 아는 사람이다. 가령 전기전자 담당 애널리스트는 삼성전자나 LG 전자 출신이 많이 있고 제약 · 바이오 담당 애널리스트는 제약 · 바이오 기업의 재무나 홍보 부서 출신이 많이 있다. 물론 사원 시절부터 증권사 리서치센터에 입사해 분석 훈련을 받은 애널리스트도 많이 있다. 어떤 경우이든 자신들이 담당하는 섹터가 있고 해당 섹터 내의 기업 위주로 집중 분석한다. 화학 담당 애널리스트는 우리나라의 웬만한 화학 회사를 수년간 자기 집 드나들 듯 방문하면서 회사의 현재와 미래를 추적한다. 따라서 그들을 폄하하는 사람들도 있지만, 결국 그들만큼 기업을 잘 아는 시장 참여자는 없을 것이다. 결론적으로 우리는 그들의 분석을 믿고 따라야 하는 것이 맞다.

그럼 무엇이 문제인가? 그들의 분석 자료에 따라 투자했는데 수익보다는 손실의 경험이 많았다는 투자자가 꽤 많은 이유는 무엇일까? 대략 세 가지 정도의 문제점을 생각할 수 있고 그 문제점을 파악하여 보고서를 유용하게 이용하도록 하자.

첫째, 보고서를 접하는 타이밍의 문제다. 애널리스트들은 주가가 좋지 않을 때 미래에 좋을 기업을 바로 추천하기보다는, 주가가 상승하기 시작하고 수급이 들어오기 시작하면 그제야 보고서를 발표하는 경우가 많다. 좀 더 심한 경우, 좋은 기업을 발굴해서 확신이 생기면 본인 주변의 기관 투자자에게 우선 자료를 제공하고, 그들이 매수해 주가가 일정 부분 상승한 후에야 공식 보고서를 만들어 다수의 투자자들에게 제공하기도 한다. 즉, 우리는 주가가 상승하고 나서야 보고서를 접하는 것이다.

매매 타이밍도 중요하다. 대부분의 기업 분석 자료의 목표 가격은 12개월 포워드이기 때문에 기간이 길다. 그사이 주식시장에 많은 일들이 벌어질 수 있다. 분명 좋은 기업이어서 투자해야 하는 것은 맞는데, 시장이 폭락해 주가 역시 폭락할 수도 있다. 12개월 내에 국제, 국내 경기가 급변해 기업의 미래 성장 스토리가 변질될 수도 있다. 12개월 포워드로 보고서는 나와 있는데, 수급이나 시장 상황에 따라 1개월 만에 급등해 목표 주가를 넘어서는 경우가 발생할 수도 있다. 애널리스트의 분석이 틀리진 않았지만 투자 수익 면에서 엉

뚱한 결과가 나올 수 있는 얘기다. 투자 타이밍의 문제는 투자자 각자의 몫이라고 애널리스트들은 얘기하곤 한다.

둘째, 시황의 문제다. 시황을 분석하는 시황 애널리스트는 따로 있다. 기업분석을 하는 애널리스트는 기업의 가치를 분석하고 투자 타이밍을 제공하는데 시황과 연계하지 않는다. 투자자는 시황보고서와 기업분석보고서를 함께 분석해야 한다. 흔히 '펀더멘탈'이란 용어와 '센티멘탈'이란 용어를 쓴다. 기업이 아무리 좋아도 시장이 폭락하면 주가도 같이 폭락한다. 기업이 아무리 좋아도 해당 기업이 속한 업황이 좋지 않거나 해당 기업이 속한 업종에 집중해 매도가 나오는 수급 상황이면 주가는 하락한다. 우리나라는 섹터별 수급 왜곡이 빈번히 발생한다. 삼성전자가 상승하면 IT 관련 기업 중 괜찮은 기업의 주가는 상승한다. 반면, IT 관련 주식에 돈이 쏠리면서 제약 · 바이오 업종의 주가는 하락한다. 은행이나 건설주가 상승하면 코스닥의 중소형주는 하락한다. 수출주에 매수가 쏠리면서 상승하면 내수주는 매도가 나오며 하락한다. 다른 나라도 그렇지만 우리나라의 쏠림 현상은 심각하다. 연기금과 외국인의 비중이 너무 높은 반면, 기관 투자자들은 자금이 부족해 단기 쏠림 현상이 나타난다. 기업의 현재와 미래가 좋음에도 시황에 의해, 업황에 의해, 수급에 의해 하락할 때 애널리스트들은 '펀더멘탈'의 훼손은 없지만 '센티멘탈'이 좋지 않다고 말한다.

셋째, 재료의 사전 반영 문제다. 애널리스트들의 추천 보고서가 나오면 매물이 나오고 주가가 하락하는 경우가 빈번하다. 시장에서는 아이러니하게도 '추천 보고서가 나오는 날 매도해야 한다'고 얘기한다. 효율적 시장 가설에 따르면 주가에 영향을 줄 수 있는 모든 재료는 주가에 반영돼 있다. 애널리스트들이 파악한 주가 상승 재료는 이미 주가에 반영되었다고 봐야 한다. 그러나 현실은 그렇지 않은 경우가 많고 미래의 성장을 보고서에 담고 있기 때문에 재료가 나오면 주가는 반응한다. 당연히 주식 투자자들은 정보와 재료를 알려고 노력한다. 그런데 왜 호재성 보고서가 나오면 주가는 하락할까? 이론적으로 재료의 사전 반영이라고 설명하지만 결국 수급의 문제다. 내가 접하는 재료, 내가 보고 있는 보고서는 이미 다른 투자자가 알고 있다고 생각해야 한다. 이미 그들이 매수해 주식을 들고 있다고 생각해야 한다. 그렇기 때문에 보고서가 나와서 주가가 일시적으로 급등하면 그 고점에서 매물이 나오고 주가는 하락하는 것이다.

그렇다면 어떻게 하면 효율적으로 애널리스트의 보고서를 이용할 수 있을까? 타이밍의 문제, 시황의 문제, 재료의 사전 반영 문제를 극복하는 방법을 생각해 보자.

미래 성장을 바탕으로 12개월 포워드로 추천 보고서가 나오면 꼼꼼히 자료를 읽어 봐야 한다. 더 나아가서 투자자 본인이 직접 해당 기업을 방문하거나 주식 담당자와 대화해보고 보고서의 진실성, 객관성, 신뢰성을 따져보는 것이 좋다. 그렇게 여러 보고서를 보고 투자할 만한 주식을 미리 선정한다. 즉 자신만의 투자 '풀'을 만들어 놓는 것이다. 주식 투자의 기본 플로우는 가장 먼저 시황 분석을 하고, 시장을 주도하는 업종 즉 업황 사이클이 좋은 업종을 선정하고, 그 업종 내에 있는 대표 주식에 투자해야 한다. 자신의 투자 종목 풀 안에 있는 주식이라 하더라도 시황과 업종의 선택에서 벗어나 있다면 그 주식은 투자하지 말아야 한다. 자신의 투자 풀에 각 섹터별로 몇몇의 주식을 선정해 두었다면 언제든 그 시기에 맞는 주식에 투자할 수 있다. 가령 투자 당시 반도체 업황 사이클이 호황이어서 반도체 관련주들이 상승하고 있다고 하자. 이미 보고서와 탐방 등을 통해 반도체 관련 기업 중 좋은 기업을 자신의 풀 안에 넣어 놨을 것이다. 남들 얘기만 듣고, 주가 움직임만 추종하며, 잘 모르는 기업에 투자하는 실수를 하지 않을 수 있다. 보고서가 나와서 주가가 급등할 때 추격 매수하는 실수를 하지 않을 것이다. 시황이 좋지 않을 때 매수하지 않을 것이다. 업황이 좋지 않은 종목을 매수하지 않게 될 것이다.

애널리스트들의 보고서는 투자할 기업을 선정하는 기초 자료로 사용해야 한다. 매수의 기초 자료가 되어서는 안 된다. 투자 풀을 만드는 자료로 사용하고 실제 매수는 시황, 업황 그리고 수급으로 판단해야 한다.

05

어닝 서프라이즈와 어닝 쇼크

주식시장은 분기별 실적을 발표하는 4월, 7월, 10월, 1월에 주기적으로 변동성이 커진다.

글로벌 경기 사이클이 회복에서 호황의 사이클에 있을 때는 기업의 실적이 대부분 좋을 것이다. 시장은 실적 발표 후 여러 글로벌 이슈로 조정을 받다가도 어닝 시즌이 되면 다른 이슈들은 잠시 묻어 두고 실적에 집중한다. 결국 분기별로 시장이 계단식 상승을 한다. 경기 둔화기로 접어들어 각 기업의 실적이 둔화되는 시기에는 실적 시즌 전에 여러 이슈로 상승 시도를 하지만, 결국 기업 실적 하향을 이유로 주가가 하락하고 시장은 추세적으로 하락하고 만다. 대부분의 시장 참여자들은 3, 6, 9, 12월 프리 어닝시즌이 되면 분기 실적을 파악하려 노력하고 어닝 서프라이즈 주식 찾기에 주력한다.

프리 어닝시즌이 되면 각 증권사 리서치센터에서 앞다투어 기업들의 분기 예상 실적 자료를 발간한다. 이들은 탐방을 다녀온 기업의 매출액과 비용을 추정하여 개략적인 영업이익을 계산해 제시한다. 시장 참여자들은 애널리스트의 기업 분석 자료를 참고한다. 이번 분기 실적이 전 분기 대비(QOQ) 그리고 전년 동기 대비(YOY) 좋아진 기업에 투자하려 하는 것이다. 이익의 증가 폭이 주가 상승 폭이 된다. 분기 실적이 좋을 것이라고 알려진 기업의 주가는 실적 발표를 하기 전에 이미 매수세가 급증해 주가가 상승하고 반대의 경우 주가는 하락하기 마련이다. 주가 움직임의 근간인 기업의 실적 추정이 실적 발표 시즌에는 다른 어떤 재료보다 우선된다.

'어닝 서프라이즈, 어닝 쇼크'는 실적 시즌에 주식시장에서 가장 많이 언급되는 단어다. 실적을 추정하고 그 자료를 바탕으로 투자하는 투자자의 입장에서 '서프라이즈니 쇼크니' 하는 단어는 달갑지 않다. 불확실성이기 때문이다. 주식 투자가 세상의 어떤 일, 어떤 투자 활동보다 어려운 이유는 바로 불확실성이 있기 때문이다. 주식시장에는 뭐든 딱 부러지게 맞아떨어지는 것이 없다. 늘 이럴 수도 있고 저럴 수도 있다. 시황은 늘 오를 수도 있고 내릴 수도 있는, 일어나지 않는 미래의 추정이다. 그중 실적 추정이 특히 그렇다. 2014년 3분기 현대미포조선의 실적은 600억원 전후의 영업이익 적자를 예상했다. 그러나 정작 발표는 6060억원 적자였다. 그야말로 엄청난 어닝 쇼크다. 가뜩이나 한 해 동안 부진한 실적으로 연초 19만원에서 13만원까지 하락하던 중이었는데, 실적 발표 후 7만원선까지 폭락했다. 쇼크의 원인은 대규모

잠재 손실 충당금이었다. 회사가 그 정도 규모의 손실 충당금을 반영할 것이라고는 증권가에 있는 대부분의 애널리스트가 생각하지 못했다. 결국 회사가 주는 가이드라인을 기초로 투자해 오던 투자자는 큰 손실을 입을 수밖에 없었다.

반대로 어닝 서프라이즈라고 하면서 주가가 단기간에 100% 이상 급등하는 주식도 볼 수 있다. 2014년 LG이노텍은 시장이 생각하지 못한 실적을 발표하면서 연초 8만원대던 주가가 7월에 15만원대까지 급등했다. 2분기 영업이익 899억원으로 서프라이즈를 발표하면서 3분기 실적은 다시 감소할 것이라고 예상했지만 3분기 영업이익 1029억원을 발표했다. 이 역시 시장에서는 예상치 못한 실적 발표였다.

왜 서프라이즈와 쇼크가 빈번한 것일까? 그것을 알아야 대응할 수 있을 것이다. 기업에서 실적을 집계하는 재무 담당 부서에서도 연결 재무제표를 만들면서 최종 실적은 실적 발표 직전에 가서야 알 수 있게 되었다. 그럼에도 주식시장에서는 실적 예상 자료가 그보다 훨씬 이전인 분기 중반부터 돌아다닌다. 즉, 분기 결산월 막판에야 집계가 끝나는 실적을 1~2개월간의 매출 실적과 1개월간의 예상 매출로 미리 추정하기 때문이다. 많은 경우 매출액 자체의 오차는 크지 않다. 예상치 못한 비용 때문에 발생한 영업이익의 오차, 영업과 무관한 손실 때문에 순이익에 큰 오차가 발생하는 경우가 많다. 1분기 실적은 3월말이 끝나야 정확한 집계 자료가 나오지만 주식 투자는 미래에 투자하는 것이기 때문에 이미 3월초가 되면 지난 1~2월의 실적 자료와 3월의 예상 자료를 바탕으로 매매가 활발히 이루어진다. 정확한 수치가 아니라도 비슷하게 예상할 수 있어야 하겠지만, 기업 실적은 사전에 유출하는 게 엄격히 금지돼 있다. 그래서 단지 추정 이익으로 거래하는 것이다.

기업 실적 추정치를 실제 발표 수치와 가장 유사하게 분석하는 애널리스트가 가장 유능한 애널리스트일 것이다. 그래서 애널리스트들은 기업의 재무 담당자들과 긴밀한 관계를 맺는 경우가 많다. 그 부작용으로 실적이나 주가에 영향을 미칠 만한 중대한 내부 정보를 사전에 특정 애널리스트에게 전달해 사회적으로 큰 문제가 되기도 하였다. 결국 기업의 재무 담당자 입장에서는 이미 세상에 알려진 자료 외에 비공개 예상 자료는 제공하지 않으려 할 것이다. 애널리스트 입장에서는 기초 자료의 불확실성과 부족 탓에 기업의 실적 추정치를 예상하는 작업이 더욱 어려워질 수밖에 없다. 결국 '어닝 미스'는 더욱 많아질 것이다. 특정 산업이나 특정 기업 주식에 오랫동안 투자하다 보면 웬만한 애널리스트보다 더 훌륭하게 실적 예상을 할 수 있다. 그래서 자신이 잘 아는 업종, 잘 아는 기업에 투자하라는 것이다.

어닝 시즌에 보유 주식을 홀딩할지 또는 매도 대응할지, 또는 신규 매수로 수익을 내려면 어떤 대응이 필요한지 생각해 보자.

- 가장 먼저 시황을 분석한다. 현재 글로벌(혹은 국내) 시황이 상승 추세인가? 하락 추세인가?
- 이번 어닝 시즌에 실적이 좋아지는 업황을 분석한다. 투자하려는 기업이 속한 업종의 업황이 좋아지고 있는가?

○ 기업의 과거 실적을 확인해 본다. 연간으로 또는 분기별 실적에서 꾸준히 증가했는가? 들쭉날쭉하며 어닝 미스가 많았던 기업인가? 전년 동기 실적 대비 이번 예상 실적이 증가했는가? 실제로 확정치가 그렇게 나올 수 있을까?

이는 최근 업황과 경기 및 산업 분위기가 해당 기업의 사업이 잘될 수 있었던 분기였는가를 판단하면 알 수 있다. 가장 확실하지만, 가장 귀찮아서 하지 않는 방법은 애널리스트나 기업의 IR 담당자에게 문의하는 것이다. 미공개 정보를 얻고자 하는 것이 아니다. 이미 발간된 보고서의 추정치에 대한 의견을 확인한다면 도움이 될 것이다.

5
chapter

시황 분석은 왜 중요한가?
- 투자 전략을 위하여

01

배당할인모형과 시황

$$P = \frac{D}{R - G}$$

이 배당할인모형은 배당액을 현재 가치로 할인해서 기업의 가치를 구하는 것이지만 여기서는 시장과 주가 움직임의 기초적인 상식 선에서 설명하고자 한다. 기업 가치와 무관한 수급에 의한 등락, 시황에 의한 등락, 심리에 의한 등락 등 기업 가치의 외적인 요인도 배제한다.

P는 주식의 적정 가치이며, D는 다음 해 예상 배당금, R은 할인율, G는 배당 성장률이다. 시황으로 대치하면 P는 시장 가격, D는 배당(기업 이익), R은 무위험 수익률인 이자율, G는 경제성장률로 이해할 수 있다. 가령 이자율

이 4%이고 성장률이 2%이면 분모는 2이다. R이 3%이고 G가 2%이면 분모는 1이다. 배당이 2라면 앞의 경우 2/2이므로 주가는 1이고, 뒤의 경우 2/1이므로 주가는 2다. 즉 이자는 낮을수록, 성장은 높을수록 시장은 상승한다.

분자 D가 높을수록 주가는 상승한다. 기업이 이익을 많이 내면 그만큼 배당도 높게 할 것이다. 결국 기업 이익이 증가하는 시기에는 시장이 상승한다. 매해 연말에는 다음 해의 시황 컨퍼런스를 개최한다. 시장의 적정 지수를 구하는 근거는 기업 이익 추정치다. 분모의 값이 작을수록 P의 값은 높아진다. 분모가 R−G이므로 R보다 G가 높아야 한다. R이 높으면 분모 값이 높아져 P의 값이 작아진다. 시장이 하락하는 것이다. 즉, 이자율이 낮을 때 시장이 상승한다.

증권가의 필독서인 '우라가미 구니오'의 《주식시장 흐름 읽는 법》을 보면 시장을 4개 국면으로 나누고 경제 성장률과 이자율로 설명한다. 경기가 나빠지면 이자율을 낮춰 경기 성장을 꾀한다. 이때 상승하는 시장을 금융장세와 실적장세라고 한다. 경기가 좋아지면 이자율을 높여 과열을 막으려 한다. 이때 하락하는 시장을 역금융장세와 역실적 장세라고 한다. 각 국면별 시그널은 이자율이다.

이자율과 성장률은 어느 한쪽으로 치우치지 않게 조절한다. G가 낮아지면 R도 낮추고 G가 급등하면 R도 함께 올린다. 성장률은 무조건 높으면 좋고, 이자율은 무조건 낮으면 주가는 급등하니 좋은 것으로 생각할 수 있으나 경제적 부작용이 있기 때문에 조절을 한다. 만일 G가 급등해도 낮은 R을 유지하면 물가가 급등하는 하이퍼 인플레이션이 발생할 수 있다. 결국 살기 힘들어진다. 반면 낮은 G에도 R이 높으면 저성장 또는 역성장 하는데, 스태그플레이션 상황이 된다. 성장 없는 국가가 이자율은 치솟으니 국가 소요 사태가 일어나고 결국 국가의 경제적 파단이 일어난다. 남미나 남유럽 국가에서 이런 현상을 볼 수 있다.

흔히 중앙은행이 기준금리를 낮추면 시장이 상승할 호재라고 판단한다. 유동성에 의한 수급적 호재, 금리 간 격차로 인한 수익의 기회 등 여러 이유가 있지만, 이론적으로 이자율 하락은 주가가 상승하는 호재다. 주가는 성장 사이클에 선행해 움직인다. 향후 성장률이 높아질 것이라고 판단되면 주가는 상승하고 낮아질 것이라고 판단되면 주가는 하락한다. 향후 기업의 이익이 증가하면 주가가 상승하고 반대의 경우 하락하는 당연한 논리다.

저성장 국면에서는 주가 상승이 어렵다. 저성장인데 이자만 높다면 분모가 엄청 커진다. 주가는 급락할 것이다. 경기는 불황인데 이자가 높은 경제 상황을 '스태그플레이션'이라고 한다. 개인이나 기업이 이익을 내지 못하는데, 이자율이 엄청나게 높다면 파산할 것이다. 국가 경제도 마찬가지다. 그 상태가 지속되면 통화가치가 폭락하고 국가 경제는 파탄에 이른다. 주가는 당연히 급락할 것이다. 저금리 고성장 국면에서는 '하이퍼 인플레이션'이 발생하는 부작용이 있을 수 있다. 돈이 너무 많이 풀려 물가가 급등하면 국가 경제가 고성장해도 살기 힘들어진다. 그래서 낮은 금리에 적정한 성장을 유지하는 상황을 주식시장에서는 가장 선호하는데, 그러한 국면을 '골디락스 국면'

이라고 한다. G가 급등하는데, R을 낮게 가져가면 주가는 급등하는 상황이 되지만, 결국엔 거품이 발생하고 만다. 그래서 경제성장률을 판단하고 그에 연동해 기준금리를 조정한다. 성장률에 맞춰 적정한 이자율을 결정하는 것이다. 주식 투자자들이 미국의 FOMC 회의, 유럽의 ECB 회의, 우리나라 금통위 회의를 중요하게 생각하는 이유다.

배당모형으로 주가 형성의 기초적인 이론을 간단히 설명했다. 그러나 주가는 이론만으론 설명되지 않는다. 배당모형에 제시된 GDP 성장률, 이자율, 기업 이익 등은 계량화할 수 있는 데이터가 있는 반면 전쟁, 기후, 자연재해, 질병, 국가 간 패권 경쟁 등등 계량화할 수 없는 수많은 요인이 있다. 그러한 요인에 투자자들이 어떻게 시장에서 대응할지는 경험과 시장 참여자들의 심리를 바탕으로 추론적 판단을 할 수밖에 없다. 주가에 영향을 주는 모든 요인이 투자자의 심리와 결부돼 수급을 결정하며, 이때 심각한 왜곡을 일으키기도 한다. 비이성적 사고에 의해서든, 일시적 왜곡이든, 강한 변동성이 생기며 주가 등락이 발생한다. '노멀'에서 '뉴노멀', '앱노멀' 시대로 변화하고 있다. 인지 행위적 투자론이 중요해졌다. 여러 요인을 복합적으로 판단해 이성적 분석을 하는 것이 주식시장을 대하는 바른 자세지만, 현실적으로 어렵다. 결국 단순화할 수 있어야 한다. 전문가도 실수한다. 복잡하고 다양한 경제지표들을 하나하나 세밀하게 분석하려 하지 말고 변함없는 기초 이론이 바탕이 된 간단한 자기만의 판단 모형이 있다면 더욱 좋을 것이다.

수급 주체와 시황

주가는 기업의 가치 변동이 발생할 때 상승과 하락을 한다. 시장의 상승과 하락은 경제가 성장하는 방향에 영향을 주는 금리, 환율, 정부 정책 등의 변동 요인 때문에 발생한다. 가격 변동 요인이 발생하면 매수 및 매도자들이 가격 결정에 참여하듯이 시황 변화의 요인이 발생하면 주요 투자자들은 방향성을 갖고 매수 또는 매도한다. 시장 변동 요인을 판단하는 것이 중요하지만, 사후적으로 발생하는 참여자의 거래, 즉 수급을 분석함으로써 시황과 시장의 성격을 판단할 수 있다.

그림은 시장 참여자들의 유형이다. 가장 자금이 크고 시장 영향력이 큰 주체는 외국인이다. 전 세계에 투자하는 글로벌 펀드의 아주 일부만이 국내 시장에 참여하고 있지만 영향력은 막강하다. 외국인들은 시황에 따라 대규모

자금을 일정한 기간에 매도하거나 매수하기 때문에 그들의 거래에 따라 시장이 상승하는 구간과 하락하는 구간이 발생하기도 한다. 외국인의 자금을 세분화하면 장기 투자 성향의 연기금, 국부펀드 등이 있으며 MSCI, FTSE 등의 지수를 추종하는 글로벌 인덱스 펀드, 대형 헤지펀드, 중소형 액티브형 펀드 등이 있다. 시장의 방향에 크게 영향을 주는 자금은 글로벌 인덱스 펀드이며 개별 주식에 영향을 주는 자금은 헤지펀드 등의 액티브형 펀드다. 인덱스 펀드들은 글로벌 시황과 연동해 일정한 주기를 갖고 거래하며 한 번의 거래 주기에 수십조원씩 거래한다. 2020년 1월부터 5월까지 외국인은 코스피 시장에서 약 23조원을 순매도 했는데, 거의 대부분 인덱스형 자금이라고 볼 수 있다. 액티브형 자금들은 국내 유망 기업을 분석하여 직접 투자하기 때문에 외국인이 지분을 매입하는 주식의 주가는 추세적으로 상승하는 경우가 많다. 먼 외국에서 국내 개별 기업에 투자하는 것이므로 재무, 성장 등이 확인된 일

부 기업에 집중된다.

국내 기관들 역시 시장의 주요 주체다. 기관은 금융투자, 보험, 투신, 은행, 연기금, 사모펀드, 국가자치, 기타법인 등으로 분류한다. 금융투자는 프랍(prop, 자기계정거래)의 규모가 작아져서 대부분 미니 선물이나 ETF와 연계된 프로그램 매매다. 보험과 은행은 자사 고유 및 신탁 자산을 운용하므로 보수적인 투자자다. 투신과 사모펀드는 우리가 흔히 얘기하는 운용사다. 상대적으로 액티브형 자금은 운용이 활발하므로 단기적으로 개별 기업의 주가를 급등락시키는 주요 수급이 된다. 연기금과 국가자치는 비교적 안정적인 주식을 중장기 투자하는 성향이 있다. 기타법인은 여러 유형이 있지만, 중소형주의 가치 변화 이슈에 따라 투자하는 성향이 있다.

개인 투자자는 일반 투자자와 전문 투자자로 나눌 수 있다. 전문 투자자는 금융상품 투자에 관해 전문성을 갖추고, 일정한 자산 규모가 있어 투자에 따른 위험 감수 능력이 있다고 인정되는 개인 투자자를 말한다. 일정 요건을 구비해 증권사에 신청하면 전문 투자자 자격을 부여받는다. 이들은 CFD와 같은 고위험 상품을 거래할 수 있으며 선물 옵션 거래를 할 때 사전 교육 등을 면제받는다. 코넥스 거래, K-OTC거래, 사모펀드 투자 등 투자에서 최소 투자 금액 제한이나 위험고지 확인 등록 등이 면제된다. 한마디로 전문 투자자는 일반 개인 투자자에게 적용되는 투자 권유의 적정성과 적합성, 설명의 의무 등을 면제받는다. 이들은 소득과 자산 규모가 일정 수준 이상으로 시장에서 비중 있는 주체들이다. 특히 개별 중소형주는 이들의 거래에 따라 주가가 크게 등락하기도 한다.

프로그램 거래 역시 시장의 중요한 수급이다. 선물 옵션과 같은 파생상품과 연계된 거래, ETF와 연계된 거래, 알고리즘이나 로보 서비스에 의한 거래 등이 프로그램으로 거래된다. 선물이나 옵션 만기일 즈음에는 프로그램 거래가 시장 등락에 영향을 주는 중요한 수급이 된다.

앞서 황소와 곰의 힘겨루기 결과가 시장의 방향이라고 설명한 바 있다. 프로그램 거래는 보수적인 거래지만 황소와 곰의 싸움이 없는 시기에는 프로그램 거래로 시장 방향이 결정되기도 한다. 또, 세계적으로 ETF가 점차 활성화되고 있어서 시장 영향력이 커지고 있다. ETF란 지수나 각종 상품에 투자하는 펀드로 시장에 상장돼 거래되고 있다. 가령 '코덱스 코스닥 ETF'는 코스닥 지수를 추종하는 펀드다. '바이오 ETF'에는 주요 바이오주가 편입돼 있다. 바이오 ETF에 자금 유입이 급증하면 프로그램으로 바이오주를 매수할 것이다. 알고리즘에 의한 자동 매매 역시 프로그램으로 거래된다. 과거 알고리즘 매매는 기껏해야 수억원에서 수십억원 수준이었으나 최근에 수조원대로 규모가 커졌다. 가격 움직임으로 매수 및 매도 신호를 발생시키는 로보 어드바이저는 과거에도 많이 있었다. 최근 동향은 매매 신호가 발생하면 매수 및 매도 체결까지 완성하는 알고리즘 매매가 주로 사용된다는 것이다. 프로그램 매매 때문에 대량의 매수로 주가가 급등하지만 다음 날 바로 매도해 급락하는 상황이 발생하기도 한다. 코스닥 시장에서 외국인의 순매매를 살펴보면 전일 수천억원 순매수였다가 오늘은 다시 수천억원 순매도가 나온다. 이런 것은 대부분 알고리즘 매매로 볼 수 있다. 종목별로 보아도 전일 대량 매수로 가격 상승, 오늘 대량 매도로 하락한다. 이러면 수급을 추종해 거래한 투자자의 입장에서는 황당할 수밖에 없다.

각각의 거래 주체들에 대해 간략히 설명했는데, 시장이 추세적으로 상승 또는 하락할 때 그 추세를 만드는 거래 주체를 알면 시황 판단을 쉽게 할 수 있다. 가령 외국인이 지속적으로 가격을 올리면서 순매수 해 시장이 상승하는 경우, 그 외국인이 매도하는 시점이 상투다. 반대로 연속적인 매도로 시장이 하락할 때는 다시 순매수로 전환하는 시점을 확인해야 한다. 흔히 외국인들의 연속적인 대량 매도로 시장이 하락할 때 '외국인이 돌아와야 시장이 반등할 수 있다'고 얘기하는 이유다. 일정한 시기에 시장이 상승 또는 하락 추세를 이어갈 때 어떤 주체가 강한 힘으로 시장 방향을 이끌고 가는지를 확인하는 것은 시황 판단에 도움이 된다. 누가 황소이고 누가 곰인지를 확인하고 어느 쪽이 이기는가를 알면 시황 판단을 할 수 있다.

환율과 시황

환율에서 비롯된 시황 변화는 수급적 측면과 경기 측면의 양면성이 있다. 경제적 측면에서 환율은 국가 경쟁력에 연동한다.

기축통화인 미국 달러 대비 환율 하락(원화 가치 상승, 평가 절상)은 국가 경제가 좋아서 경상수지 흑자, 성장률 상승이 있을 때 일어난다. 환율이 하락하면 수출 주도 기업이 같은 제품을 원화 기준의 동일 가격으로 판매하더라도 달러 기준 가격이 올라 경쟁 국가보다 비싸게 파는 셈이 되므로 '가격 경쟁력'이 나빠진다. 달러로 받은 수출 대금 역시 원화로 환전하면 수익이 감소한다. 그럼에도 전반적인 경제 성장은 수출 기업의 이익을 증가시킨다. 원재료 등 수입 비중이 큰 기업은 더 적은 원화 비용으로 수입할 수 있으므로 비용이 감소하는 수혜를 본다. 원화 강세가 되면 수출 기업의 수출이 감소하고, 낮은 비용으로 원재료를 수입해 완제품을 국내에서 판매하는 내수주의 수익성이 좋아진다. 기업의 이익이 증가하면 경기가 좋아지고, 경기가 좋아지면 환율은 더 하락(원화 강세)해 선순환이 만들어진다. 따라서 원화 강세의 구간에서 주식시장은 상승한다.

미국 달러 대비 원화 약세(환율 상승, 평가 절하)는 국가 경제가 좋지 않을 때 발생한다. 환율이 상승하면 수출 주도 기업은 같은 제품의 가격을 달러 기준으로는 더 낮게 책정해도 되므로 '가격 경쟁력'이 좋아진다. 달러로 받은 수출 대금을 원화로 환전하면 환율 상승분만큼 높게 환전할 수 있으므로 원화 수익은 증가한다. 원재료 등 수입 비중이 높은 기업은 상대적으로 높은 비용으로 수입해야 하므로 비용이 증가해 이익이 줄어든다. 수입 기업의 가격경쟁력이 좋아짐에도 불구하고 경기가 후퇴하면 환율은 더 상승(원화 약세)하게 돼 악순환이 된다. 이때 환율 상승이 수출 기업들의 이익 증가로 연결돼야 한다. 그렇지 못한 구간에서 원화 약세와 주식 시장 하락이 나타난다.

자본의 수급 측면에서 환율은 글로벌 자금의 주식시장으로의 유입, 유출과 관련 있다. 외국인들의 입장에서는 달러를 원화로 환전해 국내 주식을 거래하므로 원화 강세가 되면 '환차익'이 발생하고 원화 약세가 되면 '환차손'이 발생한다. 1달러 1000원일 때 환전해 A 주식 1주를 1000원에 매수했다고 가정해 보자. 환율이 1100원으로 오르면(원화 약세) 주가 변동이 없어도 달러 환산 수익률은 대략 −10%가 된다. 1주를 1000원에 다시 매도하고 나서 1달러를 환전하려면 1100원이 필요하므로 100원이 더 있어야 한다. 달러로 환산하면 9.09%의 손실이다. 반대로 환율이 1달러에 900원이 되면 주가 변동이 없어도 달러 환산 수익률은 대략 +10%가 된다. 1주를 1000원에 팔아서 900원으로 1달러를 환전하고 나머지 100원을 달러로 환전하면 0.11달러이므로 11% 이익이다. 외국인들은 원화로 거래하지만 언제든 다시 달러로 환전해 본국, 본사로 가져가야 하므로 환율 변화는 수익률에 엄청나게 많은 영향을 준다. 주가가 10% 올라도 환율이 오르면 달러 환산 수익률은 상쇄되고 만다. 반대로 주가가 하락해도 환율이 급락하면 환산 수익률은 높아진다. 더불어 주가도 상승하고 환율도 하락하면 '양방'으로 수익을 얻을 수 있다.

경제적 측면과 수급적 측면을 합쳐서 생각해 보면 다음과 같다. 경기가 좋아져 환율이 하락하면 수출주들은 가격 경쟁이 약해지지만 경기 호황에 힘입어 실적이 좋아진다. 원재료 수입 비중이 큰 내수주는 기업 이익이 좋아져서 경기는 더 좋아지고 환율은 더 하락한다. 환율이 하락하는 구간에서는 외국인들은 환차익의 기회가 발생하므로 우리나라에 투자하는 비중을 높인다. 결국 외국인 매수에 의해 시장은 더 상승한다. 경기도 좋아지고 수급도 좋아지는 선순환 국면이 된다.

반대로 경기가 나빠져 기업 이익이 감소하면 환율이 상승하고 시장은 하락한다. 외국인은 환차손의 위험과 주가 하락의 위험이 동시에 발생하므로 주식을 팔아야 하고 이에 따라 시장은 하락한다. 경기와 수급의 동시 악순환이 된다.

극단적으로 환율이 상승하는(원화 가치 폭락) 경우가 있다. 외환위기, 글로벌 금융위기 등 금융시장의 시스템 위기가 발생하면 글로벌 자금은 안전자산으로 급속히 이동한다. 이때 달러화는 안전자산이므로 외국인은 한국 주식을 팔아 달러로 환전해 본국으로 이체하려 할 것이다. 그들의 매도 수급은 시장을 폭락시키고, 원화 매도 · 달러 매수는 원화 가치를 폭락시킨다. 원화 가치가 폭락하면 외국인 입장에서는 급격한 환차손이 발생한다. 급히 주식을 팔아 달러로 환전하려 할 것이다. 주식 매도, 달러 환전, 환율 급등의 악순환은 위기가 발생할 때마다 우리 시장에서 나타나는 현상이다. 그렇기 때문에 시황을 판단할 때 환율은 매우 중요한 요인이다. 글로벌 금융시장 또는 국가적인 악재가 발생하면 가장 먼저 환율의 움직임을 체크해야 한다. 환율이 급등한다는 뜻은 외국인이 악재를 심각하게 인식하고 급격히 우리나라 시장에서 빠져나간다는 것이다. 외부 악재를 판단하기 어려울 때는 환율 동향을 보는 것이 우선이다. 북한과의 문제, 해외 금융시장의 문제, 금융 기관의 문제 등 시장에 영향을 줄 수 있는 사건이 발생했을 때 환율이 안정돼 있다면 그 사건은 단기 노이즈로 마감된다.

환율을 해석할 때 고려해야 할 또 다른 요소는 각 국가 간 환율 전쟁이다. 겉으로 대놓고 환율 전쟁을 하지는 않지만, 실제로 각 국가는 자국 기업의 수출 경쟁력을 높이고자 달러 대비 자국의 통화 가치를 떨어뜨리기를 원한다. 동일한 제품을 만들어 수출하는 경쟁국끼리 자국 통화를 약세로 만들고자 하는 경쟁은 치열하다. 미국과 중국의 환율 전쟁이 대표적이다. 이론적으로 말한 환율 상승 → 수출 기업 경쟁력 강화 → 경기 회복 → 환율 하락 같은 자율적 조정 작용이 아닌 국가의 조작적 환율 정책이 있다. 상식적으로 생각하면 경기가 좋아지고 국가 경쟁력이 높아지는 결과로 환율이 하락(자국 통화 가치 상승)하면 싼 값에 외국으로부터 원재료, 완제품 등을 수입해 올 수 있고 싼 값에 해외 여행도 할 수 있어 좋은 것이라 생각할 수 있다. 그러나 세계 각국의 경제에 수출은 매우 중요한 영향을 준다. 글로벌 경제는 이미 '하나'가 돼 움직이고 있다. 과거 미국은 강달러로 풍요로운 삶을 누릴 수 있었다. 그러나 이젠 자국 통화 강세로 기업의 경쟁력이 약화돼 고용 등 많은 부작용이 발생하게 되었다. 결국 미국은 주요 제품을 수출하는 상대국에 '환율 조작국'이란 이름을 붙이고 통제하기에 이르렀다. 기축통화 국가인 미국의 환율 정책은 상대 국가에 중대한 위협이 된다. 결국 환율 전쟁이다. 환율이 약세(환율 상승)면 수출 기업의 경쟁력이 강화되니 좋은 것인가? 꼭 그렇다고 볼 수도 없다. 위기로 인한 환율 급등은 중대한 위험이다. 경기의 급격한 후퇴로 인한 환율 상승은 수출 기업의 가격 경쟁력으로 막을 수 없다. 수출도 안 되고 경기도 후퇴하는 악순환이 될 수 있다. 언제나 그렇듯이 적정 수준의 환율이어야 한다. 환율이 급격히 상승하거나 하락하는 경우가 발생하면 시장은 화들짝 놀라 하락하고 만다. 환율이 안정적인지, 급변하는지는 시황을 판단하는 측면에서 매우 중요하다.

화면 5-1과 5-2에서 환율이 급등하는 구간에서 주식시장이 급락하고, 환율이 다시 안정적으로 하락하는 구간에서 시장이 상승하는 것을 볼 수 있다. 환율 변화가 일정한 박스권에서 움직일 때 시장 역시 일정한 구간에서 등락한다. 환율은 그만큼 시황에 많은 영향을 끼친다. 특히 우리나라 시장이 외국인의 수급에 크게 좌우되기 때문이기도 하다.

환율

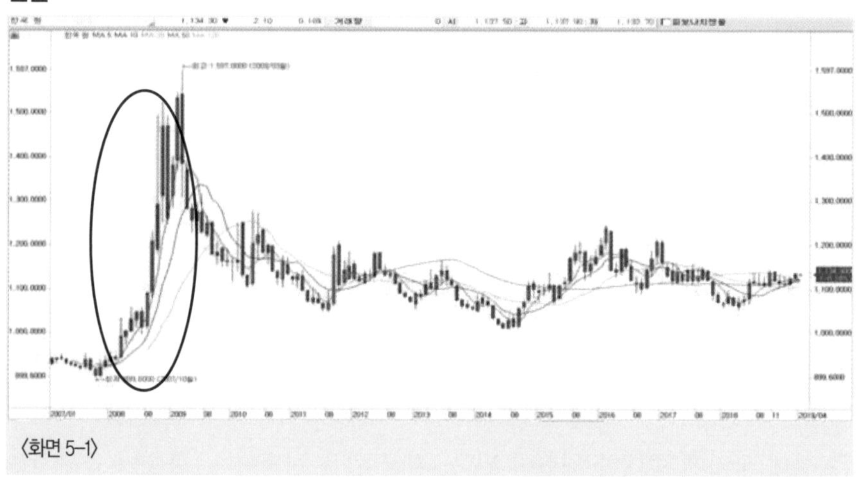

〈화면 5-1〉

지수

〈화면 5-2〉

04

금리와 시황

금리 변화와 시장 흐름의 관계 분석은 '우라가미 구니오'의 이론이 가장 잘 들어맞는다. 기업 실적이 낮아지고 경기가 침체기로 진입하면 금리를 낮추는 경기부양정책(금융완화 정책, 레버리징)을 시행한다. 기업에 대출 이자를 낮춰줘 이익을 개선시키고, 낮은 금리로 자금을 조달해 신규 투자를 유도하기 위해서다. 시장에 직접적인 자금이 유입돼 매수세를 증가시키는 효과도 있다. 저금리 기조에서는 채권 투자보다 주식 투자의 메리트가 크다. 이때 주식 시장은 저점에서 상승하기 시작한다.

기업 실적이 점차 좋아지는 경기 회복기에 진입하면 경기 회복에 발맞춰 금리를 단계적으로 인상한다. 앞서 '배당할인모형과 시황'에서 분모의 G가 상승하면 R을 높여야 한다고 했다. 경기 회복과 동반해 물가가 상승하고 기업 실적 역시 증가한다. 주식시장은 기업 실적 베이스로 상승한다.

경기 활황기가 되면 돈이 너무 많이 풀려 과도한 물가 상승이 우려된다. 물가가 급격히 올라가면 국민 생활은 어려워지고 경제 성장보다 더 큰 고충지수가 발생한다. 정부는 금리를 계속 올려 시중의 자금을 흡수한다. 이를 긴축정책(디레버리징)이라고 한다. 금리가 올라가면 기업이 대출 금리에 부담을 느껴 신규 투자가 축소된다. 매출은 늘지만 순이익은 줄고 투자 축소는 성장률 감소로 이어진다. 기업뿐 아니라 투자자도 현금 확보에 주력하게 된다. 이때 주식 시장은 고점을 형성하고 하락한다. 경기는 좋은데 시장은 하락하는 상황이 발생하는 것이다. 고점이 어디인지 파악하기가 쉽지 않아 이중고점, 다중고점을 형성하며 등락하다가 하락한다. 금리는 높고 신규 투자도 어렵고 수익도 줄어들면 파산하는 기업도 발생한다.

긴축으로 경기 후퇴기가 되면 기업의 수익은 지속적으로 감소하고 한계 기업의 적자 규모는 커진다. 시장 유동성 부족으로 '흑자 부도'가 나타나기도 한다. 이러면 중앙은행은 다시 금리를 인하한다. 시장 유동성과 경기를 회복시키려고 다시 금융완화 정책을 시행하는 것이다. 이때 주식시장은 흐지부지 움직이며 어디쯤이 바닥인지를 지켜보려는 관망 분위기가 짙어진다. 거래량도 감소한다.

중앙은행은 기준금리를 결정한다. 배당모형을 다시 한번 상기해 보면 P = D / (R−G)다. 분모가 낮아야 P가 높아지므로 R은 G보다 작아야 한다. 즉, 성장보다 높은 이자는 가격 하락 요인이다. 성장이 고점에서 둔화되는데 이자는 높은 상태에 있으면 시장이 하락한다. 중앙은행은 성장률에 맞춰 금리를 조정한다. 성장이 둔화되면 이자율을 낮추고 성장이 가속화되면 이자율도 빠르게 올린다. 분자의 D는 결국 기업의 이익이므로 분모의 R과 G가 고정된 상태에서 D가 증가하면 시장은 상승한다. 글로벌 경제는 장기적으로 둔화되고 있다. 다음 그림은 '장기 글로벌 성장과 이자율'이다. 이미 오래 전부터 우리는 '저성장 저금리 시대'라고 말하고 있다. 화면 5-3에서 볼 수 있듯이 글로벌 경제는 장기적으로 추세 하락하고 있으며 그에 연동해 국채 수익률(이자율)도 하락하고 있다. 2008년 글로벌 금융위기 이후 주요 선진국은 이미 제로금리, 심지어 마이너스 금리에 진입하고 있다. 성장률은 장기 저성장 국면 속에서 중간중간 저점에서 반등한다. 즉, R은 제로, G는 저성장 속 소폭 등락하고 있으므로 특정한 구간 내에서 D(기업 이익)가 증가하면 시장이 상승하는

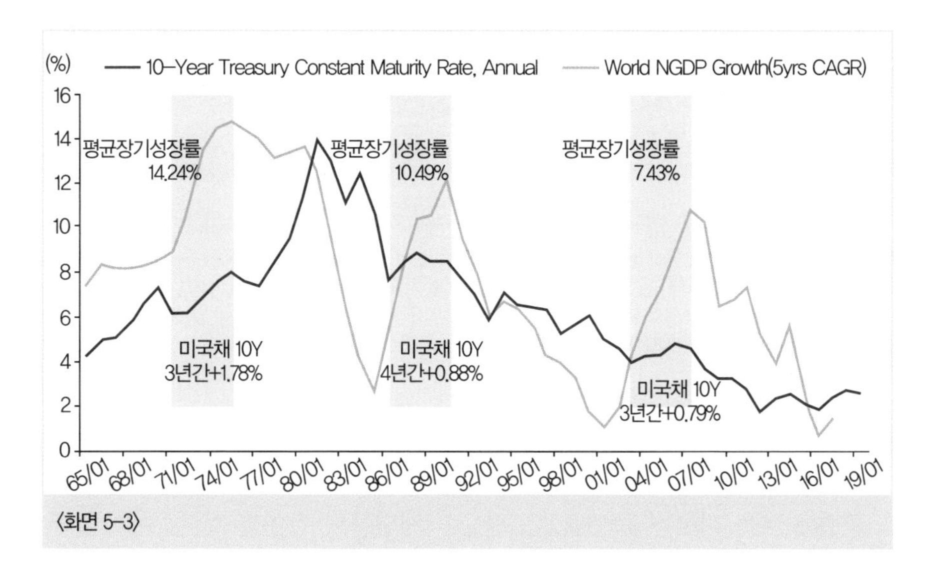

〈화면 5-3〉

것이다. 특히 특정 섹터와 특정 기업에 쏠림 현상이 나타나고 있어서 시장에서는 섹터별, 기업별 주가 차별화가 심화된 것이다. 미국의 FAANG주(페이스북, 애플, 아마존, 넷플릭스, 구글), MAGA(마이크로소프트, 애플, 구글, 아마존)이라는 신종 단어가 발생하게 된 이유다.

경기 사이클에 따라 금리를 조절한다는 우라가미 구니오의 이론은 훌륭하지만, 장기 저성장, 저금리 시대로 접어들면서 더 이상 금리만으로는 조절할 수 없게 되었다. 이미 제로금리이기 때문이다. 결국 양적완화라는 직접적 자금 지원을 지난 10여 년간 두 차례나 시행했다. 금리 인하로 조절할 수 없기 때문이다. 양적완화는 중앙은행이 채권을 매입해 자금을 기업과 시중에 지원하는 것이다. 이 정책으로 채권시장에서 국가의 영향력이 커질 수밖에 없다. 중앙은행의 금리 정책, 채권 매입(금융완화)과 매각(금융긴축)이 주식시장의 시황을 판단하는 가장 중요한 지표가 되었다.

중앙은행이 채권 매입으로 시중에 돈을 풀면 채권 수익률은 하락한다. 이자율도 자연스럽게 하락한다. 이때 가장 걱정인 것이 '물가'인데, 저성장 국면에서 돈들이 실물 경제보다 금융권 안에서 움직이다 보니 물가가 올라가지 못하는 현상이 이미 일어나고 있다. 저물가가 유지되고 있으면 중앙은행은 굳이 금리를 올리지 않아도 되는 상황이 되고 이때 주식시장은 상승한다. 이때 장기 국채와 단기 국채의 수익률의 차, 즉 일드 커브(Yield Curve, 수익률 곡선)'로 시황을 판단할 수 있다.

화면 5-4는 미국채 10년물과 2년물, 3개월물의 차이를 보여 주고 있다.

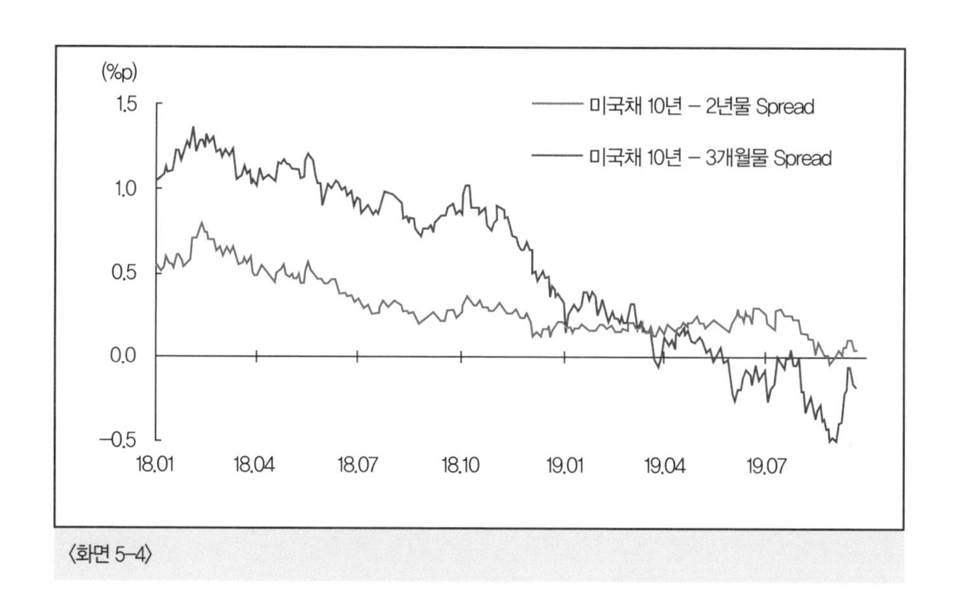

〈화면 5-4〉

2019년 말 스프레드가 기준선 0 이하, 즉 마이너스로 진입하면서 시장은 단기 급락했다. 장기 금리가 단기 금리보다 높아야 하는 것은 당연하다. 장기 채권은 기간이 긴 만큼의 불확실성이 있으므로 더 금리가 높아야 한다. 하루를 빌려주는 것보다 1년을 빌려주는 것이 이자가 더 높은 것은 당연하다. 즉, 2년물보다 10년물 금리가 더 높아야 한다. 미래의 성장을 반영하는 측면에서도 장기 금리가 더 높아야 정상이다. 장기 금리에서 단기 금리를 뺀 값을 장단기 금리차라고 하고, 그 값을 차트로 만든 것을 일드 커브라고 한다. 이 일드 커브의 기울기가 가파른가(스티프닝), 평탄한가(플래트닝)로 향후 경기가 좋아질 것인지, 나빠질 것인지를 (이론적으로) 평가한다. 즉, 일드 커브가 가팔라지면(갭이 커지면) 향후 성장 전망을 긍정적으로 평가하고 시장은 상승한다. 평탄해지거나 0 이하로 내려가면 미래 성장이 좋지 않을 것이라고 판단하고 시장은 하락한다. (이론적이라고 표현한 이유는 2008년 미국 금융위기 이후 대규모 양적완화로 장기 금리가 지속적으로 하락했고 이 때문에 금리 역전 현상까지 있었으나 경기는 점차 회복되는, 기존 이론에 부합되지 않는 현상이 일어난 사례가 있었기 때문이다.) 역시나, 중앙은행의 역할이 시황에 많은 영향을 준다. 우리는 늘 미국의 FOMC 회의, 유럽의 ECB 회의, 일본의 BOJ 회의, 중국 인민은행의 통화 정책을 시황을 판단할 때 중요하게 다룬다. 그들의 금리 및 통화 정책에 따라 시황이 결정되기 때문이다.

금리에 따라 시장 주도 섹터도 달라진다. 경기가 둔화된 저금리 시기에는 '성장주'가 상승하고 경기가 좋아져서 금리를 올리는 시기에는 '가치주'가 상승한다. 2008년 이후 제로금리 저성장 국면에서 아마존, 넷플릭스, 구글, 테슬라, 애플 등 성장주가 지속적으로 상승한 현상이 그랬다. 2020년 코로나바이러스 후 금리 인하와 양적완화 시기에도 성장주의 상승이 돋보였다. 저성장의 시기에는 성장의 희소성이 부각돼 일부 성장주에 대한 프리미엄이 생기면서 상승한다. 경기가 좋아지면 경기 민감주라고 불리는 많은 기업의 실적이 회복되면서 상대적으로 가치주가 상승한다. 경기가 좋아지면 교역이 활발해지고 원자재 가격도 상승한다. 가치주라고 불리는 정유 · 화학 · 조선 · 기계 · 철강 등등의 섹터에 속한 대형주의 이익이 증가하며 주가는 상승한다. 반대로 경기가 나빠지면 경기 흐름에 크게 영향받는 가치주 섹터의 대형주는 하락하고 경기에 덜 민감하고 미래 산업 발전에 꼭 필요한 섹터, 즉 미래 성장주가 크게 상승한다. 바이오, 전기차, 자율주행, AI, 로봇, 5G 네트워크 시스템, 반도체, 새로운 기능의 스마트폰 및 디스플레이 등이 대표적이다. 미래 성장주는 대부분 고 PER 주다. 높은 성장을 기대하는 만큼 PER이 높다.

이자율과 PER의 이론으로도 저금리에서 성장주가 상승하는 현상을 설명할 수 있다. 예를 들어 보자. PER 40인 성장주가 있다. PER은 주가 ÷ 주당 순이익이다. 이를 역수로 계산하면 즉, 1/PER은 현재 주가 수준에서 회사가 거두는 수익률이 된다. 1/40은 2.5이므로 기대 수익률은 2.5%다. 이때 금리가 2% 미만이면 투자 메리트가 발생하는 것이다. 금리가 3%라면 성장주 투자보다 금리 투자가 유리하게 된다. 따라서 금리가 상승하는 국면에서는 성장주보다 채권 투자가 더 유리해지고, 가치주 투자가 더 유리한 환경이 되는 것이다. 그러므로 금리가 오르면 채권 가격 하락, 주식시장 상승의 인플레이션 랠리로 성장주가 하락하고 가치주가 상승한다.

이론적으로 설명하지 않더라도 경기가 좋아지면 아주 먼 미래의 성장을 보고 투자하는 것보다 당장 이익이 증가하는 경기 민감주에 투자하는 것이 더 좋은 선택이라는 것을 이해할 수 있을 것이다. 성장주와 가치주가 동시에 상승하는 시장이면 좋지 않을까 하고 생각할 수도 있다. 간혹 그러한 기간이 짧게 나타나기도 하지만 거의 대부분 시장은 주도 섹터가 있고 주도 종목이 있다. 그 주식들이 시황을 끌고 간다. 따라서 시황 판단에서 주도 섹터의 판단 역시 중요하다. 주도 섹터의 변화에 이자율이 중요한 변수이므로 결국 이자율과 주도 섹터의 변화는 시황을 판단하는 데에서 중요한 요소다.

차트와 시황

시황은 경제성장률과 이자율 그리고 환율과 같은 거시 경제적 지표들로 판단한다. 주식시장은 '경기 추세를 선반영'해 추세적으로 움직인다. 시장에서 오랫동안 경제지표를 보아온 전문가 입장에서는 어렵지 않을 수 있으나 대부분의 투자자에겐 어렵게 느껴질 수 있다. 반면 시장 주변의 모든 변수를 반영한다는 가정하에 차트 분석은 쉽게 판단할 수 있다는 장점이 있다. 차트 분석은 앞서 설명한 바 있다. 가격과 거래량 그리고 이평선으로 시장의 고점 및 저점을 판단하고 추세를 판단할 수 있다. 시황의 고점과 저점 판단은 코스피 및 코스닥 지수 차트 판단이며 '크로스 체크'를 위해 시장 상승을 견인한 섹터의 대표 종목의 차트를 분석한다.

주식시장은 경기를 선반영해 움직인다. 경기가 침체에서 회복으로 전환되는 시기에 주식시장은 먼저 상승하기 시작한다. 경기가 회복에서 활황기로 전환되는 과정에서 주식시장은 이미 고점을 형성한다. 수급과 차트의 추세 전환이 눈에 보임에도 아직 경기 전환을 판단하지 못하면 매매 타이밍을 놓칠 수 있다. 주저함, 망설임 등 심리적인 부담으로부터 벗어나 객관적으로 판단하는 데에 차트 분석이 도움이 된다. 주식시장은 하락할 때는 끝도 없이 하락할 것 같고, 상승할 때는 계속 상승할 것처럼 보인다. 끝도 없이 하락할 것 같은 두려움은 저가에 매도하게 하고 계속 상승할 것 같은 마음은 고점에 매수하게 한다. 객관적으로 어떤 시점이 되면 매도해야 하는가에 대한 원칙을 정해 놓고 그러한 상황이 되면 기계적으로 매도하는 방법이 두려움과 욕심의 심리로부터 벗어나는 길이다. 그 판단의 지표로 차트의 고점과 저점 시그널을 보조적으로 이용한다면 좋을 것이다.

차트 분석 편에서 가격이 상승하는 초기에는 거래량이 증가하는 것이 좋으며 주가가 많이 올라간 상황에서는 거래량이 감소해야 추가 상승할 수 있다고 말했다. 그것을 적용한 원칙이 매수 3법칙과 매도 1법칙인데, 매수 3법칙을 이용해 시장의 저점 판단을 하고 매도 1법칙을 이용해 시장의 고점 판단을 한다.

매도 1법칙은 상승 초기 거래량이 증가, 이후에는 거래량 없이 상승하다가 어느 날 거래량이 급증하며 도지형 또는 음봉이 발생하면 보유 수량의 일부를 매도하는 것이다. 일부만 매도하는 이유는 그 고점이 추세 상승 중 단기 고점이라 조정 하락 후 다시 더 높게 상승할 수 있기 때문이다. 1차 매도를 해 놓고 다시 상승하면 나머지 수량만 보유해 수익을 추구하든, 재매수하든 하

〈화면 5-5〉

면 된다. 공매도로 전설적인 트레이더가 된 '제시 리버모어'도 고점에서 매도할 때 한 번에 하는 것이 아니고 1차 매도 후 이후 전고점을 돌파하지 못하고 '이중고점', '헤드앤숄더' 패턴이 발생하면 추가적으로 매도했다. 이때 시장을 주도하던 대표 종목의 거래량이 증가하며 도지형 또는 음봉이 발생하면 더욱 신뢰가 높다.

화면 5-5는 2018년 1월 역사적 고점을 찍고 추세 하락으로 전환한 코스피지수다. 2018년 초 장대음봉이 형성될 때 거래량이 증가했고 이후 반등 시도를 하는 동안 거래량 증가, 큰 음봉들이 발생했다. 즉, 매도하고자 하는 '곰'의 힘이 강한 것이다. 결국 2~3월까지의 반등 시도는 실패하고 '헤드앤숄더' 패턴을 만들면서 이후 급락했다.

2004년 700포인트에서 2007년 2000포인트 위로 상승하는 강세장에서 시장 상승을 이끈 대표 종목은 현대중공업이었다. 리버모어 역시 '시장의 상투는 지수로 보지만 그보다 확실한 크로스 검증은 당시 가장 강했던 주도 종목의 추세 붕괴'라고 했다.

화면 5-6, 5-7은 2007년 고점 형성 당시의 코스피 주봉 차트와 현대 중공업의 주봉 차트다. 시장 추세를 이끌고 있는 대장 주식의 차트는 시장 차트와 같다.

매번 시장 붕괴 시에 악재가 나오지만, 늘 애널리스트들은 '극복할 수 있다'고 '괜찮다'고 한다. 당연하다. 경기는 호황이고 버블은 절대 무너지지 않을 것 같은 상황에서 시장은 고점을 만들기 때문이다. 사실 개별 주식의 고점과 저점 역시 같다. 기업 실적이 향후 증가할 것이기 때문에 아직 더 상승할 것이라고 기대하지만, 이익 증가를 이미 반영한 주가는 고점을 찍고 미리 하락한다. 시황 역시 그렇다. 다만 경기의 고점과 저점 판단은 그리 단순하지 않다. 따라서 차트를 이용해 힌트를 얻으려 하는 것이다.

가장 중요한 것은 '자기 몸을 보호하는 것'이다. 한 번 지는 것은 괜찮다. 다음에 다시 하면 된다. 그러나 치명적인 부상을 입으면 결국 회복하지 못한다. 시장이 위험할 때는 미련을 갖거나 고집을 부리기 쉽다. 그 심리에서 벗어나야 한다. 차트는 객관성이 담보된다.

역사적으로, 시장의 고점을 가장 잘 판단해 '공매도'로 엄청난 수익을 거둔 리버모어는 우리에게 간단한 원칙을 제공했다. 시장의 상투는 '시장의 고점

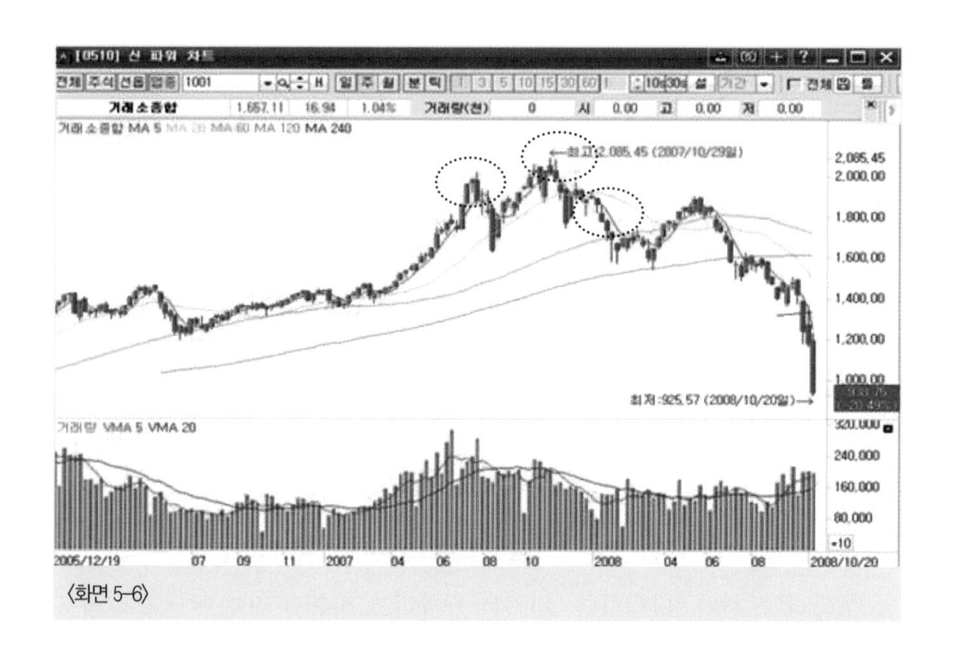

[0510] 신 파워 차트
거래소종합 1,657.11 16.94 1.04% 거래량(천) 0 시 0.00 고 0.00 저 0.00
거래소종합 MA 5 MA 20 MA 60 MA 120 MA 240
←최고:2,085.45 (2007/10/29일)
최저:925.57 (2008/10/20일)→
거래량 VMA 5 VMA 20
2005/12/19
2008/10/20

〈화면 5-6〉

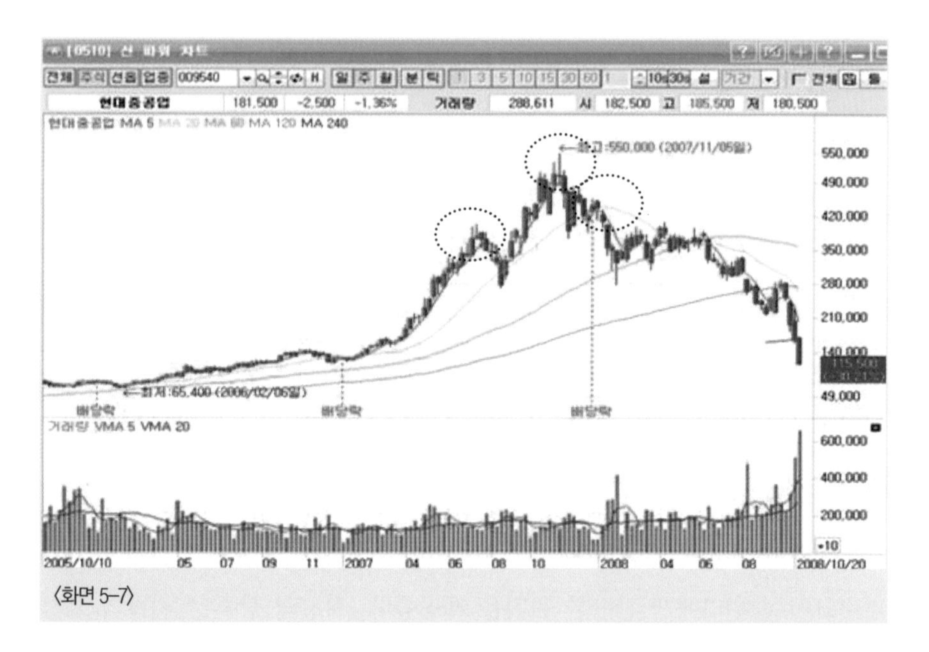

[0510] 신 파워 차트
현대중공업 181,500 -2,500 -1.36% 거래량 288,611 시 182,500 고 185,500 저 180,500
현대중공업 MA 5 MA 20 MA 60 MA 120 MA 240
←최고:550,000 (2007/11/05일)
←최저:65,400 (2006/02/06일)
배당락
배당락
배당락
거래량 VMA 5 VMA 20
2005/10/10
2008/10/20

〈화면 5-7〉

과 대장 종목의 교차 상투! 바로 그것이다'.

시장의 저점 판단은 매수 3법칙을 이용한다. 주식의 매수 3법칙은 20일 이평선을 하향 돌파하며 급락하는 주식의 매수 타이밍을 알려주는 법칙이다. 대부분 추세 하락의 마무리 부분에서는 급락이 나타난다. 급매물이 나오며 거래량이 증가하기 마련이다. 가격 하락이 '과하다 = 과매도'라는 인식이 되기 시작하면 거래량이 감소한다. 급한 매물은 다 나왔고, 보유자들은 자기의 매도 가격이 언제든 바닥권이 될 수 있다는 두려움 때문에 매도하지 않는다. 반대로 매수자들은 하락하는 시장에 섣불리 매수 진입을 하지 못한다. 어디까지 하락할지 모르기 때문이다. 시장이 하락할 때는 온갖 악재 뉴스뿐이다. 매수자도 매도자도 거래하지 않으면서 거래량이 감소한다. 그러다가 다시 거래량이 크게 증가하며 도지형 또는 양봉이 형성되면 매수 3법칙이 된다. 이때 역시 분할 매수를 하고 반등 후 재 하락할 때 직전 저점을 하향하지 않고 거래량이 증가하며 상승하면 '역 헤드앤숄더' 패턴에서 추가 매수를 한다.

다음 화면은 2008년 금융위기 후 급등한 시장 상황이다. 화면 5-8은 코스피 주봉이며 화면 5-9는 삼성전자 주봉이다. 삼성전자가 본격적으로 우리나라 시장의 대표 주식이 된 시점이 이때다. 지수차트와 삼성전자의 저점 형성 구간과 상승 구간이 거의 유사한 것을 볼 수 있다. 저점에서 상승할 때도 주도 종목의 추세와 함께 판단하면 저점에 대한 신뢰가 더욱 높아진다.

지수차트를 보면 급락 시에 거래량 증가, 바닥에서 거래량 감소, 2008년 봄 거래량이 다시 증가하며 본격적으로 상승하고 있다.

[0510] 신 파워 차트
거래소종합 1,657.11 16.94 1.04% 거래량(천) 0 시 0.00 고 0.00 저 0.00
거래소종합 MA 5 MA 20 MA 60 MA 120 MA 240
←최고:1,901.13 (2008/05/19일)
←최저:892.16 (2008/10/27일)
1,901.13
1,800.00
1,400.00
1,200.00
1,000.00
892.16
거래량 VMA 5 VMA 20
400,000
300,000
200,000
100,000
2008/02/11 06 07 08 09 10 11 12 2009 03 04 05 06 07 08 09 2009/10/26
〈화면 5-8〉

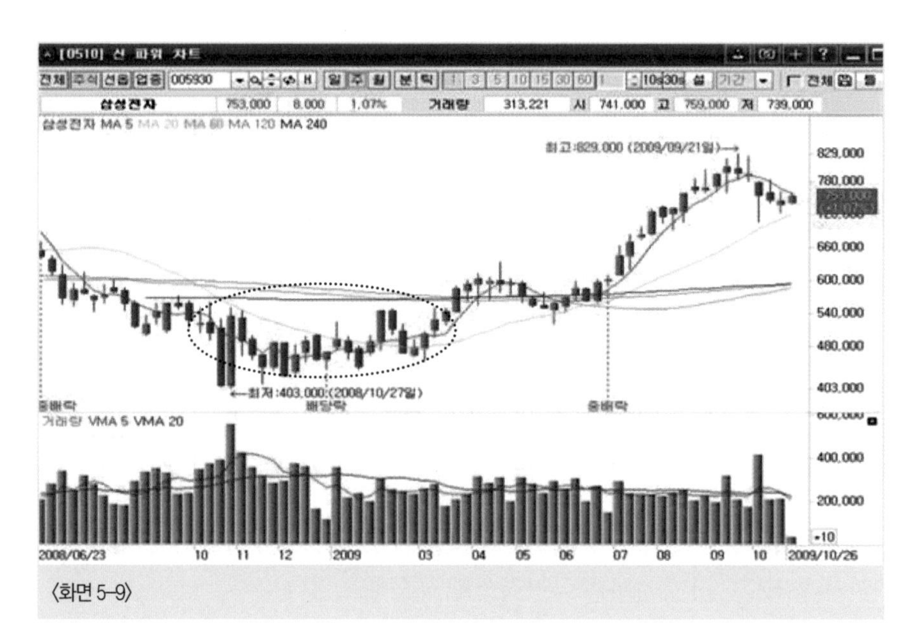
[0510] 신 파워 차트
삼성전자 753,000 8,000 1.07% 거래량 313,221 시 741,000 고 759,000 저 739,000
삼성전자 MA 5 MA 20 MA 60 MA 120 MA 240
최고:829,000 (2009/09/21일)→
←최저:403,000 (2008/10/27일)
배당락
829,000
780,000
660,000
600,000
540,000
480,000
403,000
거래량 VMA 5 VMA 20
400,000
200,000
2008/06/23 10 11 12 2009 03 04 05 06 07 08 09 10 2009/10/26
〈화면 5-9〉

고점에서 하락할 때는 주도주와 크로스체킹을 하기 쉽지만, 저점에서 추세 전환하는 반등 초기에는 사실상 어렵다. 반등 초기에는 어떤 섹터가, 어떤 종목이 시장을 끌고 올라가는지 판단하기 어렵기 때문이다. 주도주가 명확하지 않아서 그렇다. 1차 반등 후 추세 전환 확인이 되면 비로소 주도 섹터와 주도 종목이 무엇인지 확연히 알 수 있다. 이때부터는 이번 반등의 힘과 언제까지 상승할 것인지를 그 주도 종목과 연계하여 판단한다.

화면 5-10은 2020년 코로나 바이러스 확산으로 급락한 상황이다. 최초 급락 시에는 거래량이 증가했다. 1차 급반등을 하는 과정에서는 거래량이 증가하지만, 박스권 진입으로 기간 조정을 거치는 구간에서는 거래량이 다시 감소했다. 조정을 마무리하고 다시 상승하는 구간에서는 거래량이 급격히 증가하면서 2차 상승에 성공하는 모습이다.

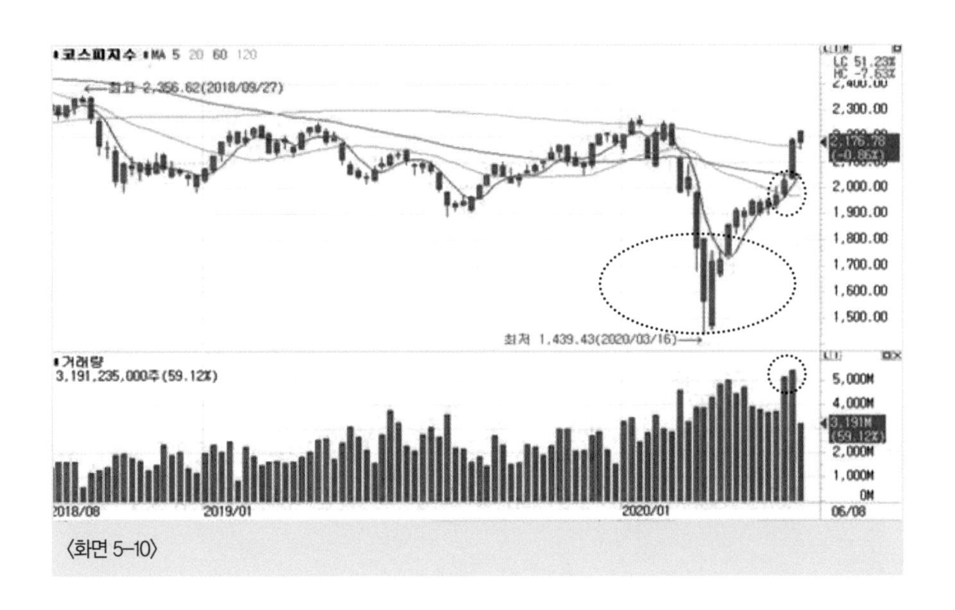

〈화면 5-10〉

화면 5-11은 2020년 바이러스로 인한 폭락 후 반등할 때 주도 종목이었던 카카오의 차트다. 시장은 급락 시작 지점까지 반등하고 있지만 카카오는 직전 고점을 돌파하고 역사적 신고가를 연일 돌파하고 있다. 지수차트와 카카오 차트를 크로스 체크할 필요가 있다.

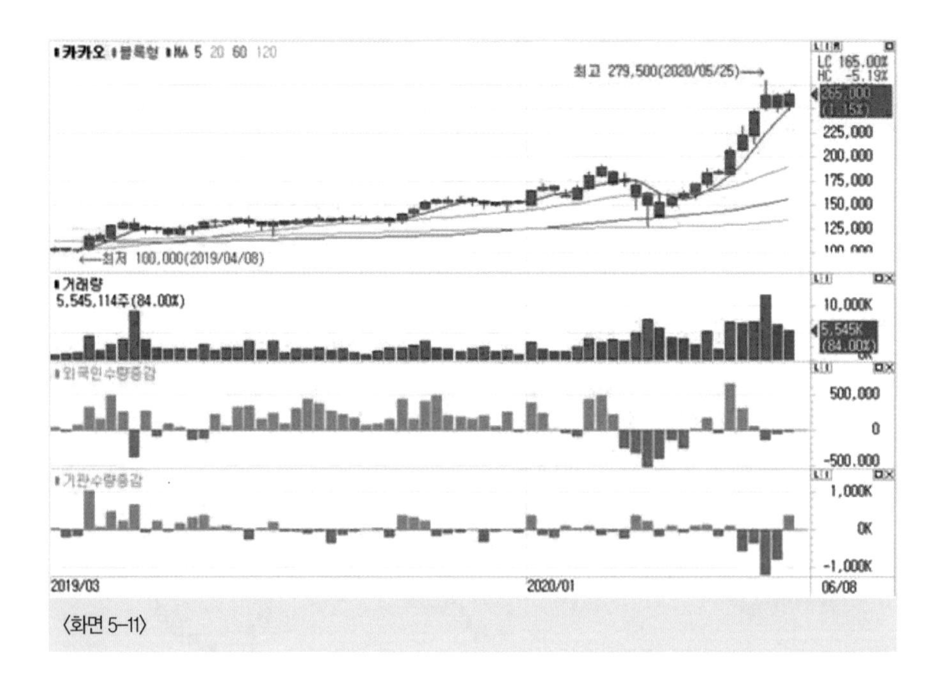

〈화면 5-11〉

시황에 따른 시장의 유형

시황에 따라 추세 상승 시장, 추세 하락 시장, 상승 후 박스권 시장, 하락 후 박스권 시장, 테마 시장으로 분류한다. 이론적 시장 유형으로는 베어마켓(랠리), 불마켓, 유동성(랠리), 인플레이션(랠리), 디스인플레이션(랠리) 시장이 있다.

경기가 회복해서 호황이 되고 기업 이익이 증가하면 시장이 추세 상승을 한다. 금리를 올리고 물가가 상승하면서 '인플레이션 랠리' 상승을 한다. 중간중간 조정 하락이 있더라도 추세적으로 상승을 지속해 시장은 역사적 신고가를 경신하며 상승한다. 이익이 가장 크게 증가하는 산업이 시장을 이끌고, 그 산업 내의 대표 종목이 시장의 대장주로 10배까지 상승하는 것을 본 경험이 많다. 2005년부터 2007년까지 고점 1000포인트를 돌파하고 2000포인트까지 상승하는 과정에서 화학 · 정유 · 조선 · 철강 주의 대표 종목이 10배나 상승했다. 추세 상승 시장의 특징은 경기 사이클에 연동하며, 경기 사이클을 상승으로 이끄는 산업이 있고, 대표 종목의 시가총액이 급격히 증가하며 시장을 상승으로 끌고 간다는 것이다. 이때 주도 섹터와 주도 종목을 선택해 집중 투자하는 게 중요하다. 주도 종목은 시장 예상보다 오버 슈팅하며 급등하기 때문이다. 작은 수익으로 투자를 마감하지 말고 수익을 극대화하려면 조정 하락을 견뎌내야 한다.

경기가 호황에서 후퇴하기 시작하면 기업 이익이 둔화되고 시장은 고점에서 하락하기 시작한다. 금리를 내리고 유동성 공급을 하지만 이미 하락 사이클로 진입한 경기는 쉽게 되돌리지 못한다. 시장은 추세적으로 하락한다. 즉, 베어마켓이 된다. 추세 하락 중에 일시적으로 강세 시장이 나타나는데, 이를 '베어마켓랠리'라고 부른다. 하락 추세 중에는 반등은 작고 하락은 깊게 나타난다. 상승 추세에서는 상승의 기간과 폭이 동시에 길지만, 하락 추세에서는 하락 폭은 깊지만 기간은 짧다. 즉, 단기에 급락한다. 따라서 반등에 소폭 수익을 얻을 수 있지만 결국 단기 급락으로 큰 폭의 손실을 입는 경우가 많다. 목표 수익을 소폭으로 잡고 단기 거래를 하든지, 시장에서 한 발 물러서야 한다. 1차 하락에 대장주들은 소폭 하락하지만 주변주들은 30~50%씩 급락한다. 낙폭이 커서 매수 진입 심리가 작용할 때 단기적으로 반등하는 '베어마켓랠리'가 발생한다. 이후 다시 추세 하락으로 진입하면 고점으로부터 30~50% 급락한 상태에서 다시 30~50% 하락해 결국 고점부터 따지며 60~70%까지

〈화면 5-12〉

하락한다.

추세 상승을 하던 시장이 더 이상 상승하지 못하고 등락만 할 때가 있는데 상승 후 박스권 시장이다. 경기와 기업의 미래 이익을 선반영하며 시장은 상승했지만, 어떤 순간에 "현재 시장의 밸류에이션이 정당한가?"라는 의문을 갖는다. 실물 경기의 가치보다 시장이 오버 슈팅돼 거품이 만들어지는 것이다. 가치 대비 과도한 상승이라는 목소리가 나오기 시작하면서 전체 시장의 상승은 멈추고 섹터별 종목별 순환 상승으로 전환된다. 기업 이익이 확실하게 성장한 선두 기업 위주로 자금 쏠림이 발생하면서 종목별 차별화 장세가 펼쳐진다. 중소형주 사이에서는 저마다의 성장 파이프라인을 재료로 급등하는 종목이 발생한다. '수익률 게임' 시장이 되는 것이다. 지수는 상승과 하락을 반복하지만 결국 일정한 구간에서 등락한다. 우리나라는 2008년 금융위기로 저점 892포인트까지 급락 후 2200포인트까지 강하게 상승했다. 하지만 이후 추가 상승에 필요한 경기 및 기업 이익의 뒷받침이 부족해 무려 6년 동안 박스권 장세가 이어졌다. 화면 5-12는 당시 박스권 움직임의 지수 차트다.

박스권 시장이 되면 기관은 박스 하단 매수, 상단 매도의 거래를 반복한다. 큰 자금으로 대량 거래를 하는 기관 입장에서는 유용한 전략이다. 개인 투자자가 박스권에서 수익을 추구하다가는 자칫 거꾸로 매매해 손실을 보거나 수익이 나더라도 폭이 작을 것이다. 그보다는 박스권에서 항상 발생하는 수익률 게임에 동참해야 한다. 화면에서 시장은 2011년부터 2017년 초까지 박스권이었다. 그러나 코스닥 시장은 2015년부터 1년여간 큰 폭으로 상승했다. 제약 · 바이오를 선두로 한 개별 종목들이 급등했다. 웬만한 제약 · 바이오 주식은 10배 이상 상승했다. 화장품 · 엔터 · 게임 · 섹터의 주식들 역시 급등하는 '중소형 성장주 급등 시장'이 연출됐다. 화면 5-13은 11년부터 17년까지의 코스닥 차트를 보여준다. 코스피 지수는 박스권에 있었지만 코스닥 지수는 큰 폭으로 상승하는 변동성 기간이 있었다는 것을 볼 수 있다. 상승 후 박스권 시장에서는 개별 주식에 직접 투자하는 것이 가장 수익률이 좋다. 이미 시장은 상승해 추가 상승에 부담을 느끼지만, 시장 강세를 바탕으로 유입된 '돈'들은 어디선가 끊임없이 수익을 추구한다. 시장 하락 구간이 아니므로 시장 걱정은 없다. 종목별로 이익 성장 모멘텀이 있다고 하면 많은 돈의 쏠림

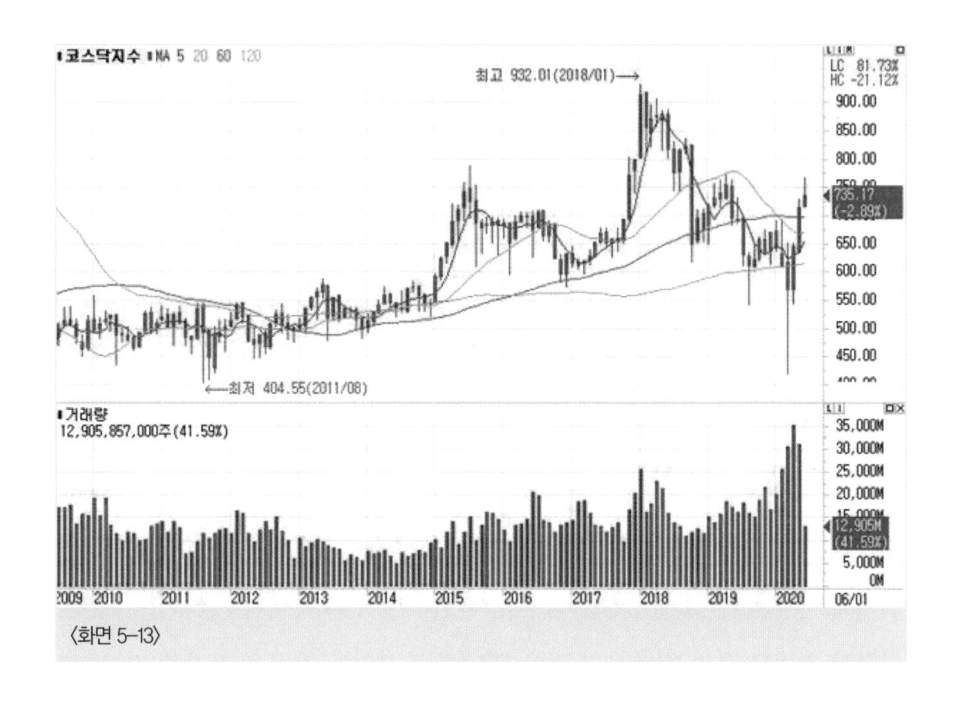

〈화면 5-13〉

현상이 나타난다. 가격 급등이 일어나는 것이다.

글로벌 저성장 · 저금리 · 저물가 상태에서 경기 사이클에 의한 추세 상승은 한동안 없었다. 다만 유동성에 의해 저점에서 급등하는 시장 유형이 2008년 금융위기 이후 나타난 특징이다. 장기 저성장 · 저금리 탓에 인플레이션 랠리가 없는 것이다. 다만, 오랫동안 경기가 둔화돼 있어 기업 실적이 좋아지지 않는 가운데 시장에 유동성을 제공하면 시장이 상승하고 회수하면 하락하는, 금융이 실물을 지배하는 환경이 되었다. '돈'의 힘으로 시장이 상승하지만, 밸류에이션 우려는 늘 상존한다. 이때는 경기 관련주에 투자하기가 쉽지 않다. 시장에 돈은 많다. 그 돈들은 성장주에 쏠리게 된다. 경기가 좋지 않은 가운데 성장 모멘텀이 있는 주식에 돈이 쏠리는 시장이 된다. 돈의 힘으로 상승하는 시장을 '유동성 장세'라고 한다. 초기 유동성 장세에서는 시장을 이끌 대형 성장주에 자금이 쏠리지만, 지수 부담이 발생하고 난 후부터는 중소형 성장주로 이동하면서 개별 종목 수익률 게임이 벌어지는 것이다.

시장이 추세 하락 후 어떤 순간이 되면 밸류에이션 대비 너무 과한 하락이라고 판단하고 추가 매도를 하지 않는다. 매수자 역시 약세 시장에서는 강하게 매수 진입을 하지 않는다. 반등을 이용하는 단기 거래자가 성행한다.

추세 하락한 다음에는 박스권 시장이 된다. 이때 시장 추세 전환에 대한 확신이 없기 때문에 경기 민감주나 지수 관련 대형주의 투자는 자제한다. 반면, 시장이 적어도 추가 하락하지 않을 것이라는 심리적 안정은 공감해 간다. 그런 시기가 되면 시황에 큰 영향을 받지 않는 중소형주에 관심을 갖는다. 성장 모멘텀이든, 이익 증가 모멘텀이든, 주가가 상승할 모멘텀이 있는 중소형주들을 골라 비교적 짧은 수익률을 목표로 투자한다. 특히 알고리즘 매매가 성행한다.

상승 후 박스권이든, 하락 후 박스권이든 시장이 방향을 잡지 못하고 등락할 때 테마 장세가 나타난다. 시장에 자금이 있으니 어디선가 투자해 수익을 추구해야 하는데, 시장이 추세를 형성하지 못해 방향성 투자를 하지 못하기 때문이나. '테마 장세'란 기업의 가치보다 미래 성장 기대나 정책 기대, 사회적 이슈를 모멘텀으로 특정한 섹터에 투자가 집중되는 시장이다. 반도체 테마, OLED 디스플레이 테마, 전기차 테마, 로봇 테마, 자율주행 테마, 5G 통신 테마, 수소경제 테마, 항암제 개발 바이오주 테마, 코로나 바이러스 테마, 전쟁 테마, 남북 경협주 테마, 조류독감 구제역 등 질병 테마, 정치인 테마 등등 수많은 테마들에 해당 종목이 묶여서 움직인다. 시가총액이 큰 기업이 많은 IT와 바이오 섹터에서 테마가 형성되면 시장도 함께 상승한다. 그렇지 않은 시총 중소형 주식이 묶여 있는 종목의 테마는 시장과 무관하게 만들어진다. 2018년 상반기는 시장이 고점을 찍고 하락하는 상황이었다. 그 해 봄 남북정상회담이 판문점에서 열리는 역사적인 이벤트가 있었다. 시장은 지지부진했지만, 남북 경협주라는 테마에 속한 주식은 5배 이상 급등했다. 테마 장세에서 지수 관련 주식은 대부분 하락하지만, 테마군에 속한 주식들은 강세다.

각각의 시장 유형에 따라 주식 보유 기간, 투자 금액, 투자 섹터, 매매 타이밍이 달라야 한다. 추세 상승 시장에서는 지수 ETF도 좋다. 지수를 이끌고 가고 있는 대장 주식에 집중 투자해 추세 상승이 마무리될 때까지 홀딩해서 수익을 극대화해야 한다. 반면 추세 하락 시장에서는 지수 인버스 ETF도 좋다. 소폭 반등, 큰 폭 하락을 하므로 주식 보유 기간을 짧게 하고 목표 수익률도 작아야 한다. 단기적인 거래가 능숙하지 않다면 시장에서 물러서서 추세 전환을 기다려야 한다. 상승 후 박스권 시장 또는 유동성 시장에서는 성장주에 투자한다. 그 시기 이슈가 있는 성장주면 더욱 좋다. 시장에 돈이 많기 때문에 상승하는 힘이 크다. 단기 거래를 하되 매수 타이밍에 선택과 집중, 즉 강하게 상승하는 주식의 매수 타이밍에 분할 매수가 아닌 집중 매수를 해서 큰 폭의 수익을 추구해야 한다. 가장 수익을 내기 쉽고 수익률도 좋은 시장이다. 하락 후 박스권 시장은 상승 후 박스권 시장과 비슷한 거래 전략이지만, 투자 금액을 줄여야 하며 강한 주식을 추종하지 말고 조정에 매수해야 한다. 시장이 강할 때는 강세를 추종하면 연속 강세로 수익을 얻을 수 있지만, 약세 시장에서는 상승 시도하다가 곧바로 약세로 전환하는 경우가 많다. 시장의 추가 하락 위험이 없어진 것을 확인했다면, 강세 주식의 하락에 매수, 반등에 매도 거래를 한다. 테마 시장에서는 시황 판단으로 종목과 타이밍을 선택하지 않아야 한다. 그 테마의 강도, 테마군들의 움직임과 연동해 거래해야 한다. 시장 유형을 확인하고 그에 부합하는 거래 전략으로 투자한다.

6 chapter

실전 투자 따라 해보기

실전 투자를 위한 준비

많은 투자자가 자신의 주식 계좌에 돈을 입금하고, 주식을 매수하고는 수익이 나기를 기다린다. 증권가에서 우스갯소리로 '기도 매매'라고 한다. 주식을 매수해 놓고 오르기만 기도한다는 의미다. 웃픈 얘기지만 우리의 현실이다. 주식 투자가 쉬운 것이라면 오랫동안 그렇게 많은 투자자가 실패하지 않았을 것이다. 주식 투자를 시작하면서도 사업을 시작하는 것과 같이 먼저 주식시장 내의 여러 투자 대상 중 어떤 것에 투자할 것인지 결정해야 한다. 파생상품이 될 수도 있고, ETF가 될 수도 있고, 코스피 시장이나 코스닥 시장이 될 수도 있고 개별 주식일 수 있다. 지금이 주식 투자를 해서 수익을 낼 수 있는 시황인가를 판단해야 하며 어떤 업종에서 그리고 어떤 종목에 투자해야 수익을 낼 수 있을지 생각해야 한다. 그러한 고민을 도와줄 전문가를 어떤 경로로, 어떤 사람을 택할지도 고려해야 한다. 한 번 한 번의 투자 시마다 투자 원금 대비 목표 수익을 어느 정도로 정할 것인지 결정해야 하며 그때마다 발생하는 수수료와 세금, 슬리피지 비용을 따져서 순수한 수익을 계산해 보아야 한다.

주식 계좌에 돈을 입금해 놓고 투자하지 않고 있을 경우, 다른 투자를 하지 못하고 있는 기회비용도 생각해야 한다. 그러한 모든 것이 비용이다. 비용을 감안해 투자 손익의 목표를 고려해야 한다. 많은 판단이 요구되는 투자가 바로 주식 투자다. 그러나 불행하게도 많은 투자자가 그렇게 하고 있지 않다. 주식시장이 활황이라고 하면, 주변에 누가 돈을 벌었다고 하면, 이곳저곳에서 돈을 끌어와 주변의 루머나 신뢰성이 낮은 조언을 듣고는 별 생각 없이 주식을 매수한다. 자신의 원칙과 판단이 없는 투자를 하였기에 시장의 변화나 주가의 변화에 대처하지 못하고 안절부절 하는 경우가 허다하다.

아마도 주식 투자를 하는 자금으로 사업을 한다고 하면 그렇게 쉽게 생각하지도 행동하지도 않을 것이다. 주식 투자를 할 때는 유난히 너무 쉽게 판단하고 행동하는 것을 볼 수 있다. 주식 투자를 하는 일련의 판단을 따라가 보자.

첫째, 주식 투자를 할 원금의 용도와 목표 수익 그리고 손실 한계를 사전에 설정해야 한다.

둘째, 개인 투자자로서 주식시장에 막연히 뛰어든다는 것은 어려운 일이므로 조언을 들을 수 있는 전문가를 선정해야 한다.

셋째, 주식 투자는 정보 싸움이다. 정보를 어떤 경로를 통해 얻을 것이며 어떻게 활용할 것인가를 결정해야 한다.

넷째, 투자 전략서로 기초적인 공부를 해야 한다.

이상과 같은 고려 사항은 주식 투자를 하기 전 단계에서 해야 하는 기본적인 준비 사항이다. 실전 투자를 할 때도 판단할 것이 있다.

첫째, 지금 상황이 주식 투자로 수익을 내기 좋은 시황인가의 판단이다. 가장 근본적이면서도 중요한 판단이다. 주식 투자를 한다면 투자 기간 그리고 투자 기법은 어떤 것이 가장 적절한가를 판단하기 전에 시황 판단이 선행돼야 한다.

둘째, 어떤 업종에서 투자할 것인가를 판단해야 한다. 가까운 미래에 이익이 증가할 것이라 판단되는 성장 사이클의 산업에 투자해야 한다.

셋째, 어떤 종목에 투자할 것인가를 판단해야 한다. 기업 가치가 가까운 미래에 성장할 것인가, 먼 미래에 성장할 것인가? 산업 사이클과 연동해 기업 성장을 신뢰할 수 있는가? 등을 고려해야 한다.

넷째, 투자 기법은 어떤 기법을 이용할 것인가를 결정해야 한다. 시황이나 투자하려는 주식의 성향에 따라 단기 투자인지, 중장기 투자인지, 선택과 집중을 할 것인지, 분할 매수 및 분산 투자를 할 것인지를 결정해야 한다.

다섯째, 투자 기법에 따르는 매수 및 매도 타이밍은 어떤 원칙을 적용할 것인가를 결정해야 한다.

예를 들면 다음과 같다.

첫째 시황, 2020년 6월 현재는 연초 발생한 코로나 바이러스 팬데믹 영향으로 경제 성장률은 역성장을 예상하고 있으며 경기지표 및 기업 실적은 악화될 것으로 판단하고 있다. 그럼에도 시장은 강한 반등을 해 나스닥은 역사적 신고가를 경신하고 있다. 그 외 시장은 연초 지수 부근까지 상승한 상태다. 강한 반등의 이유는 바이러스로 인한 위기는 단기에 그칠 것이라는 전망 때문이다. 경기 회복이 이루어질 것이라는 기대와 금융위기를 방어하려는 각국 중앙은행의 공격적인 금리 인하 및 자본 공급, 막대한 자금을 투여하는 행정부의 부양 정책 효과다. 특히 경기지표 및 기업 실적에 대한 낮은 컨센서스로 인한 기저효과는 '예상보다 좋다'라는 결과로 시장을 끌어올리고 있다. 시장에 돈이 풍부하고 경기 및 바이러스에 대한 우려는 '상수'로 작용하는 가운데 투자자들은 우려 속 상승을 기대하는 시황이다. 풍부한 자금은 시총 상위의 대형 성장주로 '쏠림'이 나타나며 미국에서는 애플, 마이크로소프트, 아마존, 넷플릭스, 페이스북, 테슬라 등의 주가가 연일 역사적 신고가를 경신하고 있다. 우리나라는 카카오, 네이버, 삼성SDI, 씨젠, 셀트리온, 삼성바이오로직스, 에코프로비엠 등이 신고가를 경신하며 상승하고 있다. 지금 만들고 있는 '버블'은 언젠가 '붕괴' 과정을 겪어야 하겠지만, 최소한 지금부터 수개월은 시장을 우려하기보다 새로운 변화의 시기에 어떤 섹터, 어떤 기업에 투자할 것인가를 고민해야 하는 때다.

둘째 섹터, 바이러스와 공존하는 언택트 시대로의 전환은 4차 산업혁명이라고 불리는 산업의 성장을 가속화하고 있다. 경기가 회복되고 금리가 상승하는 구간에서 상승하는 정유 · 화학 · 철강 · 조선 · 기계 · 건설 · 금융 등의 섹터는 낙폭 과대 반응이 있을 뿐 상승 추세로 전환하지 못하고 있다. 반면, 전기차(2차전지), 자율주행, 수소경제(수소차), 전자상거래, 언택트 플랫폼, 바이오, 시스템 반도체, 5G 통신 장비 및 부품, 컨텐츠, 클라우드 등과 관련된 섹터에 포함된 주식은 강세를 보이고 있다. 이들 산업은 바이러스 이전에도 성장 섹터였으나 지금은 각국 행정부의 집중 부양 정책 덕분에 성장이 가속화되고 있다. 더불어 제로금리 시대에 가치주보다 성장주에 자금이 쏠리면서 주가는 섹터별 순환 강세다.

셋째 종목, 투자 종목은 주도주를 선정해야 한다. 주도주는 시장과 해당 섹터의 상승을 견인한다. 해당 섹터의 성장으로 이익 증가가 가장 큰 것이 주도주며 가장 먼저, 가장 큰 폭으로 상승하고 조정 하락도 가장 작다. 지금 현재는 카카오, 삼성SDI, 셀트리온, 에코프로비엠, LG화학 등이며 개별 종목은 자신이 가장 잘 아는 기업을 선택하는 것이 좋다.

넷째 투자 기법, 지금 강하게 상승하고 있는 주식은 매수 1원칙을 적용해 매수하거나 눌림목 매수를 한다. 이때는 선택과 집중이 중요하다. 반면 순환매를 이용한 거래라면 주도주는 맞는데 현재 조정 하락을 하고 있는 주식을 분할 매수해 기다려야 한다.

다섯째 타이밍, 매매 타이밍은 이 책 여러 곳에서 설명하고 있는 기술적 분석을 따른다.

실전 주식 투자 따라 해보기
- 종목 분석과 매매 타이밍

시황, 성장 산업 및 기업 선택은 2020년 5월 현재 상황에서 설명한다. 가치 및 차트 분석의 실전 사례 설명은 '제노레이'라는 기업을 샘플로 한다. 계좌 개설부터 실제 매매까지 어떤 방법으로 투자하는지를 순차적으로 설명한다. 목표 주가를 계산하고 실전 매매는 어떻게 하는지를 설명하는 공부이므로 사례로 설명하는 기업의 실제 투자와는 무관하다.

계좌 개설 방법은?

각 증권사 지점이나 은행을 찾아가 개설할 수 있으며, 최근엔 비대면 계좌 개설이 일반화돼 쉽고 간편하게 모바일로 개설할 수 있다. 개설 중 의문 나는 점이 있으면 해당 증권사 콜센터에 문의해 처리하되, 주식을 사지 않는 시기에 자신의 계좌에 예탁금이 남아 있을 때는 자동으로 RP 매수를 하도록 해 이자를 받을 수 있게 조치한다. 국내 주식, 해외 주식, 파생상품 등으로 나뉘어 있는 증권사는 종합 계좌를 개설하고 하위 계좌를 만든다. 최근엔 해외 주식 투자자가 크게 증가해 하나의 계좌에서 국내 주식과 해외 주식을 거래할 수 있게 해주는 증권사들이 있다. 시장 상황에 따라 지수 및 섹터 ETF를 거래할 필요가 있기 때문에 따로 ETF 약정을 등록해 거래 준비를 한다. 계좌 개설을 하면 자동으로 은행 계좌가 개설되는데, 향후 입금할 때 증권 계좌와 함께 사용할 수 있다. 출금에 필요한 자신의 은행 계좌를 등록해 자유롭게 입출금 할 수 있도록 준비해 둔다.

• 판단

모바일 앱으로 계좌 개설을 한다. 거래 증권사는 수수료가 싼 곳, 거래 시스템의 편리와 정보 유용성, 향후 투자 조언을 받을 수 있는 직원의 역량 등을 고려해 선택한다. 계좌 개설이 되고 나서는 입금 후 바로 주식을 사지 말고 일정 기간 동안 시장을 지켜보는 시간을 갖는다.

투자 방법은?

투자 자금은 어느 정도로 할 것인가? 단기 자금이 아닌 중장기로 운용할 수 있는 자금이어야 성공 확률이 높다. 자신의 재무 상태로 볼 때 감당할 수 있는 정도여야 한다. 흔히들 주식 투자는 여유 자금으로 해야 한다고 하지만, 사실 여유 자금이 넉넉히 있는 경우는 흔치 않다. 다만, 자신이 감당할 수 있는, 좀 길게 운용할 수 있는 정도의 자금으로 시작하자. 투자 전략은 자신의 심리, 성향, 자신 있는 거래 스타일에 따라 결정하는 것이지만, 시황에 의해 결정하기도 한다. 각자의 심리와 성향에 따라 시세와 차트 그리고 유행에 맞춰 짧게 수익을 내고 빠져나오는 거래를 선택할 수 있다. 반면 향후 성장성을 보고 매수 후 홀딩하는 거래를 선택할 수도 있다. 자신은 어떤 거래가 마음이 편할지, 자신 있는지, 선택해야 한다. 그 선택에 따라 투자 대상과 거래 전략이 달라지기 때문이다. 체리 피킹과 같은 단기 거래를 하고자 하려면 시황과 차트 분석에 좀 더 집중한다. 매월 '주식으로 저축하기'와 같은 중장기 투자를 하고자 한다면 가치 분석을 좀 더 집중해서 공부해야 한다. 물론 가치 투자자도 차트 분석을 해야 한다. 두 가지의 분석은 서로 보완적으로 필요하지만 어떤 것에 더 중점을 둘 것인지를 선택하는 것이다. 흔히 스캘핑, 데이트레이딩, 테마 매매 등의 단기 거래는 시세와 차트 그리고 시기마다의 이슈에 집중한다. 반면 가치 투자는 길게 투자해야 하며 시황과 산업 사이클 그리고 성장 기업에 집중한다.

• 판단

현재 시점에서 투자 전략은 두 가지 선택이 가능하다. 바이러스로 인한 피해가 좀 더 길게 이어지고, 제2의 팬데믹 상황에 대한 우려도 많으니 전체 자금의 20% 정도는 현금 유지, 50% 정도는 현재 강세를 보이고 있는 바이러스와 공생하는 사회로의 변화에서 성장하는 섹터(비대면 디지털)에 순환 매매로 사용, 30% 정도는 향후 변화하는 산업 사이클에서 크게 성장할 수 있는 4차 산업의 핵심 기업을 분할 매수 후 중장기 홀딩 전략으로 나눠서 투자한다.

시황은?

자신이 선호하는 투자 스타일을 선택했다면, 시황을 살펴보자. 시황 전문가들의 유투브나 팟캐스트 등을 이용하거나 각 증권사 애널리스트가 발간하는 시황 자료를 몇 개 추려서 읽어 보자. 또는 이미 주식 투자를 하고 있는 주변 지인에게 조언을 구해 본다. 맞든, 틀리든 현재 시황을 알아보아야 한다. 틀리더라도 왜 틀렸는지를 알아야 향후 투자 전략을 판단하는 기준 설정이 된다. 가령 향후 경기 회복으로 유동성 시장에서 실적 시장으로 전환될 것이라고 시황 판단을 했는데, 여러 이유로 경기 회복이 늦어져 시그널이 바뀌었다면 자신의 투자 판단도 변경해야 한다. 복잡하게 분석하려 하지 말아야 한다. 당신은 애널리스트가 아니다. 지금 주식 투자를 해도 되는 시황인지, 공격적으로 투자할 상황인지, 보수적으로 자금의 일부로 투자할 상황인지, 주식은 매수하지 말고 현금 보유로 매수 기회를 기다려야 하는 상황인지 등 분위기 파악만으로도 족하다.

• 판단

2020년 연초 발생한 코로나19 때문에 2~3월에 폭락한 후 3~4월에 다시 급등해 주요 시장은 하락 폭의 50% 정도 반등했다. 5월 말 기준으로는 낙폭을 거의 대부분 회복하는 강세를 보이고 있는데, 바이러스 피해보다는 향후 경기 회복에 초점을 맞추고 있다. 코스피 기준으로 2200포인트에서 1439포인트까지 급락한 후 1차 반등으로 1900포인트를 돌파하여 2150포인트 전후에서 거래되고 있다. 코스닥과 나스닥은 바이러스로 인한 수혜로 제약·바이오 섹터의 강세와 포스트코로나 시대에 성장이 가속화될 디지털 인프라 섹터의 상승으로 연초 시가 지수를 넘어서고 있다. 주식시장은 반등했지만, 여전히 바이러스 확산에 대한 우려가 있고 그로 인한 경기와 기업 실적은 악화되고 있다. 연준을 비롯한 각국 중앙은행은 자본시장 붕괴와 기업 파산을 막고자 '무제한 돈 풀기'를 하고 있다. 각국 중앙정부는 실생활이 무너질 수 있는 소상공인과 국민 개개인의 삶을 유지하고자 직접적으로 돈과 상품권을 나눠 주고 있다. 아직도 바이러스는 확산되고 있고 유효한 치료제나 백신은 개발되지 못하고 있다. '사회적 거리 두기'에서 '생활 속 거리 두기'로 바이러스와 공생하는 일상으로 전환되었다. 주식시장은 막대한 자금 유동성 덕분에 반등에 성공했지만, 정상화는 시간이 많이 걸리거나 유효한 백신이 나와야 한다. 결국 시황은 조심스럽고 보수적으로 접근해야 하며, 아주 짧거나 반대로 아주 길게 투자해야 한다. 긴 투자는 하락 시마다 분할 매수해야 하며, 짧은 투자는 선택과 집중이 필요하다. 반면, 바이러스 사태로 성장하는 섹터와 기업이 있다. 바이러스 진단, 방역, 치료제 및 백신 기업들, 비대면 사회로 전환되는 과정에서 사용될 디지털 인프라 기술 섹터 및 기업이다. 5G통신, 시스템 반도체, 인터넷망 및 보안, 클라우드, AI, AR/VR, 핀테크, 전자상거래, 네트워크 등의 분야다. 사실 이들 분야는 4차 산업의 분야들이다. 이들 기업은 바이러스와 공생하든, 바이러스 사태가 종결되든 성장해 수익이 늘어날 것이다. 따라서 시황은 보수적이지만, 성장 섹터와 기업에 선별적으로 투자할 수 있는 시황이다.

관심 종목의 구성은?

시황과 산업 사이클을 통한 종목 선택이 가장 정석이다. 이제 시작한 초보 투자자의 입장에서는 시황과 주도 섹터를 판단하는 것이 쉽지는 않다. 좋은 방법 중 하나는, 구글 검색어로 미국의 대선 결과를 예측하듯 가장 많은 검색어로 등장하는 산업이나 이슈에서 답을 찾을 수 있다. 경제 TV에서 출연자들이 하루 종일 가장 많이 언급하는 섹터와 종목이 그 시기의 가장 핫한 섹터와 종목이다. 애널리스트들의 발간 자료가 가장 많이 나오는 섹터와 기업이 현재 시점에서 좋은 섹터다. 주식 관련 인터넷에 가장 많이 등장하는 종목이 현재 시점에서 가장 핫한 이슈가 있거나 미래 성장성이 각광받고 있는 것이다. 또는 주변 지인 중에 증권사나 운용사 직원이 있다면 문의할 수도 있다. 주식 투자 경험이 많아 시장 흐름을 이해하는 지인에게 도움을 받을 수도 있다. 자신이 분석하여 선택하든, 지인의 도움을 받든, SNS, 경제 TV 등의 전문가들의 얘기에서 힌트를 얻든 현재 성장 산업 또는 이슈가 되는 섹터와 그중 가장 핵심인 종목을 선택한다. 여러 종목을 선택해 자신의 투자 풀(관심 종목)로 만들어 둔다. 강남의 아파트 가격이 오르면 강남의 아파트를 사야 한다. 강남의 아파트 가격이 오른다고 강북이나 서울 변두리 지역의 아파트를 사는 재테크를 해서는 안 된다. 주식시장엔 유행이 있다. 유행에 따라 펀드의 자금들도 이동한다. 지금부터 이번 사이클에서 가장 각광받는 산업을 판단하고 그 산업 내의 가장 유망한 주도 주식을 선정해야 한다.

• 판단

앞서, 바이러스 사태에서 성장하는 기업이 있다고 했다. 코로나19 바이러

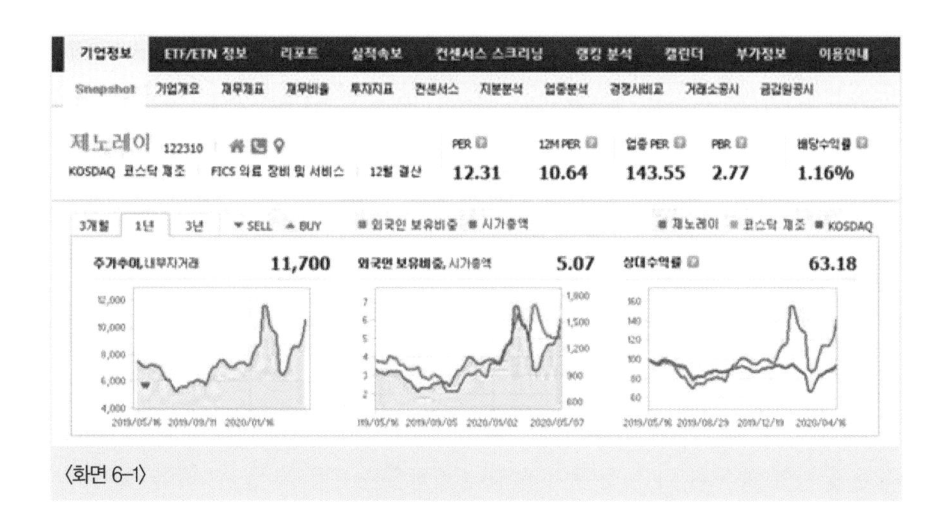

〈화면 6-1〉

스로 생활패턴에 변화가 일어났다. 4차 산업의 성장이 가속화될 것으로 본다. 바이러스 진단 기업인 씨젠, 네트워크 망 IX(인터넷 연동) 기업인 케이아이엔엑스, 5G 관련 기업인 RFHIC·이노와이어리스, 빅데이터 기업인 더존비즈온, 2차전지 기업인 LG화학·삼성SDI·에코프로비엠, 반도체 기업인 삼성전자와 에스엔에스텍, 인터넷 기업인 카카오·네이버, 내수 음료 기업인 하이트진로, 원격진료 기업인 유비케어 등으로 십여 개 기업을 선정해 관심 종목으로 구성한다.

투자 종목의 선택(가치분석)은?

종목 하나하나 핵심적인 가치 분석을 한다. 이 책의 가치 분석 편에서는 '케이아이엔엑스'를 사례로 했다. 적정 주가를 투자 목표 주가로 두고 현재 주가와 비교해 상승 폭(업사이드)이 큰 종목을 선택한다. 만일 업사이드가 100%

시세현황 [2020/05/14]			단위 : 원, 주,%
종가/ 전일대비	11,700/ +350	거래량	1,871,622
52주.최고가/ 최저가	11,821/ 4,955	거래대금 (억원)	217
수익률 (1M/ 3M/ 6M/ 1Y)	+36.36/ +0.71/ +55.83/ +63.18	외국인 보유비중	5.07
시가총액 (상장예정포함,억원)	1,703	베타 (1년)	1.40179
시가총액 (보통주,억원)	1,703	액면가	500
발행주식수 (보통주/ 우선주)	14,553,844/ 0	유통주식수/비율 (보통주)	9,904,631 / 68.06

〈화면 6-2〉

라면 중간에 예상과 다른 상황이 발생해도 30%는 수익을 낼 수 있을 것이다.

적정 주가 판단은 증권사에 소속된 애널리스트들이 하는 일이다. 최근에는 기업 가치 분석 자료를 유료로 판매하는 리서치 회사들도 생겨나고 있다. 우리는 전문적인 애널리스트가 아니므로 가치 분석 편에서 공부했듯이 가장 기본적인 HTS에서 제공되는 '종목 분석'으로 하자. 앞서 케이아이앤엑스로 공부했다. 여기서는 제노레이로 다시 한번 분석해 보자. 시가총액이 큰 기업이나 복합기업은 가치 분석이 단순하지 않다. 따라서 비교적 단순한 소형 기업을 샘플로 하고자 한다.

우선 시가총액을 본다. '기업의 이익×PER'과 시가총액을 비교하기 위해서다. 시가총액은 현재가×총 주식수다. 적정 시가총액을 구해서 시가총액 나누기 총 주식수를 하면 적정 주가를 구할 수 있다. 적정 시가총액은 해당 기업의 이익을 산출하고 적정 PER을 곱하면 된다. 가령 이익이 300억원으로 추정되는 반도체 기업이라면 시장에서 적용하고 있는 10~12배 정도의 PER

을 곱해 적정 시가총액을 산출하며, 산출된 시가총액과 현재 시가총액을 비교해 지금 주가가 실적을 반영하고 있는지, 향후 주가가 얼마나 더 상승할 수 있는지의 목표 주가를 구할 수 있다.

5월 14일 현재 제노레이의 시가 총액은 1703억원이다(화면 6-2).

다음으로는, 기업 실적 화면에서 분기 실적, 연간 실적을 구분해 볼 수 있다. 그리고 연결 실적과 개별 실적으로도 구분한다. 화면 6-3에서는 매출액과 영업이익 그리고 당기순이익이 핵심이다. 과거에 발표한 실적으로 기업의 성장 상황을 유추할 수 있다. 분기별로 기복이 있다면, 계절성이 있거나 수주에 따라 기복이 심한 산업이다. 연간으로 실적 기복이 심하다면 안정적인 기업이 아니다. 꾸준히 성장하는 기업을 선택해야 한다. 영업이익률이 중요하다. 매출액 대비 영업이익이 얼마나 되는가다. 매출은 높지만 영업이익과 순이익이 낮은 기업은 고정비와 세금 등의 비용이 매우 높은 기업이다. 고성장하는 4차 산업의 기업들은 영업이익률이 높다. 비용 대비 이익이 큰 기업이다. 과거의 실적은 이미 주가에 반영되었다. 가치 분석의 핵심은 미래 수익 측정이다.

유능한 애널리스트는 미래 수익 측정을 잘하는 것이다. 주식 투자는 미래 가치에 투자한다는 말과 같은 개념이다. 기업 분석 화면에서는 애널리스트들이 기업 분석을 통해 측정한 미래 수익의 평균치를 보여준다. 평균치로 적정 시가총액을 계산하되, 그 예측치가 달성될 수 있는가의 판단은 시황과 업황 그리고 기업의 상황에 따른다. 기업이 목표하는 미래 실적과 실제 실적이 유사하게 달성되는 기업이라면 훌륭한 기업이다.

Financial Highlight [연결|전체] 단위 : 억원, %, 배, 천주 연결 별도 전체 연간 분기

IFRS(연결)	Net Quarter							
	2018/12	2019/03	2019/06	2019/09	2019/12	2020/03(P)	2020/06(E)	2020/09(E)
매출액	165	125	151	152	223	139	170	174
영업이익	38	20	37	36	55	26	39	39
영업이익(발표기준)	38	20	37	36	55	26		
당기순이익	36	19	32	31	50	28		
지배주주순이익	36	19	32	31	50	28	34	34
비지배주주순이익	0	0	0	0	0			

〈화면 6-3〉

Financial Highlight [연결|연간] 단위 : 억원, %, 배, 천주 연결 별도 전체 연간 분기

IFRS(연결)	Annual							
	2015/12	2016/12	2017/12	2018/12	2019/12	2020/12(E)	2021/12(E)	2022/12(E)
매출액	319	383	445	563	651	750	873	1,010
영업이익	26	46	62	110	147	167	195	226
영업이익(발표기준)	26	46	62	110	147			
당기순이익	20	32	52	95	132	150	174	193
지배주주순이익	20	32	52	95	132	150	174	193
비지배주주순이익	0	0	0	0	0			

〈화면 6-4〉

• 판단

제노레이의 분기 실적 화면을 보면(화면 6-3), 2018년 이후 매분기 매출액과 영업이익이 성장한 것을 알 수 있다. 20년 1분기 실적이 감소하였는데, 이는 코로나 바이러스로 인한 일시적 감소로 판단할 수 있다. 그럼에도 전년 동기의 이익보다 높은 성과를 보여 주고 있다. 더불어 이 회사는 1분기 실적이 다소 낮은 기업임을 유추할 수 있다.

반면 연간 실적을 보면(화면 6-4), 15년 이후 지속적인 매출 및 영업이익, 순이익 증가세를 알 수 있다. 향후 수년간의 시장 컨센서스 전망도 지속 증가할 것으로 보고 있다. 지속 성장하고 있는 기업임을 알 수 있다. 2020년 예상 이익을 보면, 매년 13~15%의 성장으로 150억원 내외의 이익을 추정할 수 있다. 그럼 우리는 150억원 × PER 10배면 적정 시총은 1500억원, PER 15배면 시총 2250억원으로 계산할 수 있다. 이때 향후 발표될 이익에 따라 목표 주가가 달라질 것이고, PER을 몇 배수로 계산하느냐에 따라 적정 시총이 달라질 것이다. PER은 고성장 기업일수록 높게 저성장 기업일수록 낮게 부여한다. 제노레이의 성장은 새롭게 등장하는 모멘텀을 제외하고 볼 때 12~15배 정도가 적당하다고 판단한다. 따라서 현재 이익 추정으로는 적정 시총은 1800억~2250억원으로 볼 수 있다. 현재 시총은 1703억원이므로 주가는 5.8~32% 상승 가능성이 있다. 주가로 계산하면 현재가가 1만1700원이므로 목표가는 1만2400~1만5400원으로 볼 수 있다.

그런데 주가 차트를 보면 3월에 최저 4510원까지 급락했으며, 극단적인 상황이 아니더라도 7000원 전후에서 횡보하고 있었다. 따라서 그 상황에서의 시가총액은 1000억원 수준이었다. 결국 당시의 PER은 6.7배 수준이었으므로 당연히 저평가 성장주로 매수의 기회였던 것이다. 현재 시총 수준은 11.3배에 이르렀으므로 당분간 주가는 하락 조정을 거칠 수 있으며 이후 시황의 변화, 산업의 성장에 따라 실적이 예상치보다 증가하거나 시황에 따라 PER을 15배 수준까지 부여해도 되는 상황이 되면 주가는 조정 후 다시 상승할 것이라고 판단한다.

부채비율	151.35	125.59	55.30	29.95	31.77	27.79	24.38	21.97
유보율	636.18	859.69	1,266.87	2,053.25	2,395.82			
영업이익률	8.15	12.00	13.94	19.47	22.53	22.27	22.34	22.38

〈화면 6-5〉

성장에 대한 기대가 높은 기업이라도 상황에 따라 기업이 망할 수도, 실적이 급속도로 줄어들 수도 있다. 미래 상황에 투자하는 것이므로 기업 재무 안정성이 중요하다. 그것은 재무제표의 유보율과 부채 비율 그리고 대주주의 안정성으로 판단할 수 있다. 물론 유동 비율, 현금 흐름 등등의 보다 정밀한 분석들이 있지만, 우리는 핵심적인 것만 보기로 한다.

• 판단

제노레이의 부채 비율은(화면 6-5) 2019년 기준 31.7%이며 유보율은 2400%에 육박한다. 충분한 현금 흐름을 바탕으로 2020년 1월 200% 무상증자를 할 수 있었다. 대규모 무상증자를 하였음에도 최근 20% 이상의 영업이익률을 바탕으로 수익을 쌓아 가고 있다. 영업이익률이 높다는 것은 매출액 대비 영업이익의 비율이 높다는 뜻이므로 추가적인 비용 대비 수익이 높아지는 고성장의 사업 환경임을 알 수 있다. 고성장 기업일수록 영업이익률이 높고 저성장 기업일수록 영업이익률이 현저히 낮다. 저성장 또는 사양산업은 매출액은 엄청난데, 영업이익과 순이익이 적자인 회사가 있다.

회사의 안정성을 판단하는 면에서 주주 현황도 중요하다. 특히 대주주가 사회적 사명감을 갖고 기업을 운영하는 인물인지, 단지 돈을 벌어 먹튀할 인

주주현황 단위 : 주, %

항목	보통주	지분율	최종변동일
박병욱(외 10인)	4,063,686	27.92	2020/02/21
원익 그로쓰챔프 201...	1,629,318	11.20	2020/02/21
제노레이우리사주	378,279	2.60	2020/02/21
자사주신탁	207,248	1.42	2020/03/20

주주구분 현황 자세히보기 단위 : 주, %

주주구분	대표주주수	보통주	지분율	최종변동일
최대주주등 (...	1	4,063,686	27.92	2020/02/21
10%이상주...	1	1,629,318	11.20	2020/02/21
5%이상주주 ...				
임원 (5%미...				
자기주식 (자...	1	207,248	1.42	2020/03/20
우리사주조합	1	378,279	2.60	2020/02/21

〈화면 6-6〉

물인지, 도덕적으로 흠결이 있는 인물인지는 매우 중요하다. 대주주 또는 주요 주주 겸 CEO가 누구인지를 투자 판단의 가장 중요한 기준으로 삼는 투자자도 있다. 중소기업의 지분 구성에 창업자가 아닌 투자 조합이나 PE(사모펀드)가 있는 경우는 기업의 '고잉 컨선(지속기업)'을 믿을 수 없다. 대주주가 자신의 보유 지분을 담보로 돈을 빌려 실제로 지분이 대출자로 되어 있는 회사는 위험할 수 있다. 대주주 지분이 낮은 경우 적대적 M&A의 위험이 있을 수 있다. 대주주 및 주요 주주 외에도 믿을 만한 장기 투자자 즉 연기금이나 해외 롱텀 펀드가 주요 주주인 경우는 보다 안전하다고 볼 수 있다.

기업의 안정성과 성장성을 전문가들은 어떻게 평가하고 있는지 알 수 있는 또 다른 방법은 지분 구성에서 운용사들의 투자 비중을 보는 것이다. 이때 한 곳이 아닌 여러 곳에 투자하고 있으면 안정적이고, 투자 비중이 5% 이상 투자하고 있는 운용사는 장기 투자일 가능성이 높다. 믿을 만한 기관이 중장기 투자하고 있다면 투자 선택을 할 때 신뢰성에서 플러스가 될 것이다.

운용사별 보유 현황 [2019/12]

단위 : 천주, 억원, %

운용사명	보유수량	시가평가액	상장주식수내비중	운용사내비중
디비자산운용	12.11	2.68	0.25	0.01
아이비케이자산운용	6.79	1.50	0.14	0.00
삼성액티브자산운용	6.72	1.49	0.14	0.02
하나유비에스자산운용	4.92	1.09	0.10	0.00
미래에셋자산운용	3.13	0.69	0.06	0.00
유경피에스지자산운용	2.47	0.55	0.05	0.02

〈화면 6-7〉

• 판단

제노레이는 대주주 및 관련 기업 지분이 있고 자산운용사들이 고르게 투자하고 있다. 회사의 안정성 및 성장에 대한 판단은 이미 이들 투자자들에 의해 인정되었다고 보아도 되겠다(화면 6-6, 6-7).

기업의 성장을 판단하려면 당연히 어떤 사업을 하는 기업인지 보아야 한다. 이때 기업의 기본적인 사업 개요를 본다(화면 6-8). 간단한 설명이기 때문에 부족할 수 있고, 잘 모르는 분야라면 용어를 모를 수도 있다. 자세히 알려면 기업의 홈페이지에 들어가 주력 생산 제품과 서비스를 살펴본다. 더 확실한 방법은 반기와 온기 실적 발표 때 제공하는 사업보고서를 열어 보는 것이다(화면 6-9). 적어도 자신이 투자한 기업이 '뭘 하는 회사인지'는 알아야 하지 않을까? HTS에서 요약 사업을 살펴보고, 특정한 용어나 미래 사업 부문은 기업의 홈페이지와 사업보고서를 참고한다.

자본금 변동 내역 화면도 중요한데, 이유는 시장에서의 주가는 수급 논리

Business Summary [2020/04/27]

호실적 시현 지속

- 2001년 4월 설립된 동사는 병원, 치과 등에서 환자진단에 사용되는 X-ray 영상진단장비를 연구, 개발, 제조하여 판매 중이며 병원을 대상으로 하는 메디칼 사업부문과 치과를 대상으로 하는 덴탈 사업부문이 있음. 주력 제품은 이동식 X-ray 장비인 C-ARM과 치과용 영상 촬영 장치인 2D/3D X-ray임. 국내에서 유일하게 메디컬과 덴탈 부문 사업을 동시에 영위하고 있어 사업 부문간 시너지 창출을 이루고 있음.

- 2019년 12월 전년동기 대비 연결기준 매출액은 15.7% 증가, 영업이익은 33.9% 증가, 당기순이익은 39.8% 증가. 현재 C-ARM의 국내 시장점유율은 1위고 덴탈장비의 매출 증가세도 가파르게 이뤄지면서 국내외에서 성장세를 지속하고 있음. 동사 제품이 특별한 대체품이 없고, 메디컬 및 덴탈 등 어느 한 사업군에 쏠림이 없는 만큼 향후 지속적인 성장을 이어갈것으로 기대됨.

〈화면 6-8〉

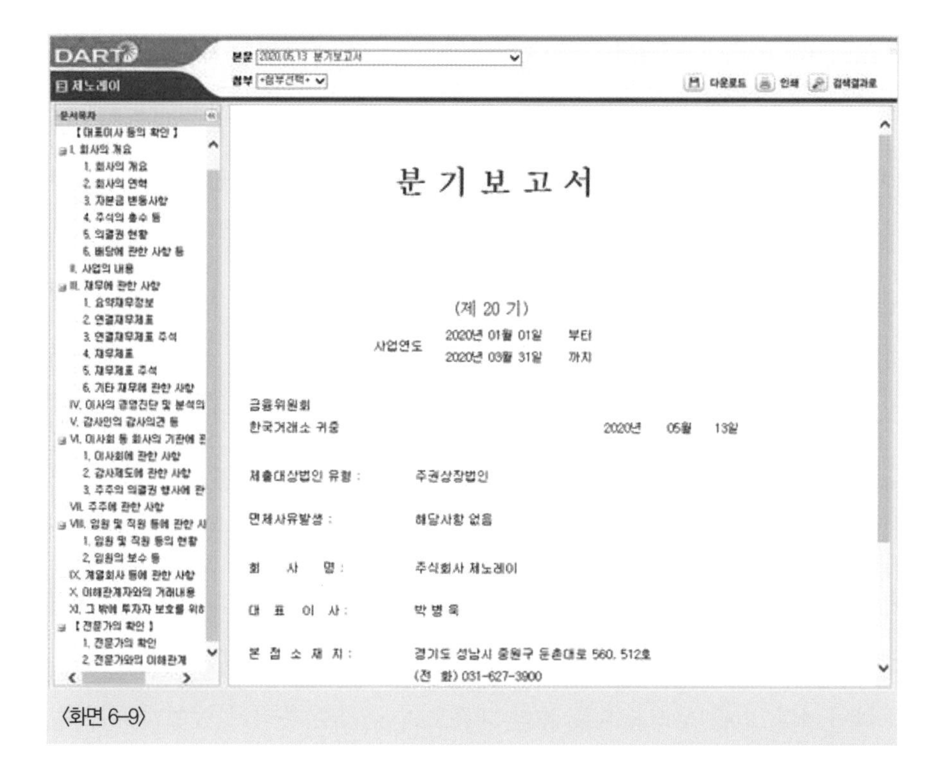

DART

제노레이

본문 2020.05.13 분기보고서

첨부 +첨부선택+

다운로드 인쇄 검색결과로

문서목차

【 대표이사 등의 확인 】

I. 회사의 개요

1. 회사의 개요

2. 회사의 연혁

3. 자본금 변동사항

4. 주식의 총수 등

5. 의결권 현황

6. 배당에 관한 사항 등

II. 사업의 내용

III. 재무에 관한 사항

1. 요약재무정보

2. 연결재무제표

3. 연결재무제표 주석

4. 재무제표

5. 재무제표 주석

6. 기타 재무에 관한 사항

IV. 이사의 경영진단 및 분석의

V. 감사인의 감사의견 등

VI. 이사회 등 회사의 기관에 관

1. 이사회에 관한 사항

2. 감사제도에 관한 사항

3. 주주의 의결권 행사에 관

VII. 주주에 관한 사항

VIII. 임원 및 직원 등에 관한 사

1. 임원 및 직원 등의 현황

2. 임원의 보수 등

IX. 계열회사 등에 관한 사항

X. 이해관계자와의 거래내용

XI. 그 밖에 투자자 보호를 위하

【 전문가의 확인 】

1. 전문가의 확인

2. 전문가와의 이해관계

분 기 보 고 서

(제 20 기)

사업연도 2020년 01월 01일 부터

2020년 03월 31일 까지

금융위원회

한국거래소 귀중 2020년 05월 13일

제출대상법인 유형 : 주권상장법인

면제사유발생 : 해당사항 없음

회 사 명 : 주식회사 제노레이

대 표 이 사 : 박 병 욱

본 점 소 재 지 : 경기도 성남시 중원구 둔촌대로 560, 512호

(전 화) 031-627-3900

〈화면 6-9〉

신용등급 변동내역

Bond	CP
관련 데이터가 없습니다.	

자본금 변동내역 [변동후 자본금:우선주 포함] 단위 : 주, 백만원

변동일	상장일	종류	변동주식수	변동후자본금
2020/02/24	2020/03/17	무상증자(보통)	9,633,482	7,529
2019/10/24	2019/11/07	CB전환(국내)(보통)	148,556	2,712
2019/10/24	2019/11/07	주식전환(보통)	194,550	2,638
2019/06/10	2019/06/27	스탁옵션행사(보통)	200,000	2,638
2019/02/19	2019/03/08	주식전환(보통)	200,000	2,538
2018/05/29	2018/06/15	CB전환(국내)(보통)	148,556	2,538
2018/05/28	2018/05/28	신규상장(보통)	0	2,463
2018/05/22	2018/05/28	유상증자(3자배정)(보통)	18,058	2,463
2018/05/22	2018/05/28	유상증자(일반공모)(보통)	455,418	2,454
2017/06/30		CB전환(국내)(보통)	445,670	2,227

〈화면 6-10〉

가 지배하기 때문이다. 주식으로 전환할 수 있는 전환사채, 신주인수권부 사채를 얼마나 발행했는지, 유상 또는 무상 증자는 언제 얼마나 발행했는지, 더불어 주식으로 전환될 수 있는 스탁옵션은 얼마나 부여했고 언제, 얼마나 전환될 수 있는지를 체크하여 대규모 주식이 유통시장에 나와 주당 가치를 희석시키는 시기와 규모를 예측하는 것은 주가를 좀 더 세밀하게 판단하는 데 도움이 된다.

- 판단

  제노레이는 상장 전에 발행된 유상증자와 전환사채가 꽤 있다(화면 6-10). 이는 향후 주가 상승 시 매물로 나올 것이다. 스탁옵션 행사 역시 매물이다. 최근 무상증자를 통한 대규모의 주식수 증가가 있었다. 이러한 점을 볼 때 재무 및 사업 측면으로는 성장 기업으로서 훌륭하나 많은 성장 중소형 주식들이 그렇듯이 주가 상승을 하는 동안 계속 차익 매물이

나올 수 있다. 수급 면에서는 좋지 않다. 회사가 레벨 업 도약을 하며 이러한 차익 매물이 시장에서 모두 소화된 이후에야 주가의 큰 폭 상승이 있을 것이라고 판단된다.

투자 타이밍(차트 분석)은?

자신의 투자 풀에서 서너 종목을 매수하기로 결정했다면, 이젠 매수를 해야 한다. 주식 매수는 최대한 저가에 하고 매도는 최대한 고가에 해야 수익이 극대화된다는 것은 당연한 말이다. 주가 움직임 중 최저가에 매수하고 최고가에 매도한다는 것은 불가능하다. '하락하는 주식은 반등을 확인 후 발목에 사고 상승하는 주식은 고점 확인 후 어깨에 매도하라'는 이유다. 하락하는 주식을 저점에 매수하려 덤비지 말고, 좀 더 높게 사더라도 저점을 찍고 올라오는 것을 확인하고 매수하고, 고점을 찍고 내려온 주식은 재차 고점 돌파 시도를 확인하고 실패하면 그때는 매도해야 하는 것이다. 가치 분석과는 별개로 매수와 매도의 수급에 의한 타이밍 전략이 있다.

앞에서 가격과 봉 그리고 거래량을 통해 매수 매도의 시그널을 공부했다. 기술적 분석의 매매 타이밍은 원칙의 준수, 즉 기계적인 매매다. 상승하는 주식에는 욕심이, 하락하는 주식에는 공포의 심리가 작용하기 때문에 기계적으로 실행하는 것이 원칙을 세우는 것보다 중요하다.

• 판단

제노레이는 200%의 무상증자로 권리락이 있었다. 따라서 여기서는 '수정주가'차트로 설명한다. 화면은 제노레이의 일봉 차트다(화면 6-11). 5일

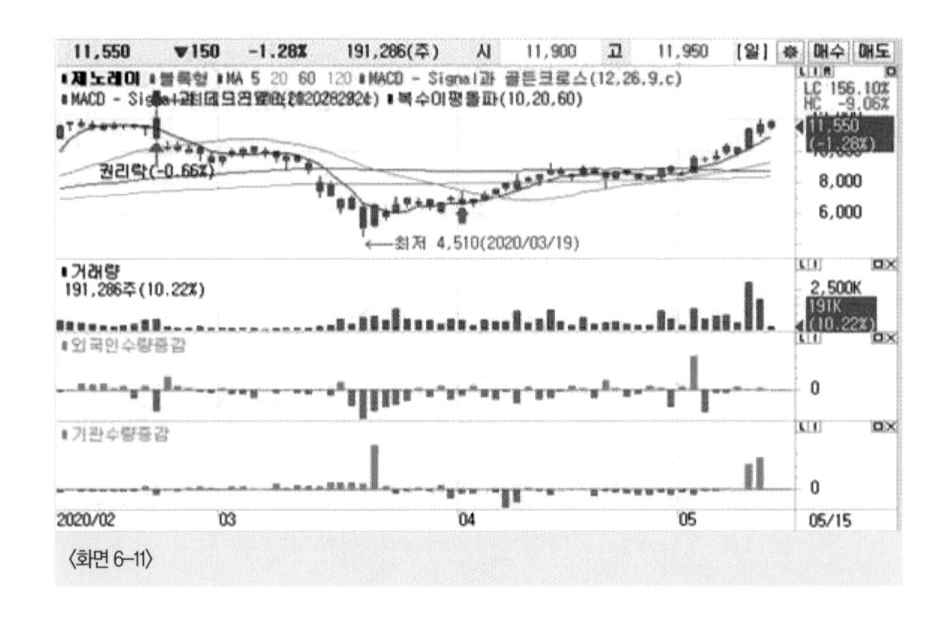

〈화면 6-11〉

이평선 위에서 상승하고 있다. 저점 4510원 이후 꾸준히 상승하는 상황이다. 5일 이평선 위의 매수는 매수 1원칙을 적용하고 아침 저점 매수를 하여 종가 기준으로 5일 이평선을 하회하지 않으면 보유하고 그렇지 않으면 매도한다. 한 번에 대량 매수하지 않는다. 고점에 물릴 수 있기 때문이다. 일부 매수 후 상승하면 그 수량만으로 수익을 내고, 조정 하락을 하면 다시 전고점 돌파를 시도할 때 추가 매수 여부를 판단한다. 가치 분석상의 적정 주가에도 임박해 있다. 조정 하락을 기다려 가격 메리트가 발생한다면 좋은 매수 타이밍이다. 현재 상황은 일부 매수 후 향후 주가 흐름을 관찰하는 것이 적절하다.

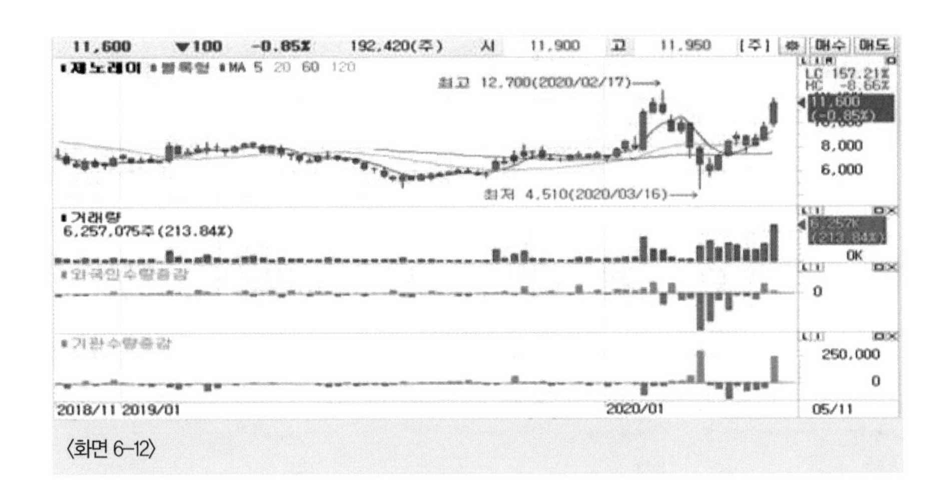

〈화면 6-12〉

일봉에서의 매매는 너무 짧은 매매가 되지 않을까 우려도 되고, 가치 분석으로 보면 추가 상승 여지가 있으므로 '그냥 매수해서 기다리면 되는 거 아닌가' 하는 생각을 한다. 그러나 상승하는 주식의 매수 타이밍을 까다롭게 가져가는 이유는 첫째, 내가 매수하는 가격이 고점이 될 수 있기 때문이다. 이후 조정 하락이든 추세 하락이든 오랫동안 하락 국면으로 갈 수 있다.

둘째, 가치 대비 저평가라는 이유로 매수하는 경우에도 최대한 저가에 매수해야 하는 것이 실전 주식 투자에서 중요하다. 고점 찍고 조정 하락일 경우, 그 하락에 보다 싸게 매수해야 하기 때문이다. 만일 급등하고 있는 차트에서 매수한다면, 매수하려는 전체 수량의 20% 정도를 일부 매수하는 것을 원칙으로 한다. 한편으로는 반드시 주봉을 참고한다. 기술적 분석상 얼마의 가격이 저항 가격인지, 얼마의 가격이 눌림목 지지 가격인지를 중기적으로 판단하기 위해서다.

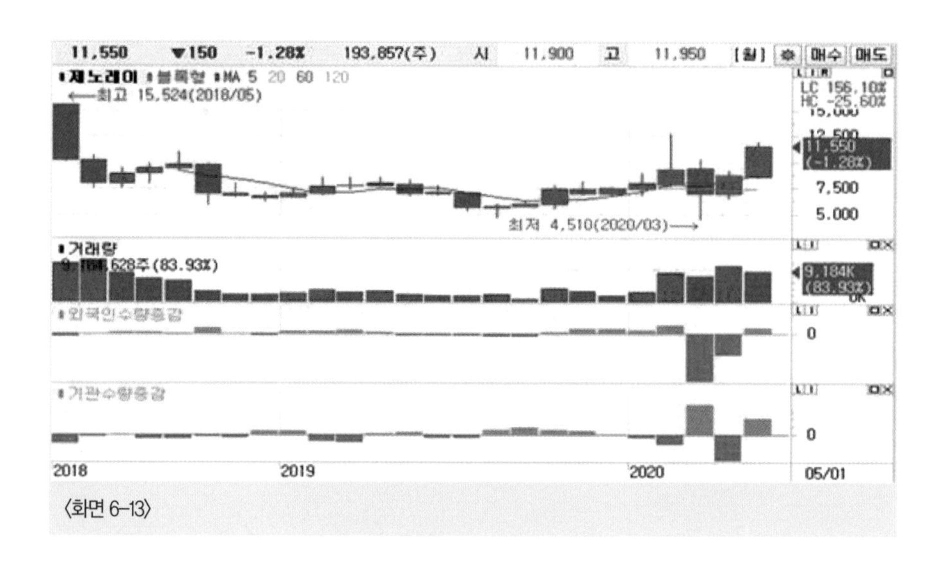

〈화면 6-13〉

• 판단

주봉 차트다(화면 6-12). 주봉에서는 직전 고점 1만2700원에 거의 임박해 이중 고점의 우려가 있다. 거래량은 직전 고점 형성 때보다 증가했으므로 이번엔 전고점 돌파 후 상승 가능성이 있다.

그러나 단기적으로는 조정 하락 가능성이 높다. 이유는 첫째 전고점 부근의 매물을 돌파해야 하고, 둘째 직전 상승이 가파르게 올라와 단기 차익실현 매물이 있을 것이기 때문이다. 여기서 무리하게 추격 매수하는 것은 위험하다. 설령 돌파하더라도 '돌파 후 조정'이 있을 수 있으므로 그 때 매수 타이밍을 잡든지, 돌파 못 하고 조정 하락을 한다면 그때가 적절한 매수 타이밍이다. 따라서 주봉 차트의 판단은 '매수 유보 후 관찰'이다.

월봉이다(화면 6-13). 신규 상장할 때 기업의 성장성을 높게 평가받아 최고점은 1만5500원 부근이었다. 이후 2년여간 지속적으로 하락하였으며 시장에서 다소 소외였다. 가치 분석에서 보았듯이 매년 실적이 증가하였음에도 주가가 하락한 이유는 처음 상장할 때 이후 실적 성장을 선반영하였기 때문이다. 2년여간의 소외 끝에 2020년이 되어서야 거래량이 증가한 것을 보면 이제 시장의 관심이 되었다. 가치 대비 저평가 구간으로 진입한 것을 투자자들이 인지한 것이고, 시장이 이 기업이 향후 성장할 수 있다는 것을 공감한 것이다. 향후 실적이 가치 분석에서 보았듯이 시장 컨센서스처럼 증가한다면, 조정 후 재상승해 다시 신고가를 향해 갈 수 있는 차트다.

정리하면, 일봉으로는 추세 상승으로 장중 일부 저가 매수 시도, 저가 매수 실패 시 조정 하락을 기다리며 관찰한다. 주봉을 보니 이전 고점 우려와 단기 급등의 피로감 때문에 매수 유보로 판단된다. 월봉으로는 오랜 소외 끝에 관심을 받아 거래량이 증가하고 있으므로 조정 하락이 나온다면 그때를 매수 타이밍으로 잡고 이후 1차 직전 고점 1만2700원, 2차 1만5500원으로 설정하고 홀딩한다고 판단한다. 이는 기술적 분석상의 판단이며 앞서 가치 분석으로 판단한 목표 주가인 1만2400~1만5400원을 기본적으로 적용한다. 가치 분석으로 인한 적정 주가의 판단은 향후 이 기업이 이뤄낼 실적에 따라 가변적이다. 여기서는 적정 주가 판단과 거래 대응을 공부한 것이다.

보유하는 동안의 관리는?

시황, 성장 산업, 성장 기업을 선택하고, 기업 가치로 목표 주가를 정했으며 차트 분석을 통해 매매 타이밍을 잡아 매수했다면, 이젠 주식을 보유하면서 관리해야 한다. 어떤 경우에는 일부 이익실현 또는 손절매를 할 수도 있다. 추가 매수를 할 수도 있고, 전량 매도해야 하는 상황이 될 수 있다. 관리라고 해서 너무 민감하게 매매할 필요는 없다. 가장 중요한 것은 '기업 성장 스토리에 변화가 발생하는가'를 판단하는 것이다.

시황의 급격한 변화로 가치와 무관하게 위험관리를 해야 하는 상황이 있을 수 있다. 산업의 급격한 성장 또는 하향의 변화가 일어날 때는 일부 추가 매수 또는 매도할 수 있다. 기업 실적이 예상과 달리 급격한 증가 또는 오히려 감소가 예측될 때는 목표 주가를 변경하고 그에 따라 추가 매수 또는 전량 매도를 해야 한다. 차트에 따라 매수 및 매도를 일부 진행하는 투자자도 있지만, 기업 가치의 변화 없이 단기 수급에 의해 주가 변화와 차트 변화가 발생했을 때는 지나친 매매를 자제한다. 무엇보다 중요한 것은 첫째 시황과 해당 산업 사이클이며, 둘째 기업의 미래 실적이 예측에 벗어나는지를 추적하는 것이다.

• 판단

관리에서 가장 중요한 것은 최초 매수 가격에 집착하면 안 된다는 것이다. 가격에 '닻 내림'을 하지 않아야 한다. 간혹 낮은 가격에 매수하였다며, 매도 후 다시 매수하면 평균 가격이 올라간다면서 매도를 하지 않는 투자자가 있다. 일부 매도 후 재매수할 때 더욱 그런 심리가 작용한다. 다시 매수할 때는 높은 가격에 매수하게 되므로 평균 가격이 높아진다는 것이다. 일부 매도한 것으로 이미 이익실현 한 것을 고려하지 않는 것이다. 가령 이 종목을 8000원에 매수해 보유했는데 1만2000원까지 상승했다면 이후 시황이 급변해 가격 하락이 예상되는데도 '낮은 가격에 매수했다'며 그냥 아무것도 하지 않고 하락하는 주가를 바라만 본다. 만일 1만원에 매도하였다면, 이후 조정을 거치고 다시 상승하는 국면에서 1만1000원에도 매수할 수 있어야 한다. 이미 매도로 끝낸 과거의 거래는 이번의 거래와 무관하다. 과거 8000원에 매수했거나 1만원에 매도한 것은 이번 거래와는 별개다. 여기서 추가 상승해 전고점을 돌파하고 1만5000원을 향해 갈 것이라고 판단되면 매도 가격 위에서라도 매수해야 한다. 그 마인드가 있어야 위험관리 매도를 할 수 있다. 실수를 인정해야 다시 매수할 수 있다. '매도 후 상승하면 어떡하지'라는 집착과 불안의 심리에서 벗어날 수 있다. "실수로, 잘못된 판단으로 매도하였다면, 곧바로 다시 매수하면 그뿐이다." 중요한 건 지금부터의 주가 움직임이다.

03

매월 성장주로 저축하기

주식 투자는 미래의 기업 가치에 투자하는 것이다. 현재보다 성장할 수 있는 기업에 투자해 기업의 성장과 함께 수익을 얻는 것이다. 주식 투자로 성공한 분들이 방송이나 신문 기고를 통해 늘 '성장 기업에 장기 투자하라'고 한다. 그럼에도 우리는 그렇게 하지 못하거나, 하지 않고 있다. 장기 투자로 성공한 사례를 흔히 볼 수 없었기 때문이기도 하다. 사실 가치 투자로 성공한 분들조차 그 이력을 살펴보면 그들이 주장하는 '가치 투자', '정석 투자'보다는 특정한 기회에, 과감한 베팅으로, 시장이 비효율적으로 움직이는 구간에서, 큰 수익을 내었고 그것이 바탕이 돼 오늘에 이르게 된 경우가 많다. 훌륭한 분들을 폄하하고자 하는 것은 아니고, 현실을 이해하고자 하는 것이다. 장기 투자로 실패하는 대표적인 사례가 펀드다. 장기 투자로 펀드에 가입했지만,

수년 동안 묵혀둔 펀드가 수익은커녕 손실인 경우가 많았다. 상장 기업에 장기 투자할 때 부동산이나 다른 어떤 투자보다도 수익률이 높다는 것은 역사적으로 검증돼 있다. 주식시장이 크게 하락하기도 하고 상승하기도 하지만, 지난 수십 년을 돌아보면 결국 우상향 하며 크게 올라와 있다. 그렇다면 시장을 매수하여 장기 투자하면 크게 수익을 거두었어야 맞다. 그러나 과거에는 시장 전체를 매수하는 상품이 없었다. 불과 몇 년 전에 그런 상품이 만들어졌다. 바로 지수 추종형 ETF이다. '코스트 에버리지'의 개념을 이해하고 분할 투자했다면 시장의 등락을 걱정하지 않고 수익을 거둘 수 있었을 것이다. 최근 지수 ETF에 투자하는 개인이 점차 증가하고 있다.

그럼 개별 기업 주식에 투자하는 경우는 어떤가 생각해 보자. 오랫동안 투자해온 분들의 잔고를 보면 우리나라 굴지의 기업 주식을 두루 보유하고 있다. 수익률은 어떨까? 시장에 투자하는 것보다 위험한 개별 기업에 투자하는 이유는 시장보다 높은 수익을 얻기 위해서다. 그러나 안타깝게도 시장은 과거보다 많이 상승해 있지만, 그분들이 투자한 기업의 수익률은 수십 퍼센트씩 손실인 경우가 부지기수다. 기업이 장기적으로 성장하지 못하고 오랜 세월 굴곡을 거쳐 오면서 산업의 사이클, 기업의 사이클에 따른 흥망성쇠가 있었기 때문이다. 대표적으로 삼성전자를 2000년에 투자했다면 23배의 수익이 되었을 것이다. 1억원으로 20년 만에 23억원이면 훌륭한 투자다. 반면 사양 산업군의 기업이나 재무 상태가 좋지 않은 기업에 투자했다가 10분의 1토막이 나거나 심지어 상장 폐지가 되기도 했다. 그러니 주식을 장기 투자하는 것이 위험하다고 생각하는 투자자가 있을 수밖에 없다. 결국 다시 기본으로 돌아가게 된다. 주식 투자는 미래의 기업 가치에 투자하는 것이며, 현재 우리가 해야 하는 일은 미래의 특정 시점에 지금보다 성장해 더 높은 수익 가치를 낼 수 있는 기업을 골라내는 것이다.

앞서 삼성전자를 사례로 들었지만, 불과 5~6년 전에 비해 가장 큰 수익을, 100배도 넘는 수익을 준 섹터는 제약 · 바이오 섹터다. 우리나라의 개인 투자자들이 가장 좋아하는 섹터가 된 이유다. 그렇지만 제약 · 바이오에 투자한 사람들의 결과는 어땠을까? 수많은 투자자들이 큰 손실을 보았다. 그만큼 성장성은 높지만, 성공 확률이 낮은 섹터이기 때문이다. 대표적인 IT 섹터인 반도체나 스마트폰 관련 기업은 어떠한가? 그 역시 성공한 기업들은 수십, 수백 배의 주가 상승이 있었지만, 반면 많은 기업들이 시장에서 퇴출되거나 수익 창출에 실패해 주가가 폭락했다. '성장주에 장기 투자' 하라는 것은 '말하기가 쉽지' 실천하여 성공하기란 어려운 일이다. 결국 주식 투자는 쉽지 않은 것이다. 주식 투자가 쉽다면 많은 사람들이 돈을 벌었어야 하는데, 대다수의 사람들이 손실인 경우가 더 많은 것이 현실이다. 장기 투자하지 않고 시세를 추종하고, 루머를 추종하기 때문이라고 폄하하는 분들도 있지만, 장기 투자라 하더라도 주식 투자는 결코 쉽지만은 않다. 세상의 변화를 읽고, 산업의 변화와 사이클을 읽고, 그 안에서 성장할 수 있는 기업을 발굴해야 하며, 그 기업이 중간에 실패하지 않고 성공 스토리를 만들어 가는지 확인도 해야 한다.

그럼에도 불구하고 '성장주 장기 투자'를 권하고자 한다. 다만, 자신의 전

재산을, 돈을 빌려서 무리하게 투자한다면 성공할 수 없다. 성장 기업일수록 우여곡절이 많아서 투자하고 있는 동안 주가의 부침이 아주 심할 것이다. 그것을 견뎌낼 수 있느냐는 심리와 자금 상태에 달려 있다. 주식 투자에서 소액으로 큰 돈을 벌 수 있는 가장 확실한 방법은 짐 슐레이터의 '줄루 투자법' 이론처럼 자신이 잘 아는 기업에 자신이 가용할 수 있는 범위의 투자금으로 장기 투자하는 것이다. 세계적으로 성장 기업이 곳곳에 있다. 그 기업에 투자할 수도 있다. 국내 기업 중에도 큰 기회가 있다. 우리나라는 수출 주도, 대기업 주도의 고성장을 지속해 왔다. 이젠 더 이상 고성장이 어려운 환경이 되었다. 유럽의 성공 사례처럼 고부가가치를 내는 강한 중소기업 주도가 필연적이다. 글로벌 산업 환경이 변화하는 가운데, 우리나라가 성장하려면 고부가가치 4차 산업이 주도해야 하기 때문이다. 우리나라는 불행히도 오랫동안 대기업 위주의 성장을 해와 중소기업이 살아남기 힘든 구조였다. 그 구조가 바뀌어 가는 과정에 있다. '스타트업'이 붐을 이루고 있다. 비대면 온라인 금융으로 가는 핀테크와 SNS가 연계된 금융, 가전 자동차 로봇 등 타겟팅된 AI 반도체, 비대면 회의, 교육, 게임들에 사용되는 AR / VR, 네트워크 일상을 가능하게 하는 5G 무선 통신, 바이러스와 암을 정복하려는 바이오 등의 분야에서 수많은 기업이 두각을 나타내고 있다. 사회 시스템의 변화와 대기업에서 중소기업, 스타트업 기업 중심으로 변화하는 산업 구조 속에서 작지만 크게 성공할 수 있는 기업들을 찾을 수 있다.

첫째, 자신이 잘 아는 기업부터 시작하자. 여러분 대부분 남들보다 잘 아는 분야가 있을 것이다. 그 분야가 무엇이든, 작지만 핵심 기술이나 독특한 사업적 '해자'를 가지고 있는 기업에 투자하자. 물론 세상의 변화를 따라서 성장하는 산업이면 더욱 좋다. 자신이 잘 아는 분야가 과거 굴뚝 산업이라면, 신사업으로 변화하는 기업에 관심을 가져야 한다. 성장 산업은 장기적으로 변화한다. 3차 산업 사회에서 자동차 · 철강 · 화학 · 정유 · 조선 등이 성장했지만, 지금은 새로운 고부가가치 산업으로 변화하지 못하면 살아남지 못한다. 가령 자동차는 전기차나 자율주행차로 변화해야 한다. 4차 산업 사회에서는 반도체, AI, 인터넷, 핀테크, AR, VR, 바이오, 자율주행, 5G, 차세대 디스플레이 등이 성장할 것이다. 잘 아는 분야가 없다면, 성장 산업 중에서 특정한 분야를 조금 더 깊이 있게 공부하자.

둘째, 매월 자신의 자산 역량 내에서의 자금으로 저축하듯이 투자하자. 매월 월급 날 급여의 10% 또는 20% 정도를 투자하거나, 자신의 총 투자 자금 중 일부분을 떼어 투자하자. 1년이면 12개 기업에, 10년이면 120개 기업에 투자하게 된다(사실 중간에 매도한 것도 있고 추가 매수한 것도 있기 때문에 꼭 120개가 아니고 50개 이하가 될 것이다). 그중에 크게 성공한 기업이 있을 것이고 실패한 기업도 있을 것이다. 크게 오르는 주식은 서너 배에서 수십 배 상승할 것이다. 실패한 주식은 반토막 또는 극단적으로 상장폐지가 될 수도 있다. 극단적으로 두 종목에 100만원씩 투자했는데 한 종목은 두 배, 한 종목은 −50%라면 결과는 50만원, 25%의 수익이다. 성공한 기업이 서너 배 이상의 수익을 주고 실패한 주식은 수십 퍼센트의 손실이라면 총 자산의 결과는 두세 배 이상이 될 것이다. 매월 50만원씩 투자했다면 10년이면 6000만원을 투자한 것이다. 예상컨데, 10년 후 자산은 2억~3억원 이상이 될 것이라 확신한다. 투자하는 동안 좀 더 신경 써서 관리만 한다면 10배의 성과도 결코 망상이 아니다. 소액으로 매월 나누어 투자할 때 성공할 확률이 높은 이유는 심리가 다르기 때문이다. A라는 주식에 전 재산 1억원을 투자한 사람과 1억원 중 200만원만 투자한 사람의 투자 심리는 천지차이다. 시황 때문에, 기업의 굴곡 때문에 주가가 급등락 할 때 1억을 투자한 사람은 결코 참고 기다리지 못한다. 반면 200만원을 투자한 사람은 기업을 믿고 기다릴 수 있다. 상황에 따라 추가로 매수할 수 있다. 그 기다림이 있어야 수십, 수백 배의 수익을 낼 수 있다.

셋째, 주가가 하락할 때 매수하자. 물론, 기업의 성장 스토리에 문제가 생겼을 때는 제외한다. 장기 성장에 문제가 없는 가운데 주가가 크게 하락했다면 몇 차례 나누어 매수해야 한다. 절호의 매수 타이밍은 시황 탓에 급락할 때다. 기업의 성장 사이클에 문제가 없는데, 외부 환경에 의해 주가가 급락하는 경우가 종종 있다. 외환위기, 금융위기, 전쟁, 질병 등등의 이유로 주식시장이 급락할 때 평소 장기 투자하려고 염두에 둔 기업에 투자해야 한다. 아주 낮은 가격에 살 수 있는 절호의 기회다. 전쟁이 났다고, 일시적으로 자본시장의 금융 시스템에 위기가 발생하였다고 해서 암치료의 성장이, 인공지능 반도체의 성장이 멈추진 않는다. 오히려 가속화된다. 2020년 코로나 19의 글로벌 팬데믹으로 바이러스 치료 및 백신 산업과 비대면 일상을 가능하게 하는

IT 산업은 더욱 빠르게 성장하고 있다. 자신이 잘 아는 기업에 장기 투자할 수 있는 수준의 자금으로 투자하는 사람들에겐 시장의 폭락이 반가운 소식이 될 것이다.

넷째, 약간의 관리만 해주자. 장기 투자로 보유하고 있지만, 특정 종목이 기업 성장과 무관한 이슈에 의해 급등할 경우 매도해야 한다. 가령, 본 사업과 무관하게 보유한 땅의 가치가 이슈가 되어서 주가가 두세 배 급등하는 경우라면 매도해야 한다. 특정 정치인과 테마로 엮여 서너 배 급등하는 경우라면 매도해야 한다. 자신이 생각하는 가치 이상으로 지나치게 급등할 경우 매도했다가 재매수해야 한다. 주가가 비정상으로 상승할 때 매도하는 것이지, 주가가 비정상으로 하락할 때는 매도하지 않는다, 오히려 추가 매수한다. 주가가 하락할 때 매도는 기업의 성장 스토리에 치명적인 문제가 발생하여 성장 동력이 멈추었을 때 하는 것이다. 그렇지 않은 경우엔 기업의 성장을 기다린다.

2020년 봄, 코로나 19로 인한 시장의 비정상적인 하락이 있었다. 씨에스베어링, 에코프로비엠, 이로와이어리스, 엘앤씨바이오 등을 매수의 기회로 삼아야 한다.

시장이 비정상적일 때 매수할 투자 대상은 성장보다는 기업의 본질 가치다.

체리 피킹 투자하기

체리 피킹(Cherry picking)을 어학사전에서 찾아보면 다음과 같다. 체리 나무에 판매 가치가 떨어지는 체리만 남기고 가장 좋은 체리만 따 가는 것과 같이, 어떤 대상에서 좋은 것만 골라 가는 행위. 고객이 특정 상표나 일부 제품만을 골라 구매하는 것을 의미하는 마케팅 용어였으나, 최근엔 금융시장에서 가치에 비해 저평가된 기업의 주식이나 상품을 골라 투자하거나 특정 펀드에 우량 자산만 골라서 편입하는 행위를 이르는 용어로 쓰인다.

주식시장에서 체리 피킹이란 용어를 많이 사용하게 된 이유는 시장의 변동성 때문이다. 과거에 비해 현저히 높아진 변동성 때문에 주가가 현저히 저평가 구간까지 하락하는 경우가 발생하고 그때마다 '스마트 머니'들은 체리 피킹으로 큰 돈을 벌었다. 20년 전 외환위기 때 모두 힘들었지만 당시 투자한 사람들은 큰 수익을 거뒀다. 이후 IT 버블 붕괴 때도, 남유럽 'PIGS' 국가들의 디폴트 때도, 2008년 미국발 금융위기 때도, 2020년 코로나19 바이러스 때도 어김없이 시장은 폭락했고 그때마다 현명한 자금은 일부 주식에 집중투자해(체리 피킹 하여) 단기간에 엄청난 수익을 거두었다.

느리게 움직이던 과거에 비해, 세상은 점점 빠르게 변화고 변동성도 커지고 있다. 주기적으로 발생하는 위기 상황이 아니라도 다양한 '노이즈'들 탓에 시장은 급락 후 급반등하는 과정을 겪고 있다. 시간을 단축해 보면 사실 장중에도 그런 기회가 발생한다. '변동성 따먹기'를 하는 단기 거래인 스캘핑, 데이트레이딩도 장중 변동성에 의해 주가가 급락하면 매수하고 급등하면 매도하는 거래 전략이다. 장중에 여러 가지 루머에 의해 주가는 급등락 한다. 기업 가치와 무관하게 발생하는 주가 급락은 좋은 매수 기회이며 반대로 이상 급등은 좋은 매도 기회다.

조금 더 시간을 늘려 주간, 월간으로 보자. 북한이 미사일 시험을 한다든지, 중동에서 국지전이 발발했다든지, 서구 유럽 금융 기관의 시스템 에러로 일시적 위기가 발생한다든지 하는 다양한 사건 사고가 있다. 세상의 모든 것을 반영하며 움직이는 주식시장은 그때마다 크게 하락하며 반응한다. 시장에서는 그러한 뉴스를 '노이즈'라고 표현한다. 노이즈가 발생해 주가가 하락하면 많은 투자자들이 두려워 매도에 나서지만, 현명한 자금은 체리 피킹의 기회로 삼는다. 경험이 많은 노련한 투자자는 이 기회를 놓치지 않고자 시장에서 눈을 떼지 않는다. 짧은 기간에 이만큼 큰 수익을 주는 투자는 세상 어디에도 없기 때문이다. 어찌보면 참 얄미운 '현명한 자금'이다. 대다수의 손실을 수익의 기회로 삼기 때문이다. 어떤 경우에는 인위적으로 이러한 상황을 만들기도 한다. 특정한 주식에 좋지 않는 루머를 퍼뜨려 주가를 하락시키고 저가에 매수해 큰 돈을 번 사례는 역사적으로도, 선진 금융시장에서도 많이 있어 왔다. 특정한 세력이 주가를 급등시켜 매도하고 급락시켜 매수하는 행위 역시 그러한 심리를 이용한 것으로 보아야 한다.

장중에도, 주간 또는 월간으로도, 수년 단위의 장기로도 단기 또는 중장기 악재들로 시장은 급락과 급반등을 반복한다. 자본시장의 역사가 그렇듯이 버블이 만들어지고 다시 붕괴되면서 주식시장도 연동해 급등과 급락을 반복한다. 버블을 만드는 기간에는 오랜 시간 추세적으로 상승하지만, 버블 붕괴 시에는 단기간에 폭락한다. 그 역사가 반복돼 주기적으로 '금융위기'가 발생했고 시장은 폭락을 경험해야 했다. 그 시기마다 자본시장에서는 신흥 부호가 탄생했다. 시장이 정상적인(효율적 시장) 흐름을 보일 때 단기간의 고수익은 어렵다. 변동성으로 왜곡된 가격이 만들어질 때가 가장 좋은 기회였다.

노련한 투자자는 경험적으로 안다. '언제 사야 하고 언제 팔아야 하는지'. 세계적으로 '투자의 그루'라고 불리는 분들 역시 그러한 기회를 놓치지 않았기에 오늘의 부를 이루었다. 장중 가격 왜곡을 이용해 수익을 내는 스캘퍼, 데이트레이더들 역시 훌륭한 체리 피커들이다. 왜곡된 심리와 군중 심리로 시장에 가격 왜곡이 발생할 때 과감한 투자를 하는 현명한 투자자들 역시 훌륭한 체리 피커다. 그들은 항상 그 기회를 잡을 준비가 되어 있다. 우리도 이젠 그 기회를 놓치지 말아야 한다. 그러려면 다음과 같이 준비해야 한다.

첫째, 항상 일정한 현금을 유지하고 있어야 한다. 우리는 대부분 100% 주식이거나 100% 현금인 상태다. 시장이 좋으면 더 많은 수익을 내려고 남은 현금을 모두 써서 주식을 산다. 시장이 좋지 않으면 불안한 마음에 주식을 모두 팔아버리고 현금만 들고 있기 마련이다. 내가 가지고 있는 주식에도 가격 변동성이 있을 수 있고, 보유 종목이 아니더라도 다른 기회가 있을 수 있기 때문에 늘 일정 비율의 현금이 있어야 한다. 시장이 폭락해 저가에 매수할 기회가 발생했지만, 이미 100% 주식으로 보유하고 있기에, 추가로 자금을 투입하기 전에는 매수할 자금이 없어 기회를 그냥 바라보고만 있는 경우가 허다하다. 아마도 모두 공감할 것이다. 시장이 위험해지기 전에 현금화해 가격 급락 후 재매수한다는 생각을 하지만, 그렇게 못한 적이 더 많다. 말처럼 쉽지 않다. 현재 보유한 주식이 가치와 무관한 루머 때문에 가격이 급락하면 추가 매수해야 하는데, 자금이 없으면 보유 주식의 하락만 안타깝게 쳐다보고 있어야 한다. 늘 일정 비율의 현금을 유지하자.

둘째, 주식 투자자는 항상 자신의 '투자 풀'을 가지고 있어야 한다. 특정 산업이나 특정 기업이 늘 좋지는 않다. 순환한다. 수개월 동안 순환하는 경우가 일반적이지만 시장이 불안할 때에는 1~2주 단위로 강세 섹터가 변하기도 한다. 반도체 주도의 IT, 제약 · 바이오, 전기차와 자율주행, 핀테크, 게임, 엔터, 남북경협 등 산업별 또는 이슈에 따라 강세 섹터가 형성되고 산업 주기의 순환은 수개월 이상 이어진다. 2015년에는 바이오가, 2017년엔 IT가 가장 강했다. IT가 강한 시기에 바이오 주식을 보유하고 있으면 시장 상승과 반대로 손실을 볼 수 있다. 즉, 당시 강한 섹터에서 투자해야 한다. 투자 풀은 강한 섹터에서의 종목군으로 구성해야 한다. 큰 범위의 풀은 각 섹터별로 가장 강한 주도주를 골라 구성한다. 시장의 강세 섹터는 순환하기 때문에 각 섹터별로 순환기가 되었을 때 투자 주식을 따로 선택할 필요 없이 바로 대응할 수 있도록 준비해두는 것이다. 각 섹터별 주도주들로 '관심 풀'을 만들어 두면 시장의 하락으로 주가가 급락할 때 주도주 위주로 체리 피킹할 수 있다. 시장이 급락하는 구간에서 가장 먼저 반등하는 섹터는 직전에 가장 강했던 섹터다. 평소 투자에서도, 가격 왜곡의 기회가 발생할 때도 자신의 투자 풀 안에서 거래하는 것이 가장 안전하고 가장 수익이 크다.

셋째, 패닉 리스트를 가지고 있어야 한다. 패닉 리스트는 관심 종목, 즉 투자 풀과는 다르다. 투자 풀은 각 섹터에서 투자할 주도 주식을 미리 선정해 두고 순환매에 따라 투자하는 것이다. 반면 패닉 리스트는 철저하게 기업 가치와 성장을 중심으로 구성한다. 이쯤에서 '경제적 해자'를 설명해야겠다. '팻 도시(Pat Dorsey)'가 설명하는 경제적 해자는 '브랜드, 특허, 법적 라이선스와 같은 무형의 자산과 높은 원가 우위와 가격 경쟁력, 충성 고객을 바탕으로 한 네트워크를 통해 경쟁 환경에서 도태되지 않고 지속적으로 이익이 증가할 수 있는 기업 경쟁력'을 말한다. 뛰어난 제품, 높은 시장점유율, 운영 효율성, 우수한 경영진이 중요하지만 그보다 중요한 핵심은 경쟁자가 따라올 수 없는 제품이나 서비스를 제공할 수 있는 해자다. 일시적인 인기 제품으로 만든 수익이나 우수한 경영진이 운용 효율성으로 만들어낸 일시적 수익이 아닌 지속 가능한 수익을 만들어 내는 구조적인 해자를 갖고 있는 기업이어야 한다.

패닉 리스트는 경제적 해자를 갖고 있는 기업으로 구성한다. 시장이 패닉 상태로 빠져 가격이 말도 안 되게 폭락하는 상황이 되면, '어떤 기업이 살아남을지, 어떤 기업이 향후 다시 성장할지' 판단하기 어렵다. 바로 그때 패닉 리스트를 사용한다. 최악의 상황에서 말도 안 되게 싼 가격에 훌륭한 기업의 주식을 매수할 수 있는 것이다.

05

마인트 컨트롤

주식 투자는 자기 자신과의 외로운 싸움이라고 한다. 투자 성공으로 큰 돈을 벌 때는 주위에서 부러워하고 성공에 대한 희열이 있지만, 투자 실패로 큰 손실이 나고 나면 어느 누구의 말도 위로가 되지 않고 어느 누구도 도움을 주지 않는다. 실패에 대한 자괴감은 끊임없이 자신을 자책하게 한다. '그때 왜 욕심을 냈을까', '왜 신중하지 못하고 경솔하게 투자했을까', '수익이 났을 때 수익 난 부분은 매도해 출금했으면 얼마나 마음이 편했을까', '시장이 이렇게 상승했는데, 난 왜 손실일까', '웬만한 주식은 다 상승하는데, 내 보유 주식은 왜 상승하지 못할까, 정말 나는 운이 없는 것일까?' 등등의 자책과 자문을 하며 스스로의 실패에 대한 자괴감에 빠지게 된다. 주식 투자에서 성공하는 데는 자금관리와 마인드 관리가 기본적 분석이나 기술적 분석 노하우보다 중요하다. 투자 노하우는 '매번 투자에서 성공할 수 있느냐' 같은 방법론이 되겠지만, 자금관리와 마인드 관리는 주식 투자로 재테크에 성공하느냐 실패하느냐의 궁극적인 요인이다.

모든 투자자는 매일 아침 수익을 낸다는 기대감으로 시장이 열리기를 기다린다. 그날의 시황과 자신이 예상하는 업종과 종목을 떠올리며 하루의 투자에 대해 생각한다. 그러나 막상 시장이 열리고 붉은색과 파란색으로 등락하는 주가 움직임을 보고 있노라면 아침의 객관적 판단은 자연스럽게 잊고 보유 종목의 상승과 하락에 눈이 가며, 잔고 화면에서 수익이 난 금액과 손실이 난 금액을 확인하게 된다. 주식 투자는 돈을 벌려고 하는 것이지만, 돈을 쳐다보지 않아야 성공할 수 있다. 수익으로 늘어나는 돈과 손실로 줄어드는 돈을 쳐다보면서 투자 원칙을 지켜내기란 여간 어려운 게 아니다. 주가 움직임에 따라 심리가 변화한다. 주가가 상승해 수익이 나면 기쁨이 뒤따를 것이고 주가가 상승하면 할수록 욕심이 생긴다. 그러나 주가가 고점에서 하락하면 이익이 난 부분을 잃을까 두려워지기 시작하고 주가가 최초 매수한 가격에까지 이르면 이전에 벌었다가 놓쳐 버린 수익에 대한 미련과 추가 하락으로 손실이 날 수 있다는 두려움 탓에 갈팡질팡 하게 된다.

주가가 매수 가격보다 더 낮게 하락하기 시작하면 드디어 화가 나기 시작하고 두려움과 원금 복구를 할 수 있을까에 대한 불안 심리가 작용한다. 이 책 맨 앞에서 '칠면조 이야기'라는 우화를 소개했다. 한 마리를 더 잡으려다가 오히려 잡을 수 있었던 칠면조를 모두 놓치고 마는 한 노인의 이야기이다. 수익이 나면 더 많이 벌고 싶고 손실이 나면 원금 복구라도 하고픈 심리가 주식 투자를 성공으로 마감하지 못하게 한다. 그러한 심리의 변화는 당연한 것이다. 당연한 심리 변화를 그렇게 하지 말라고 하는 것이 어쩌면 무리한 요구일지 모르겠다. 매일 매일 주가 변동에 따라 변화하는 심리 상태야 어쩔 수 없다 하더라도 시장이 끝난 후 보유 주식의 움직임을 분석하는 과정을 통해 객관적 투자를 할 수 있도록 조금씩 마인드컨트롤 해야 한다.

어쩌면 주식 투자를 하는 순간에는 '인간 기계'가 되어야 할지도 모른다. 사전에 가치 분석에 따라 주식을 선정했지만, 이후 가치 변화가 발생했다면 미련을 두지 말고 그러한 사실을 인정해야 한다. 기술적 분석에 따라 매수 및 매도 타이밍 원칙을 결정했다면, 매수 시그널이 발생하면 매수하고, 매도 시그널이 발생하면 매도해야 한다. 만일 매수했는데, 추가 하락한다면 자신의 매수 원칙이 잘못되었을 수 있으므로 다시 한번 원칙을 점검해 보자. 자신의 원칙이 틀림없다면 시장 내외부의 일시적 충격에 의해 하락했을 것이다. 그렇다면 불안해할 것 없이 보유하면 된다. 만일 매도했는데, 주가가 추가 상승했더라도 추가 수익을 아쉬워할 필요 없다. 원칙에 따라 매도해 이익실현 한 것이고 그 원칙에 따라 다른 주식으로 수익을 낼 수 있다.

주식 투자에서 가장 위험한 것은 '원칙의 부재'다. 원칙이 없는 것이 문제이지, 원칙대로 한 것은 아무 문제 없다. 설령 원칙대로 했는데 손실이 났다면 그것은 자신의 투자 방법론이 잘못된 것이 아니라 시장의 특수한 상황 때문일 것이다. 원칙대로 했는데 손실이 났다면 다음 번 투자에서는 이번 손실 금액보다 더 큰 수익을 낼 수 있다. 원칙을 만들고 그 원칙을 따르는 투자가 자신의 심리를 이겨낼 수 있게 한다. 남들이 데이트레이딩으로 수익을 냈다고 하면 데이트레이딩을 따라 하고, 작전 종목에 투자해 큰 돈을 벌었다고 하면 작전 종목이 뭔지 찾아 투자하고, 남들이 우량 주식에 투자해 장기 보유했더니 성공했다고 하면 큰 고민 없이 단지 우량주라는 이유로 주식을 매수하여 장기 보유하는, 따라 다니기 식의 투자는 성공하기 힘들 것이다.

우리나라 주식시장에서 개인 투자자들은 오랫동안 남들이 하는 것을 따라 하는 식의 투자를 해왔다. 주식 투자는 재테크의 일부이지, 투기가 아니다. '상한가 따라잡기' 매매가 수익을 크게 주는 시기가 있다. 그러나 상한가 따라잡기 매매의 독특한 매매 방법론을 모르는 투자자는 큰 손실을 낸다. 줄기세포로 바이오 열풍이 불었을 때 무작정 바이오주에 투자한 수많은 투자자가 깡통에 가까운 손실을 내고 투자를 마감한 경험이 있었다. 주식시장의 역사를 돌아보면 개인 투자자는 시기마다 수익을 내는 기간도 있었지만 장기적인 관점에서는 손실의 확률이 높았다.

그러한 결과는 시장에 대응하는 유연성과 원칙의 부재 때문이다. 주식 투자로 수익을 추구하려 한다면 지금부터라도 자신의 투자 원칙을 만들어야 한다. 원칙을 어떻게 만들어야 할 지 모른다면 증권 관련 도서나 주변의 전문가를 통해 도움을 받아야 한다. 자신의 원칙을 만들어 냈다면 시장에서 실전 적용을 해보아야 한다. 실전 적용으로 원칙을 다듬어야 한다. 자신의 원칙을 다듬어 나가는 과정이 거듭될수록 어떠한 시장이라도 심리적으로 지지 않고 이겨낼 수 있는 투자자가 되어 있을 것이다.

자금관리

주식 투자를 몇 년 해본 투자자 중에 돈을 벌어본 경험이 없는 투자자는 없을 것이다. 크든 작든 주식 투자로 수익을 내 기쁨을 맛본 투자자들이 주식 투자를 지속한다. 시장이 활황이어서 크게 상승하는 시기임에도 많은 개인 투자자가 손실을 내고 있다는 보도를 가끔 신문에서 본다. 주식을 매수해 수익을 내고 있었으나 매도를 잘 하지 못해 결국 손실로 마감하는 경우나, 운 좋게 급등하는 주식을 매수해서 큰 돈을 번 경험을 바탕으로 계속해서 급등 주식을 거래하다가 결국 원금을 모두 잃어버리는 경우도 있다.

성공적인 주식 투자를 하려 하기보다 큰 돈을 벌려는 욕심이 결국 손실 상태로 만든다. 자금관리는 객관적인 심리를 막아서는 욕심과 두려움 탓에 다른 어떤 원칙보다 지키기 어렵다. 자금관리에서 가장 중요한 것은 손절매와 거래중지 그리고 자금 운용 한계의 확정이라고 볼 수 있다. 손절매는 누구나 중요하다고 생각하고 있지만 실전에서 생각한 대로 실천하지 못한다. 손절매는 '정률법'에 따라 일정한 비율의 손실이 나면 매도해 추가 손실을 막는 방법과 '정액법'에 따라 일정한 금액의 손실이 나면 매도해 추가 손실을 막는 방법이 있다. 그러나 정률법이나 정액법 모두 자신의 성향이나 거래 전략에 따라 달라지는 것이지 어떤 경우에나 맞는 것은 아니다. 단기 거래자와 장기 투자자의 손절매 원칙은 달라야 한다. 만일 단기 거래자가 손절매를 10% 이상으로 정해 두었다면 한 번의 투자 실패에서 큰 손실을 낼 수 있다. 그러한 거래가 연속적으로 발생하면 결국 오래지 않아 원금은 거의 없어질 것이다. 반면 장기 투자자가 손절매 원칙을 10% 이내로 설정했다면 많은 경우 자신이 손절매한 이후 주가가 다시 상승하는 안타까운 상황이 발생할 것이다. 장기 투자자라면 시장이 하락해 기업 가치 대비 주가가 하락하면 손절매가 아닌 보유 또는 추가 매수의 기회로 삼아야 한다.

10% 또는 20%라고 하는 것은 가정일 뿐이다. 개개인이 감당할 수 있는 손실의 범위 그리고 금액의 범위는 모두 다르다. 여하튼 한 번의 투자에서 감수할 손절매의 범위를 정하는 것은 매우 중요하다. 한 번의 투자에서 30~40% 이상 손실이 나는 경우도 많이 발생하는데, 그러한 상황이 되면 이후부터는 주식 투자가 수익을 내기 위한 투자가 아니라 원금 복구를 위한 투자가 되기 때문에 보수적, 소극적 투자로 심리가 전환되고, 그러한 심리는 원금 복구 자체를 어렵게 한다.

단기 거래인가 장기 투자인가에 따라 손절매의 범위가 달라지는 것과 같이 주식의 성향에 따라 손절매의 범위가 달라진다. 완만하게 움직이는 대형주가 10% 이상 급락하면 분명 그 주식은 중대한 악재가 있는 것이므로 손절매해야 한다. 그렇지 않은 등락에는 지나친 매매를 삼가야 한다. 반면, 급등락이 심한 개별 소형주를 단기 매매할 경우 자신의 판단이 틀렸을 때 주가가 급락할 수 있으므로 손절매 범위를 아주 작게 가져가야 한다. 보통 스캘퍼는 2% 이내로 하는 경우가 많으며 데이트레이딩을 하는 단기 거래자라고 해도 3% 이내가 많다. 시장에 따라서도 달라진다. 급락과 급등을 반복하는 시장이라면 3% 손절매를 정해 두었다 하더라도 시장 변동성이 큰 상황이므로 손절매의 폭을 좀 더 유연하게 하여 하락 후 급반등 하는 것을 기다려야 한다. 손절매 후 상승하는 실수를 하지 않아야 한다.

이처럼 자신의 자금 규모와 거래 스타일, 주식의 성향, 시장 상황에 따라 손절매 범위는 달라진다. 손절매 범위를 유연하게 정하되 손절매 원칙을 결정했다면 반드시 지키는 것이 중요하다.

매매에서 손절매가 중요하다면, 전체 투자에서 중요한 것은 거래 중지다. 거래 중지란 일정한 비율로 손실이 나거나 일정한 금액의 손실이 발생하면 거래를 중지하고 한동안 시장을 관찰하거나 시장을 떠나 있는 것을 말한다. 아무리 주식 투자를 잘하는 전문가라 하더라도 슬럼프가 있기 마련이다. 슬럼프 시기에는 아무리 노력해도 투자가 잘 안 된다. 연속적으로 손실이 나는 투자를 하고 나면 심리적으로 위축되거나 손실 보전 욕구에 욕심을 갖게 된다. 그러면 더욱 투자에 실패하게 된다. 원금의 50%가 손실이 나면 다시 원금이 되기까지 100%의 수익을 내야 한다. 30%의 손실이라면 43%의 수익을 내야 한다. 손실은 쉽게 나지만 수익은 생각만큼 빠르지 않다. 주가는 상승보다 하락이 더욱 빠르고 깊기 때문이다. 큰 손실이 나고 복구도 쉽지 않은 상황에서 투자를 계속 하다 보면 수익이 났음에도 손실 금액이 크다 보니 작은 수익에 만족하지 못해 기다리다가 다시 손실이 나고, 한 번에 큰 수익을 내려다가 무리하게 되는 상황이 반복되면 그나마 나머지 원금조차 유지하지 못하게 된다. 따라서 일정한 비율이나 일정한 금액의 손실이 났다면 추가 거래를 멈추고 시장에서 한 발 물러서 있어야 한다. 잠시 물러서 있는 동안 자신의 마음을 새롭게 하고, 거래 전략을 다시 한번 돌아보는 시간을 가져야 한다. 연속된 투자 실패, 큰 손실이라면 투자를 중지하는 시간을 가져야 한다.

자금 운용의 한계도 중요한 자금관리 요인이다. 자신이 운용할 수 있는 자금의 규모와 시장이 언제든지 받아줄 수 있는(사고팔 수 있는 유동성) 규모를 정해야 한다. 시장의 유동성이 크게 떨어진 상황에서는 투자 자금이 적더라도 유동성 면에서 어려움에 처할 수 있다. 주식별로 유동성은 다르다. 하루에 거래량이 몇 만 주뿐이 안 되는 주식이라면 몇 천 주 이상의 주식 매수로도 주가에 변동성을 주므로 슬리피지 비용이 높아진다. 매도할 때는 유동성이 없어서 곤란해질 수 있다. 자금 운용 규모의 한계도 중요하다. 늘 1000만원으로 투자한 투자자에게 10억원 이상의 투자 자금을 주면 잘할 수 있을까? 그렇지 않다. 투자 자금에 따라 투자 대상 주식이 달라지고 그에 따라서 투자 전략과 매매 타이밍이 달라지기 때문이다. 투자 자금에 따라 손절매 원칙과 투자 전략도 달라진다. 투자 원칙이 확연하게 달라지기 때문에 자금의 규모에 따라 투자에 성공할 수도 실패할 수도 있다. 자신이 잘하는 투자 전략, 투자 성향, 좋아하는 주식의 성향, 시장의 상황 등에 따라 투자 규모는 달라져야 한다. 무조건 투자 자금이 많다고 더 많은 돈을 버는 것은 아니다.

마지막으로, '번 돈을 출금'하는 것은 무엇보다 좋은 자금관리다. 번 돈을 재투자하면 승수 효과로 더 빠른 시간에 더 큰 돈을 벌 수 있지만, 위험 역시 가중되기 때문이다. 가령 1000만원으로 시작해 3000만원이 되고 5000만원이 되고 해서 계속 투자한다면 승수 효과에 의해 수익의 속도가 빨라지지만 결국 언젠가 투자에 실패하는 날이 오면 이미 투자 원금이 커졌기 때문에 그 한 번의 실패로 큰 손실을 볼 수밖에 없다. 번 돈을 재투자해 승수 효과를 누리는 즐거움이야말로 주식 투자를 하면서 얻는 쾌감이다. 그러나 언젠가 닥칠 실패로 그동안 벌었던 수익을 고스란히 반납해야 하는 상황이 된다는 것을 고려해야 한다. 실제로 주식 투자를 잘하는 전문가임에도 자금관리에 실패해 한 방에 모두 날려버린 사례는 너무도 많다. 번 돈을 출금해 적금형, 채권형, 리츠형, 절세형 상품에 꾸준히 저축하는 것은 좋은 습관이다. 주식 투자를 하면서 매매를 잘해야 하는 것은 당연한 일이고 더불어 자금관리를 잘해야 한다. 결국 마지막에 자금관리를 잘한 투자자가 성공한다. 자금관리에 실패하면 아무리 투자를 잘하는 전문가라 하더라도 결과가 좋지 않았다.

07

주식과 현금의 적정 비율

주식 투자를 하면서 투자 원금 100%를 소위 '몰빵'하는 경우는 극히 드물다. 대부분 현금을 어느 정도 유지한다. 주식 투자의 위험관리 면에서 볼 때 손절매와 더불어 보유 현금으로 예상치 못한 가격 등락에 대응하는 것은 중요하다. 어떤 시장에서는 100% 전체를 투자하거나 오히려 레버리지를 이용하여 원금 +@의 투자인 신용거래를 할 수도 있다. 어떤 시장에서는 100% 현금을 보유하면서 시장을 관망하기도 한다. '현금에 투자하라'란 말이 있듯이 현금 보유도 투자의 한 방법이다.

주식 보유와 현금 보유 비율을 어떻게 가져갈 것인가는 전적으로 시황에 달려 있다. 일반적으로 시장이 초강세여서 주식을 최대한 매수해 보유해야 하는 경우를 제외하곤 주식과 현금을 일정 비율로 유지하는 것이 위험관리에 크게 도움이 된다. 대세 상승 시장에서는 주식을 80% 정도, 현금을 20% 정도 유지하는 것이 좋을 것이다. 그러나 반대의 시장, 즉 대세 하락 시장에서는 주식을 20%, 현금을 80%선으로 유지하는 것이 손실을 최소화할 것이다.

레버리지 투자에 대해 생각해 보자. 주식 시장에서 레버리지를 사용할 수 있는 방법은 신용거래와 주식담보대출 거래, 미수 거래가 있다. 세 가지 모두 증권사로부터 자신의 원금 또는 보유 주식을 담보로 자금을 빌려 투자하는 것이다. 미수 거래는 3일짜리 단기 차입을, 신용거래와 담보대출은 3~6개월짜리 차입을 말한다. 한동안 단기 거래자들이 미수 거래를 활발하게 했지만 '미수동결제도'가 시행되면서 미수 거래는 초단기 거래자 이외에는 거의 사용하지 않고 있다.

신용거래와 담보대출 거래가 활발한데, 보통 2~2.5배의 레버리지를 사용할 수 있다. 만일 1억원이 원금인 투자자라면 약 2.5억원 수준의 투자를 할 수 있다. 1억원이 원금인데 2.5억원어치 주식을 매수했을 경우, 주가가 40% 상승하면 1억의 수익을 낸다. 즉, 원금 기준으로는 100%의 수익을 낼 수 있다. 반면 주가가 하락해 40% 손실이라면 깡통계좌가 된다. 레버리지를 일으켜 주식에 투자한다는 것에는 고수익의 매력만큼 큰 위험이 도사리고 있다. 따라서 레버리지 투자는 아무리 강한 시황이라고 해도 시장 판단에 능숙하고 주식 투자 경험이 많은 투자자에 국한해야 한다.

시장 하락 시기에 큰 손실을 내고 시장에서 떠나는 투자자는 대부분 레버리지 투자자다. 투자 원금 안에서 일부 현금을 유지하며 거래한 개인 투자자나 레버리지 사용을 하지 않는 기관 투자가, 외국인은 시장 하락 시기에도 실적이 좋은, 성장 가치주를 손절매하지 않고 기다릴 수 있다. 시장의 왜곡이 정상화되고 다시 반등하면 손실을 입지 않거나 수익을 내고 매도할 수 있다. 그러나 레버리지를 이용한 투자자는 그렇게 하지 못한다. 단기 급락으로 30~40% 하락하면 담보 부족으로 반대 매매가 되기 때문이다. 기다림에 한계가 있는 것이다. 따라서 무엇보다 중요한 것은 아주 특별한 경우를 제외하곤 레버리지 투자를 하지 않는 것이다. 만일 레버리지 투자를 하더라도 1억원 원금이라면 베팅하고 싶은 주식에 일부, 약 2000만~3000만원만 사용하는 것이 현명하다. 과거 글로벌 금융위기의 발단이 레버리지를 이용한 부동산 투자였다는 사실을 상기하자.

주식시장이 상승 추세라면 주식 보유 비중을 높게 하고 시장이 하락 추세라면 현금 보유 비중을 높게 한다는 것은 당연한 상식이며 누구든 그렇게 생각할 것이다. 그러나 주식 투자에서 가장 큰 적은 자기 자신이다. 이성은 시장이 매도 신호를 주며 현금 확보를 해야 하는 상황이라고 판단하지만, 감정은 실행에 옮기지 않는 것이 현실이다. 자신이 정해 놓은 매도 신호가 발생했을 때 보유 주식을 수익이든 손실이든 매도해 현금을 확보하는 행동을 실제로 할 수 있는가? 내 주식만은 상승하거나 보합권에서 버틸 수 있다고 생각하지 않은가? 시장이 하락할 때는 상승할 때 움직이는 폭보다 크게 움직인다. 상승 변동성보다 하락 변동성이 더 크다. 즉, 약세 시장에서는 주식을 매수해 수익을 낼 확률과 폭보다 손실일 확률과 폭이 더 크기 때문에 주식을 보유하거나 섣불리 투자하지 말고 현금을 보유해 시장을 관망하라고 하는 것이다.

시장에는 극단적으로 레버리지를 이용하여 주식을 'full'로 보유하며 투자하는 사람도 있고 항상 현금으로 투자하는 사람도 있다. 주식을 많이 보유하는 사람은 주식시장의 상승을 기대하고 자신이 투자한 기업의 가치를 믿고 투자해 일정한 기간 동안 기다리는 사람이다.

반면 늘 현금을 보유하며 장중 단기 거래로 투자하는 사람은 주식을 보유하는 동안 시간의 위험을 피하고자 자신이 제어할 수 있는 장중 시간에만 투자하는 사람들이다. 양 극단의 투자자는 분명 자신들의 투자 철학이 있다. 일반적인 투자자라면 시장 상황을 살펴야 한다. 시장 상황이 상승 추세인지 하락 추세인지 상승 후 박스권인지 하락 후 박스권인지 등의 판단은 기술적 분석의 영역이다. 주식 보유와 현금 보유 비율은 시장 상황에 따라 달리해야 하므로 현 시장에 대한 판단, 즉 시황 판단은 모든 투자에 우선한다.

초기 매수할 때는 원금의 일부만을 사용해 분할 매수해야 한다. 나는 이때의 매수를 '척후병'을 보낸다고 표현한다. 만일 예상대로 주가가 움직여 주면 나머지 금액을 더 투자해 매수한다. 매수 후 주가가 하락할 때, 시장 변동성 때문이라면 매수 가격 아래에서 추가 매수도 고려해볼 수 있다. 그러나 시장 상황 때문이 아닌 자신의 판단이 틀려서 주가가 하락한다면 매수 가격 아래에서 추가 매수하면 안 된다. 그것이 '물타기'이고 물타기는 주식 투자에서 절대 하지 말아야 할 행동이다. 항상 원금을 조금이라도 남겨 두는 이유는 주가 움직임이 좋을 때 수익을 극대화할 베팅을 위한 것이며, 예상치 못한 시장 상황에 대응하기 위해서다. 100% 한 종목을 매수해 보유하고 있다면 변화하는 시장에 대응할 유연성이 없다. 따라서 시장이 좋을 때에는 20~30% 정도의 현금을, 시장이 나쁠 때에는 50% 정도의 현금 비율을 가져가며 투자하는 것이 안정적이다.

매도 규칙

주식 투자자들이 가장 어려워하는 것이 매도다. 이익실현 매도는 물론이고 손절매는 더더욱 그렇다. 단기 급등하는 주식을 이익실현하고 다시 매수하려 할 때에는 재매수 타이밍을 주지 않고 급등해 버리기 일쑤다. 손절매 타이밍에 주저하다가 큰 손실을 입는 일도 허다하다. 대부분의 투자자들이 주식을 매수할 때는 심사숙고해 좋은 주식을 좋은 타이밍에 매수한다. 그러나 매수한 후 어느 정도 수익을 내다가 결국 다시 손실인 상태로 가는 경우가 많다. 주식을 매수한 이후 곧바로 손실인 경우는 그리 많지 않을 것이다. 이익실현 매도를 잘못한 경우는 추가적인 이익을 실현하지 못한 미실현 이익이니 어쨌든 이익은 낸 것이다. 그러나 손절매 타이밍을 놓치면 큰 손실을 입을 수 있다.

이익을 극대화하는 매도는 어떻게 해야 할까? 앞서 많이 언급했듯이 단기 급등하는 주식도, 추세적으로 큰 폭 상승한 주식도 중간 중간 하락 조정을 거친다. 당일만 해도 그렇다. 결국 강한 상승으로 마감하는 주식도 장중에는 하락하며 마음 고생을 시킨다. 그렇기 때문에 주식은 매수를 결정하기도 참 어렵지만 일단 매수한 이후에는 언제 매도해야 할지를 판단해야 하므로 머릿속은 늘 복잡하다.

우선 이익실현 매도를 생각해 보자. 많은 투자자들이 이익실현은 작은 폭으로 짧게 하고 손실은 키우는 매매를 한다. 그것은 다분히 심리적인 요인 탓이다. 따라서 매도에 대한 전략을 주식을 매수하면서 동시에 세워야 한다. 시장이 상승 추세일 때는 매도 타이밍을 좀 더 천천히, 시장이 하락 추세일 때는 매도 타이밍을 빠르게 가져가는 것은 기본이다. 시장 상승 시기에 주도 업종 내의 주도 종목에 투자하고 있다면 욕심을 낼 필요가 있다. 매수할 때부터 자신이 투자한 주식이 주도 업종이고 주도 종목이라는 것을 알진 못했을 것이다. 그러나 매수 이후 시장 상황도 그렇고, 자신이 투자한 주식이 주도 업종 내의 주도 종목이라는 판단이 서면 시장의 추세적 하락 전환이 있을 때까지 충분히 홀딩해야 한다.

그러나 자신이 매수한 주식이 후발 또는 주변주이거나 시장에서 각광받는 주도 업종이 아니라면 추세에 따라 매도해야 할 것이다. 시장이 좋다고, 같은 업종의 다른 주식이 상승한다고, 막연히 기다리지 말고 한 추세 구간 내에서 상승 후 눌림목 하락 조정이 나타나면 매도해 이익실현을 해야 한다. 그것을 조정이라고 기다려서는 안 된다. 매도할 때는 '내가 매도한 후 급등해 버리면 어쩌지?' 하는 두려움이 생긴다. 그러한 두려움을 피하는 방법이 분할 매도다. 이때도 시장에서 많은 투자자들이 사고 싶어 하는 주도주라면 전체의 10% 정도씩을 분할 매도하면서 이후 추이를 살핀다. 그러나 주도주가 아니라면 30% 정도 이상 매도하면서 추이를 살펴야 한다.

만일 어떤 주식을 보유하고 있는데, 단기 급등으로 약 20% 수익을 냈다고 하자. 이때 조정 하락을 예상하고 전체 비중의 약 30% 정도 이익실현을 했다면 그 주식의 주가가 다시 자신이 매수한 가격 근처까지 하락해도 기다릴 수 있다. 이미 이익실현한 30%가 있기 때문에 나머지 보유 주식을 매수가에 매도해도 그 투자는 이익이기 때문이다. 그러나 일부 이익실현을 하지 않고 전체 보유로 기다렸는데 자신이 매수한 가격권까지 내려오면 심리적으로 상당한 압박을 받을 것이다. '많이 올랐을 때 그냥 이익실현 할 것을', '그때 조금이라도 매도할 것을', '여기서 좀 더 내리면 손실인데 이제 매도해야 하나?' 등등의 생각이 머릿속을 떠나지 않을 것이다. 마침내 주가가 자신이 매수한 가격권 아래로 내려가면 아마도 대부분 손절매를 고려할 것이다. 이럴 때 미련을 두고 손절매하지 않고 기다렸다가 낭패를 본 경험이 많기 때문이다.

시장은 아이러니하게도 짜증내면서 매도하고 나면 그때부터 다시 상승한다. 그렇기 때문에 주가가 어느 정도 상승해 매도세가 나타나면 일부 분할 매도를 하는 것은 심리적인 안정과 추가적인 이익 추구에 반드시 필요하다. 자신이 매수한 주식이 시장에서 가장 강한 업종 또는 종목군에 속한 것이라도 그렇다. 그러나 일부 매도를 하지 않고 조정 하락이 있다 하더라도 끝까지 기다리겠다고 판단했다면 조정 하락으로 수익이 줄어드는 것에 미련을 두지 말아야 하며 만일 자신이 매수한 가격권까지 하락한다면 미실현이익에 대한 미련보다는 손실에 대한 객관적인 시각이 필요하다.

상승하고 있는 주식을 일부 매도해 이익실현을 하지 못하는 이유 중에 욕심도 있겠지만, 매도 후 재매수를 하는 매매 스킬이 없기 때문이기도 하다. 하락할 것이라고 판단해 매도했는데, 자신의 판단과 달리 상승하면 자신이 매도한 가격보다 높은 가격이라도 다시 매수해야 한다. 자신의 실수를 인정해야 한다는 뜻이다. 그것을 하지 못한다면 매도 후 재매수는 영영 하지 못할 것이다. 많은 시스템 매매 설계자들이 '매도 후 재매수'의 알고리즘을 중요하게 여기는 이유다. 이익실현 매도는 기술적 분석상 추세적으로 볼 때 전고점을 돌파하고 단기 급등이 나타나면 분할 매도 해야 한다. 이후 조정 하락이 있으면 재매수 그렇지 않으면 나머지만 보유하면서 추가 이익을 추구해야 한다. 재매수는 하락 시에 매수하는 것이 아니고 하락 조정 후 다시 상승하는 것을 보면서 매수하는 것이다. 매수 2원칙에서 설명한 바 있다. 이익실현 매도에 기술적으로 '트레이딩 매도'라는 시스템을 적용하는 것도 하나의 방법이다. 매수 후 HTS에 일정률 위로 자동 매도 주문을 해두는 것이다. 주가가 상승하면 매도 주문이 자동으로 주가 상승을 반영해 위로 변경된다. 가령 1만원 매수 후 1만1000원에 매도 주문을 하였는데, 주가가 1만700원으로 위로 상승하면 매도 주문이 1만1500원 등으로 변경되는 주문이다. 분할해 매도 주문을 넣을 수 있는 자동 프로그램도 되어 있으므로 이용하는 것도 방법이다.

손절매는 이익실현보다 훨씬 어렵다. 손실인 상태에서 매도하는 것이기 때문에 심리적으로 매도하기 싫다는 마음이 더욱 앞설 것이다. 이익이 난 상태에서 매도하지 못해 손실이 되어 버린 주식이거나 자신의 매수 선택이 잘못되었다는 것을 인지한 상태에서는 더욱 괴롭다. 그러한 심리적인 이유 때문에 손절매 타이밍을 놓치는 건 주식시장에서 가장 흔한 매도 실패다. 손절매를 잘해야 한다는 것은 웬만한 투자자들은 공감할 것이다. 문제는 생각한 대로 행동하지 못한다는 것과 손절매를 어떻게 해야 할지 모른다는 것이다. 어떤 투자자들은 자신이 손절매를 못한다고 인정하고, HTS를 이용해 매수 가격 이후 일정 정도 하락하면 자동으로 매도가 나가도록 해놓는다. 그러나 그것은 매우 위험한 매도 전략이다. 주식은 장중 등락이 있으며 특히 변동성이 심한 시장에서는 대형주 또는 우량주라 할지라도 하루에 5% 이상 등락한다. 만일 손절매 원칙을 −5%라고 정하고 시스템상으로 매수 가격에서 5% 이하가 되면 자동으로 매도가 나가게 설정했다면 그 투자자는 자신이 매도한 주식이 나중에 보면 많이 상승해 있는 것을 자주 보아야 할 것이다. 주식 투자에서 가장 가슴 아픈 상황이다.

무조건 5% 또는 3%가 손실 나면 손절매 한다든지 하는 손절매 원칙은 적절하지 않다. 10% 정도까지 하락해도 기다릴 수 있는 주식이 있는가 하면 매수 후 1~2%만 하락해도 위험한 주식이 있다. 주식마다 등락의 폭이 다르고 주식마다 상승 주기와 하락 주기가 다르다. 따라서 일정한 폭과 일정한 금액으로 손절매를 정하는 것이 아니라 주식의 속성과 매수한 시기에서의 기술적 분석상의 상황 그리고 시장 상황에 따라 손절매 가격을 정해 두어야 하는 것이다. 가령 시장이 고점을 찍고 하락하는 추세에서 주식을 매수했다면 매수 후 직전 저점 가격을 하향하는 시점을 손절매로 잡는다든지, 약 3% 이내의 짧은 손절매 폭을 정해야 한다. 그렇지 않으면 자칫 큰 폭의 손실을 입을 수 있다. 반면 시장이 강세일 때는 당일 매수 후 약 3%의 손실이 났다 하더라도 다음 날 다시 상승할 수 있는 시장 상황이기 때문에 기다릴 수 있다. 따라서 손절매 폭을 좀 더 크게 잡을 수 있다. 차익실현 매도는 애초에 목표 가격을 정하고 매수했기 때문에 별반 어렵지 않다. 반면, 손절매나 위험관리 매도는 시황에 따라 섹터 및 주식별로 다르게 적용해야 하므로 어렵다. 가장 간단한 방법은 차트에 의한 방법이다. 정확히 표현하면 수급에 의한 방법이다. 차트 분석편에서 강조했듯이 강한 매수 및 매도의 주체가 어떤 가격에 거래했는가로 매도 가격을 정한다. 단기 거래자들이 전일 또는 최근일 매수한 주체들이 집중 매수한 가격 아래로 하락하면 매도하듯이 일봉이나 주봉에서 돌파한 가격을 지지하지 못할 때 매도해야 한다. 결국 돌파한 가격이 손절매 가격이 되는 것이다. 주가는 일정한 기울기로 움직인다. 만일 45도 각도로 상승과 하락을 반복하는 주식이 어느 날 90도 직각으로 급등한다면 다시 원래 추세대로 회귀하려는 성향이 있다. 즉, 그러한 각도의 상승엔 일부 매도하는 것이 맞다. 수직으로 급등하는 주식을 추격 매수하는 투자자들도 있는데, 그들은 일단 손실이 나더라도 보유할 작정인 투자자들이다.

시장 주도 종목이 하락하는 과정 속에서 이익 가치 또는 성장 가치 대비 과도한 하락이라고 판단해 매수했다면, 추가적으로 10% 정도 더 하락한다 하더라도 그 주식의 가치를 믿고 기다릴 수 있다. 그러나 루머에 의해 급등한 소형주가 하락할 때 매수했다면 고점에서부터 충분히 하락했다 하더라도 자신이 매수한 가격권에서 더 내려가면 기다리지 말아야 한다. 단기 급등한 개별 소형주는 하락 시에 예상보다 더 크게 급락하는 경우가 많기 때문이다.

손절매에서 가장 중요한 것은 손절매하는 방법론이 아니다. 어떤 방법론을 선택하였든지 그것을 지킨다는 것이 더욱 중요하다. 손절매에서 또 중요한 것은 자신이 손절매하고 나서 주가가 상승하면 어쩌나 하는 두려움을 없애야 한다는 것이다. 매도했다는 것은 다시 상승하기 힘들다는 판단이었기 때문이다. 누가 곧 상승할 수 있는 주식을 매도할 것인가? 당분간 다시 상승하기 힘들 것이라고 판단하고 매도했는데 곧바로 강하게 상승했다면 자신의 판단 실수를 인정하고 다시 매수하면 그뿐이다. 주식 투자는 매번의 투자가 개별 상황이다. 매수 후 매도했다면 그것이 이익이었든, 손실이었든 한 번의 투자가 종료된 것이다. 이후 동일 주식을 다시 거래해도 그것은 새로운 투자다. 매도하고 나서 '다시 못 사면 어쩌지' 하는 마음은 스스로 자신을 신뢰하지 못하는 것이다. 더 싸게 사면 좋고, 비슷한 가격이거나 좀 더 위라도 이후 더 많이 상승할 것이라는 판단이라면 다시 매수할 수 있어야 한다.

+11,00.00
69.8112

7
chapter

알아두면 도움이 되는 것들

01

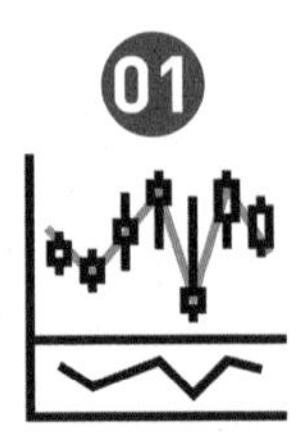

공매도와 대차거래

주식 시장 본연의 의미는 기업의 자금 조달에 있다. 성장하는 기업이 주식 시장에 상장해 불특정 다수의 투자자로부터 자금을 유치하는 것이다. 발행시장의 의미다. 상장한 기업의 성장에 투자하기 위해 주식을 사고팔 수 있도록 한 것이 유통시장이다. 그런데 공매도는 어떤가? 공매도란 주식을 가지고 있지 않은 투자자가 향후 주가 하락을 예상하고 매도하는 것이다. 우리나라는 원칙적으로 공매도를 금지하고 있다. 대신 대규모로 주식을 보유하고 있는 투자자로부터 주식을 빌려서(대차거래) 매도하는 것을 허용한다. 그것을 대주매도라고 한다. 대규모로 주식을 보유하고 있는 기관은 은행, 보험, 연기금 등이다. 예를 들어 삼성전자 100만주를 보유하고 있는 기관이 공매도하고 싶은 다른 투자자에게 이자를 받고 주식을 빌려주는 것이다. 그 이자 수입도 만만치 않을 것이다. 통상 돈을 빌리는 현금 거래보다 주식을 빌려주는 경우의 이자가 더 높기 때문이다. 많은 증권사가 고객의 주식을 기관(대부분 외국 기관)에 빌려주고 이자를 받아 고객에게 돌려주는 대차거래를 하고 있다. 그러다 보니 기관의 공매도는 활발하고 개인들은 제한된 범위 내에서 거래가 이뤄지고 있다. 최근에는 개인의 주식을 개인이 빌려서 매도할 수 있게 해주는 P2P 시스템이 개발되고 있고, 공매도를 할 수 있는 CFD와 같은 상품들이 개발돼 거래되고 있다.

공매도 제도를 폐지해야 한다는 목소리가 끊이지 않고 있다. 공매도는 그야말로 머니 게임이다. 특정한 주식을 대규모 자금을 가진 세력들이 끌어올리듯이 지속적으로 공매도해 주가를 끌어내릴 수 있기 때문이다. 특정한 세력이 주가를 인위적으로 끌어올려 과열로 치닫는 경우가 발생한다. 따라서 주가의 적정 가치 회귀를 위해 공매도 제도는 그 자체로 인정되어야 한다고 주장하는 측도 있다. 유통시장의 기능 면에서 이론적 근거는 맞다. 그러나 제로섬 게임이 아닌 주식 시장에서 순기능과 역기능의 측면에서 따져 보면 공매도는 분명 좋지 않다. 인위적이든 어떻든 간에 주가가 오르면 주식 투자를 하는 수많은 투자자에게 자본이득이 발생하고 자본이득은 가처분소득을 증가시켜 한 나라의 소비 증가, 즉 내수에 좋은 영향을 줄 수 있다. 반면 공매도 세력의 득세로 많은 투자자에게 투자 손실이 발생하면 투자를 포기하거나 주식시장에서 떠나갈 것이다. 투자자의 손실은 바로 내수 경기 위축으로 이어지고 채권시장이나 부동산시장에도 악영향을 줄 수 있다. 주식시장의 상승과 주가의 상승은 한편의 투자자들이 돈을 잃고 그만큼 누군가 수익을 내는 구조가 아니다. 그 기업에 투자하고 있는 모든 투자자의 수익이다. 물론 공매도 세력은 반대일 것이다.

2020년 코로나 바이러스 사태로 공매도가 한시적으로 금지되었다. 직전 한국 주식시장에 상장되어 있는 주식들의 대차거래를 살펴보면 정말 어마어마하다. 웬만한 주식의 대차잔고가 총 주식의 10~20%선이다. 총 주식의 20% 정도가 공매도를 언제나 할 수 있는 대차 잔고인 것이다. 대주주와 주요 주주의 보유 지분을 빼고 실질 유통 주식으로 한정하면 그 비중은 실로 놀랍다. 대차 잔고의 주식이 모두 매도로 나오는 것은 아니지만 언제든지 매도할 수 있는 대기 잔고다. 대차 잔고와 대주 매도가 이처럼 급속도로 증가한 것은 우리나라 주식시장이 안정적인 우상향 추세 상승을 하지 못하기 때문이다. 북한과 대치하고 있다는 지정학적 리스크도 외국인들 시각에서는 하락 변동성을 주는 요인이기도 하다.

하지만 안정적인 수익을 추구하는 '롱 숏' 펀드가 대 유행을 하면서 대주 매도가 급속히 증가한 면이 있다. 롱 숏 펀드의 투자는 롱은 매수, 숏은 매도를 의미하는 것으로 상승 예상 업종이나 기업을 매수하고 반대로 하락 예상되는 업종이나 기업을 매도해 만일 판단이 틀릴 경우에도 반대의 포지션으로 큰 손실이 없도록 유지하며 수익을 추구하는 펀드다. 롱 숏 펀드들은 일방향으로 투자하면 안 되기 때문에 반대 포지션으로 매도(대주 매도)를 하는 것이고 그 준비를 위해 주식을 빌려서 가지고 있다.

기관 투자가나 외국인들이 대규모 자금을 운용하면서 한 방향으로 투자하지 않고 투자 판단이 틀릴 경우를 대비해 헷지 하는 거래나 롱 숏 거래를 하는 것은 일면 이해할 수 있다. 문제는 개인 투자자다. 개인 투자자들은 대규모 자금이 아니기에 그들처럼 헷지 거래를 하기 어려울 뿐 아니라 주식을 빌리는 것조차 자유롭지 않다. 대주 매도의 거래가 외국인과 기관 투자가들에게 특혜가 된 것이다. 그러한 상황에서 공매도 세력에 의해 개인 투자자들이 투자하고 있는 주식의 주가가 지속하여 하락하는 경우가 빈번하게 발생하기에 공매도는 폐지하거나 제한을 두어야 한다는 목소리가 계속 나오고 있는 것이다.

특정한 주식을 허위로 호재를 퍼뜨리거나 미래의 성장을 부각하면서 주가를 올리는 세력을 거래소에서는 강력하게 단속한다. 소위 '주가 조작'을 하는 세력이다. 반대로 허위로 악재를 퍼뜨리는 방법으로 자신들이 공매도한 주식의 가격이 급락하도록 하는 세력이 우리 시장에 존재하고 있다. 공매도라는 제도 자체보다는 주가를 끌어내리려는 세력의 악성 루머가 더 큰 문제다.

성장하는 기업을 발굴하고 그 기업의 주식에 투자하는 수많은 투자자의 방향과는 다르게 공매도 세력에 의해 기업의 성장이 저해되고 많은 선량한 투자자들이 손실을 입는 일이 빈번히 발생한다. '업틱 룰'과 같은 일부 규제 장치가 만들어지긴 했지만 공매도 제도 자체는 지속될 것이다. 매수 주체를 파악하는 것이 중요한 것처럼 대차 잔고, 공매도 주체와 수량을 체크하는 것도 중요하다. 특히 공매도가 집중되는 주식은 그 이유를 한 번쯤 체크할 필요가 있다. 공매도 주체가 무작정 아무 주식이나 매도하는 것은 아니라는 점을 생각해야 한다.

차익 거래와 웩더독

차익 거래란 현물(KOSPI 200지수, S로 표시)을 기초 자산으로 한 지수 선물(F로 표시)의 가격 차이(베이시스, F−S=B, B로 표시)를 이용하여 수익을 추구하는 거래다. 미래 특정 시점의 S의 가격은 시장 참여자들이 제각기 다르게 예측할 것이다. 그 예측의 차이 때문에 F는 때론 급격하게 상승하기도, 하락하기도 한다. 급격한 상승으로 F가 S보다 높을 때 B는 양의 값을 갖는데 이를 '콘탱고'라고 한다. 반대의 경우는 S가 F보다 높아 B는 음의 값을 갖는데 이를 '백워데이션'이라 한다. F는 S의 가격을 예측하는 것이므로 결국 미래의 특정 시점(만기일, 우리나라는 3, 6, 9, 12월 둘째 주 목요일)에는 F=S 동일하다. 그러나 만기일이 많이 남을수록 F와 S는 가격 차이가 크고 때론 시장의 급격한 변동성 때문에 급격히 벌어질 수 있다. 그렇지만 결국 F와 S는 동일 가격이 되어야 하므로 둘의 가격 차이는 수렴할 수밖에 없다. 만일 F가 급격히 상승했다면(고평가라고 부른다) F를 매도하고 S를 매수해 향후 F의 하락과 S의 상승 시기, 즉 수렴의 시기에 양쪽을 반대로 청산, 즉 F를 매수하고 S를 매도해 그 차이만큼 수익을 낼 수 있다.

다소 재미없는 선물시장 이론을 설명했다. 그럼에도 주식시장을 이해하려면 반드시 알아야 한다. 과거 2010년에서 2012년까지 한시적으로 우정사업본부의 차익 거래에 대해서는 증권거래세를 면제해 주었다. 당시 규모는 1조 원 수준으로 전체 프로그램 거래의 57%를 차지하며 차익 거래 시장을 주도했다. 2012년 이후 거래세 면제가 없어지면서 국가지자체의 차익 거래는 거의 사라져 외국인이 주도하는 시장이 되었다. 외국인들에 의한 시장 결정은 어제 오늘 일이 아니지만 차익 거래를 하는 국내 기관마저 사라지면서 더욱 강력하게 좌우되었다. 차익 거래를 통한 수익은 아주 작기 때문에 세금이 중요하다. 2017년 4월부터 다시 한시적으로 국가지자체의 차익 거래 매도 분의 거래세를 면세해 주면서 우정사업본부는 다시 차익 거래 시장에 진입했다.

금융 투자는 미니 선물이 시행되면서 차익 거래를 활발히 시도하고 있다. 매월 만기, 특히 동시 만기 때의 금융 투자 거래는 거의 대부분 차익 거래의 청산 거래다. 만기 주간이 되면 이 거래가 일시적으로 시장 방향을 결정한다.

차익 거래를 통한 프로그램 매매가 하루 시장 거래 대금의 10%를 넘어서면 시장 방향에 중요한 영향을 끼칠 수밖에 없다. 선물거래는 시장에 변동성과 유동성을 공급할 뿐 아니라 미래의 현물 가격을 어느 정도 예측할 수 있는

'가격 발견' 기능도 한다. 그렇기 때문에 선진 시장일수록 파생상품과 연계된 차익 거래가 활발한 것이다. 시장이 추세적으로 상승하거나 하락하지 않고 박스권에 있을 때는 차익 거래에 의한 프로그램 매매가 시장의 방향을 좌지우지 한다. 그러한 현상을 웩더독 현상이라고 한다.

웩더독(Wag the dog)이란 꼬리가 몸통을 흔든다는 의미로 주객 전도를 말한다. 주식시장에서는 선물(꼬리)이 현물(몸통) 시장을 좌지우지 하는 현상을 말한다. 선물시장은 현물시장의 위험을 헷지하기 위한, 즉 보완 시장으로 개설되었으나 선물의 영향력이 커서 오히려 주식시장 전체의 흐름을 이끌 때 이 말을 사용한다. 우리나라 시장에서는 시장이 취약할 때 웩더독 현상이 빈번히 일어난다.

주식을 사고파는 투자자들이 차익 거래를 알아야 하는 이유는 자신이 투자하고 있는 주식이 특별한 이슈나 재료 없이 일정 기간 동안 상승하기도 하락하기도 하기 때문이다. 특히 박스권 시장에서는 기관 매수를 추격 매수했는데 얼마 후 이유 없이 기관 매도가 나오면서 다시 하락하는 경우가 많다. 주식의 수급을 볼 때 외국인, 기관, 개인 등으로 분류해 누가 사고팔았는지에 관심이 많을 것이다. 수급을 좀 더 세심하게 분석하려면 차익 거래를 위한 프로그램 매수 및 매도가 얼마나 되는지를 알아야 한다. 프로그램으로 들어온 매수세는 그 기업의 가치나 성장을 보고 들어온 것이 아니므로 베이시스가 줄어들거나 만기에 가까워지면 다시 매도로 나올 것이기 때문이다. 그래서 주가 움직임의 이유와 흐름을 이해하려면 차익 거래를 이해해야 하며 특히 코스피 200의 대형주들은 차익 거래를 통한 주가 움직임이 활발하다는 것을 알아야 한다고 하는 것이다.

03

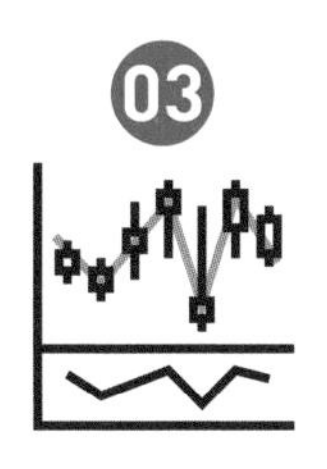

CB / BW

기업은 보통 세 가지 형태로 자금을 조달할 수 있다. 은행에서 차입, 채권 발행, 마지막으로 주식 발행이다. 은행에서 차입이나 채권을 발행하는 건 남들에게 빌려오는 돈이고, 나중에 갚아야 하는 돈이므로 기업의 부채다. 하지만 주식 발행은 기업의 미래 가치에 투자금을 받는 것이기 때문에 기업의 자본에 해당한다. 중소형 성장 기업은 증자나 회사채 발행보다 자금 조달이 쉽고 금리가 낮은 '메자닌'인 CB와 BW를 많이 발행하는데 미래의 주가와 연관해 알아둘 필요가 있다.

CB(convertable bond) 전환사채는 사채로 발행되나 일정 기간이 지나면 채권 보유자의 청구가 있을 때 미리 결정된 조건대로 발행 회사의 주식으로 전환할 수 있는 특약이 있는 사채를 말한다. 투자자는 CB를 발행한 기업으로

부터 일정 기간마다 약속된 이자를 지급받다가 주가가 상승하면 주식으로 전환해(이 과정에서 채권은 소멸) 시세차익을 얻을 수 있다. 기술력이 있더라도 신생 기업이 주식 발행으로 투자를 받기는 쉽지 않다. 채권은 회사가 망하지 않는 한 원금을 돌려받을 수 있다. 또한 주식으로 전환할 수 있는 권리를 부여했기 때문에 성장 초기에 발행하기가 수월하다. 성장 파이프라인을 보유한 기업이 자금 조달을 위해 CB를 발행해서 기관 투자가로부터 투자를 받는다. 투자한 기관은 채권에 투자한 것이지만 미래의 주가 상승을 고려한 투자다. 우리나라 바이오주나 IT 중소형주들이 흔히 발행하고 있다. 기관은 성장 기업에 상장하기 이전에 또는 상장 후 성장 초기에(낮은 주가) CB에 투자했다가 향후 기업의 주가가 상승할 때 주식으로 전환하면 큰 수익을 낼 수 있다. 전환사채는 공모 및 사모로 발행할 수 있으며 때론 제3자 배정으로 발행한다. 이때 제3자인 기관은 낮은 가격에 투자할 수 있는 일종의 특혜를 받는다고 볼 수 있다. 그렇기에 소위 작전 세력들이 성장 초기 기업의 CB에 투자해 막대한 수익을 거두는 사례가 빈번하다. 심지어 전환가격보다 시장 가격이 낮아지면 '리픽싱'(기준가를 재조정할 수 있는 조항, 최초로 발행된 전환가액에 70%까지 허용)으로 최초 약속한 가격보다 낮은 가격에 주식으로 전환할 수 있다. 리픽싱 조항은 작전 세력의 매집, 증여 등에 악용되기도 한다. 현재 가격보다 월등히 낮은 가격에 높은 지분율의 주식을 취득할 수 있기 때문이다.

BW(Bond with warrant) 신주인수권부 사채는 신주인수권, 즉 새로 주식을 살 수 있는 권리가 붙어 있는 사채다. 회사가 나중에 신주를 발행할 때 우선적으로 인수할 권리가 포함된 채권이다. 이 채권에 투자하면 채권 이자도 받고 신주를 살 수 있는 권리도 가져갈 수 있다. 신주인수권(워런트)은 가격이 붙어 거래된다. 가령 신주인수권부 사채 1매에 2주의 신주인수권이 붙어 있고 행사가격이 1만원이라면 미래에 기업이 증자할 때 주가가 1만원 이상이면 '워런트' 행사로 주식을 매수할 수 있고 1만원 이하라면 신주인수권은 포기할 수 있다. 신주인수권을 행사해도 채권의 권리는 살아 있기 때문에 이자와 만기 시 원금을 받을 수 있다. 기업이 BW를 발생하는 목적은 자금 조달이다. 유상증자, 회사채 발행 등으로 자금 조달이 어려운 성장 기업들이 회사의 미래 성장을 약속하며 채권을 팔면서 덤으로 신주인수권을 얹어 주는 것이다. 발행 회사는 낮은 금리로 자금을 조달할 수 있고 투자자는 채권 투자에 덤으로 신주를 인수해 시세 차익을 기대할 수 있다. 기존 주주는 회사가 마련한 돈을 성장에 쓴다면 주가 상승을 기대할 수 있지만, 운영 자금 부족, M&A 자금에 사용해 회사의 성장에 도움이 되지 않는다면 향후 주식수가 증가해 EPS가 감소할 우려가 있다.

CB는 주식으로 전환하면 기존의 채권 자체가 소멸되지만, BW는 주식을 인수할 수 있는 권리로 주식을 인수해도 채권은 그대로 남아 있다는 것이 가장 큰 차이점이다. BW는 인수권을 사고팔 수 있는 것 또한 중요한 특징이다. 과거 채권과 인수권을 분리해서 매매할 수 있는 분리형일 경우 악용될 소지가 많았다. 대주주 등이 BW를 발행하여 채권으로 자금 조달을 하고 낮은 가격의 인수권을 분리해 특정인(기관)에 매각함으로써 적은 금액으로 높은 지분율의 주식을 매수하게 해줄 수 있기 때문이다. 이 때문에 상장회사는 비분리형 BW만 허용된다.

CB나 BW는 중소기업이 많이 발행한다. 자본 조달의 장점 때문이다. 가령 CB를 발행했는데 전환권을 행사하면, 채권은 소멸되고 주식이 생기니 부채는 사라지고 자본이 올라가서 재무구조가 훨씬 좋아지는 효과를 얻을 수 있다. 투자자 입장에서도 금융 상품이 많아지면 선택권이 그만큼 많아지기 때문에 좋을 것이고, 덤으로 좋은 권리가 붙은 상품이기에 더욱 그렇다.

하지만 개인 투자자 입장(일반 주식투자자)에선 이러한 변종 채권을 많이 발행하는 기업을 주의해야 한다. CB전환으로 재무 구조가 좋게 보이는 착시현상이 일어날 수 있다. 잦은 리픽싱으로 특정인(기관)에게 낮은 가격으로 주식을 매수할 수 있게 해주는 경우도 있다. CB와 BW를 빈번하게 발행하면 신주물량이 계속 많아져 결국 기존 투자자 입장에서는 보유 지분이 희석돼 주가 하락의 원인이 될 수 있다. 앞서 가치분석편에서 기업 분석 화면의 '자본금 변동 내역'이 중요하다고 설명한 바 있다. 어떤 기업은 빈번하게 CB와 BW를 발행한 것을 볼 수 있다. 주가가 상승하면 지속해서 CB의 주식 전환 때문에 시장에 매물이 나온다. 신주인수권 행사로 한 번에 대량의 주식이 증가하기도 한다. 유통시장의 투자자의 입장에서는 기업이 성장하면 기업 가치의 상승, 즉 주가가 상승해야 하는데, 지속적으로 전환 물량이 시장에 매물로 나와 주가가 하락하는 경우를 많이 본다. 그들은 낮은 가격에 전환했거나 신주 인수를 하였기에 지금의 주가에서 이미 큰 수익인 상태가 대부분이다. 기업의 가치 성장으로 주가 상승을 기대했는데, 낮은 가격으로 변종 채권에 투자한 사람들이 차익실현을 하면 주가 상승에 큰 걸림돌이 된다. 그래서 투자할 기업이 과거에 CB,BW를 얼마나 발행했는지를 확인해야 한다. 특히 제3자 배정으로 발행했을 경우 주의가 필요하다. 전환 시기와 전환 가격 그리고 물량을 체크해야 유통시장에서 수급 변화를 알 수 있다.

분리형 BW는 경영권의 편법 승계나 방어 목적으로 악용되는 사례가 많았다. 이에 금융당국은 자본시장법 개정을 통해 분리형 BW 발행을 전면적으로 금지했다가 2015년 7월 공모 발행의 경우에는 그러한 위험이 상대적으로 적다는 이유로 예외적으로 허용하고 있다. 3자 배정 CB 역시 회사가 특정인에게 낮은 가격으로 대량의 지분을 넘겨줄 때 사용되곤 한다. 우리가 알고 있는 기업들의 승계와 관련된 소송을 살펴보면 대부분 CB, BW와 연계돼 있다. 주식 투자자들은 이 같은 자본 변경을 관심을 갖고 지켜보아야 한다.

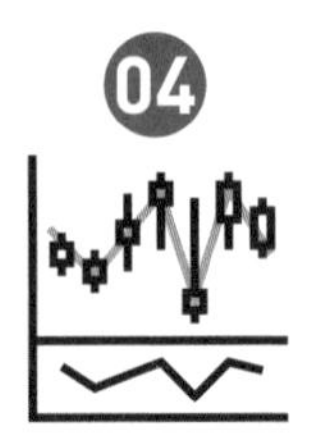

유상증자(제3자 배정)

주식시장에서 흔히 볼 수 있는 공시 내용 중 제3자 배정 유상증자, BW, CB발행 등이 있다. 기업의 자금 조달 방편이지만 이때의 주가 움직임은 마치 인위적으로 조작하는 듯한 일정한 패턴을 가지고 있다. 유상증자는 기업이 일정한 가격에 추가적으로 주식을 발행해 자본을 조달하는 것이다. 조달자금을 신규 사업에 쓰기도 하고 운영자금 또는 재무구조 개선에 사용하기도 한다. 자금을 신사업에 투자해 기업의 성장을 추구하는 긍정적인 면이 있는 반면 주식수가 늘어나 주식 한 주당 가치가 하락하는 것이므로 통상 주가는 하락한다. 제3자 배정 유상증자는 상장 기업이 유상증자를 하면서 주식을 보유하고 있는 모두(기존 주주)에게 참여 기회를 주지 않고, 특정한 제3자에게 새롭게 발행한 주식을 일정한 가격에 매수할 기회를 주는 증자 방식이다. 이 역시 주식수가 늘어나서 주당 가치가 하락하지만 주가는 상승하는 경우가 많다.

3자 배정으로 지분 참여한 기업이 대형 우량 기업이거나 시너지를 기대할 수 있는 기업일수록 주가는 상승한다. 유상증자로 인한 주가 움직임은 기본적으로 조달된 자금을 어디에 어떻게 쓰느냐에 따라 좌우된다. 재무구조 개선이나 운영자금으로 사용하면 기업 재무 상황이 좋지 않다고 판단돼 주가는 크게 하락한다. 신규 공장 건설이나 신사업 기술 개발 등 기업의 성장에 사용되는 경우 주가는 단기적으로 하락하지만 결국 다시 상승한다. 기존 주주 배정은 주가가 하락하는데 제3자 배정은 상승하는 경우가 더 많다. 제3자 배정 유상증자를 살펴보는 이유다.

중소기업 A가 대기업 B를 대상으로 제3자 배정 유상증자를 하면 투자자들은 대기업 B가 부품 또는 소재 등을 A로부터 원할히 공급받기 위해 자본 참여를 한다고 생각한다. 중소기업 B가 대기업의 자본도 받고 제품 공급처까지 확보했다고 생각하기 때문에 주가는 급등한다. 부실한 소기업 C가 일반 자산가 D씨 또는 일반 법인 F를 대상으로 3자 배정 유상증자를 하는 경우도 많다. 투자자들은 부실한 소기업 C의 재무구조가 좋아질 것으로 판단한다. 그리고 소기업 C의 이후 사업을 관찰하기 시작한다. C 기업은 활발히 신사업 계획을 발표하고 턴어라운드 된 이후 회사가 급성장하는 것처럼 보인다. 주식시장의 뻔한 세력들은 그것을 이용한다. 대기업으로부터, 중국 등 외국 기업으로부터, 일반 법인으로부터 자본 조달을 받아 기업 재무구조가 건실해지고 향후 기업이 성장할 것이라는 재료로 주가가 상승하는 것이다. 특히 소기업은 더욱 심해 주가가 5~10배까지 상승하기도 한다.

코스닥 상장 기업의 주가 흐름의 실제 사례를 보자. 주가가 3000원대의 A사는 특정 자문사를 대상으로 제3자 배정 유상증자를 한다(유상 주당 가격은 3000원으로 50억원 정도를 투자한다). 증자를 통해 유입된 자금을 신규 사업에 투자해 미래 성장에 파란 불이 켜졌다고 하며 주가는 6000원까지 단기 급등을 하고 박스권 조정을 한다. 특별한 이유가 없어 보이는데 주가가 다시 상승하기 시작해 9000원 선에 이른다. 얼마 후 무상증자 100%를 한다고 시장에 소문이 나기 시작한다.

(무상증자는 기업의 유보 자금으로 기존 주주에게 돈을 받지 않고 무상으로 주식을 교부해 주는 것으로 100%라는 것은 보유 주식 1주당 무상으로 1주를 준다는 것이다. 이론적으로는 1만원 짜리 주식 1주를 보유하고 있으면 무상으로 1주를 받아 2주가 되지만 주가는 무상증자 권리락이 되므로 최근 평균 거래 가격의 50%가 된다. 결국 투자자의 자산은 그대로다. 그러나 무상증자를 하는 기업은 여유 자금이 있다는 의미이고 성장성까지 있다면 무상 권리락 후 주가가 다시 상승하기 때문에 무상증자는 호재로 판단돼 주가는 단기 급등을 한다.)

무상증자 소문에 주가는 단기 급등을 하여 1만5000원까지 상승한다. 고점 1만6000원을 찍고 무상증자 100%를 발표한다. 권리락 돼 가격은 9000원대에서 시작한다. 기업의 재무안정성과 성장성에 대한 뉴스들이 빠르게 시장에 유포된다. 유상증자를 한 재원으로 신규 사업을 한 성과가 나오고 있고 향후

2~3년간 매출 및 영업이익이 급증할 것이라는 내용이다. 주가는 수급과 뉴스에 의해 다시 상승해 직전의 고점인 1만6000원을 넘어 2만3000원 고점을 찍고 하락한다. 하락하는 동안 개인 투자자는 실적이 좋아진다는데 왜 하락하는지 의아해한다. 애널리스트들은 실적은 좋아지는데 차익실현 매물 때문인 것 같다고 한다. 제3자 배정 유상증자를 받은 세력도 아직 팔지 않고 보유하고 있다고 한다. 실제로 대량 보유 기관을 찾아보면 그들은 보유하고 있다.

이때, 제3자 배정을 받은 자문사의 상황을 정리해 보자. 3000원에 유상증자에 참여해 중간에 무상 100%를 받았으니 보유 주식은 두 배가 되었다. 그럼 그들의 평균가격은 1500원이다. 고점이 2만3000원이다. 15배 정도의 수익이다. 50억원 투자해서 800억원 가까이가 된 것이다. 주가 급등 후 한동안 주가가 하락해 수년 동안 1만원 전후에 있었는데 그들은 6배 이상의 수익이 난 주식을 들고 있다. 나중에 그들의 주식 보유 변화를 살펴보았더니 고점은 아니지만 1만5000원 전후에서(다섯 배의 수익에서) 3자 배정으로 받은 부분은 매도했다. 반은 매도한 것이다. 결국 그들은 최초 투자금은 열 배 수익으로 매도했고 지금 가지고 있는 주식은 가격 0인 것이다(무상으로 받은 것이기 때문에). 그러니 주가가 하락해도 그들은 꼭 매도해야 할 이유가 없다. 회사의 성장을 보며 기다려도 된다. 주가가 이러한 패턴으로 등락하는 사례를 심심찮게 볼 수 있다.

수년에 걸쳐 행해진 이러한 과정을 성장 기업에 초창기 투자해 성공한 사례라고 할 수도 있다. 다만, 성장 초기의 기업이 제3자 배정 유상증자를 하고 주가를 올리고 이후 무상증자를 하는 과정에서 해당 기업의 주가를 끌어올리는 기업과 애널리스트 그리고 뉴스의 매카니즘을 이해하자는 것이다. 성장 초기가 아니더라도 성장 산업군의 중소형 기업 간에 흔히 볼 수 있다.

대기업이나 해외 기업으로부터 3자 배정 유상증자를 받아 주가를 끌어올리는 경우도 많다. 특히 부실 기업이나 소규모 기업 또는 신규 상장 기업이 3자 배정 유상증자 후 신규 사업이나 무상증자 등의 재료를 시장에 퍼뜨려 주가를 올리고 그 과정에서 특정한 세력들이 뻔한 작업을 하는 일정한 패턴을 알고 있어야 주가 움직임을 좀 더 면밀히 이해할 수 있다.

05

CDS 프리미엄과 파생금융상품

CDS 프리미엄(Credit Default Swap Premium)이란 '부도 위험'을 사고파는 신용파생상품이다. 한국 정부가 외국에서 발행하는 외화표시채권에 대한 부도보험료가 한국 CDS프리미엄이다. 국가나 기업이 파산해 채권이나 대출 원리금을 돌려받지 못할 위험에 대비해 '부도 위험'을 따로 떼어내 거래하는 것이다. 채권자는 수수료 개념의 프리미엄을 지급하고 채무 불이행에 따른 위험을 줄일 수 있다. 부도에 따른 손실 위험을 줄여주는 효과도 있지만 파산 도미노가 이어질 위험성도 있다. A기업에 대출해준 B은행이 A기업의 부도 위험에 대비해 C은행과 CDS계약을 맺는 식이다. C는 B로부터 보험료 개념의 프리미엄을 받고 A가 부도 날 경우 대출금을 B에 대신 지급한다. C가 보험사 역할을 하는 것이다. 부도 위험이 크다면 그만큼 프리미엄이 높아진다.

글로벌 경기가 위기에 봉착하거나 한 국가나 기업에 위기가 발생하면 CDS 프리미엄이 급격히 상승한다. 그래서 CDS 프리미엄은 위기 수준을 가늠하는 척도로 사용된다. 부도 위험을 측정하고 그것을 사고파는 상품을 이해하기란 쉽지 않을 것이다. 대부분의 파생상품은 미래의 가격을 예측하는 기능과 헷지 기능을 갖고 있다. 한 국가의 CDS 프리미엄을 보고 그 국가의 파산 가능성을 예측하고, 만일 파산이 현실화되었을 때 손실을 줄이기 위해 프리미엄을 매수해 둔다는 것이다. 시황 판단을 할 때 CDS 프리미엄이 급격히 올라가면 주식을 비롯한 각종 위험 자산을 매도하고 CDS 프리미엄이 하락 안정화되면 위험 자산에 투자한다. 사실 다분히 심리적인 요인도 작용한다.

여하튼 이 상품은 프리미엄을 사고파는 것이다. 실체가 없는 상품이다. 금융시장에는 실체가 없는 것을 사고파는 상품이 많다. 선물이 그렇고 옵션이 그렇다. 선물은 지수 및 상품 등의 미래 가격을 예상한 투자자들이 서로 다르게 예측하는 판단 차이로 발생하는 가격 움직임에 투자한다. 가령 향후 WTI 원유 가격이 상승할 것이라고 판단하는 투자자는 WTI 선물을 매수할 것이고 하락할 것이라고 판단하는 투자자는 WTI 선물을 매도할 것이다. 만기에 현물인 원유를 인도하는 것이니까 실체가 있다고 볼 수 있겠지만, 대부분은 금융시장 안에서 청산된다. 지수 선물은 만기일 지수가 상승할 것이라고 판단하면 매수, 하락할 것이라고 판단하면 매도한다. 만기일에 자신이 매수한 기준 가격과 만기 가격의 차로 수익과 손실을 정산한다. 실제로 오가는 실물은 없다. 옵션은 미래의 지수 및 상품 등의 가격을 예상하여 거래하는 것은 선물과 동일하지만 일정한 가격에 사거나 팔 수 있는 권리(프리미엄)만 사고파는 것이다. 가령 한국 KOSPI200지수가 만기일에 일정 수준 이상으로 상승할 것이라고 판단한 투자자는 상승 확률에 프리미엄을 붙인 '콜 옵션'에 투자할 것이고 하락할 것이라고 판단한 투자자는 하락 확률에 프리미엄을 붙인 '풋 옵션'에 투자할 것이다. 이 프리미엄은 만기가 되어서 목표 지수 위로 상승하지 못하거나 또는 목표 지수보다 하락하지 않으면 제로(0)가 된다. 투자 원금이 0이 된다는 의미다.

고전적 물물 교환 방식의 사고방식으로 이러한 거래를 이해하기란 쉽지 않다. 재화와 화폐라는 실물의 교환이 아닌 실체가 없는 금융거래인 것이다. 미래 상품 가격의 상승이나 하락이라는 '판단'을 상품으로 만들어 사고 파는 것이다.

어떤 이들은 주식 투자 역시 그런 것 아니냐고 얘기한다. 실물 유가증권의 이동 없이 전산상의 수치만으로 거래되기 때문이다. 그러나 주식 투자는 투자하는 대상, 즉 기업이 있다. 앞서 설명한, 프리미엄을 거래하는 것과는 다르다고 볼 수 있다.

미래의 예측 또는 기존 실물의 권리를 상품화해 사고파는 것은 다분히 자본시장의 투기적 거래의 산물이다. 그 분야의 전문가들은 위험을 헷지하기 위한 상품이라고 얘기하겠지만 일반적인 투자 개념을 가진 우리로서는 쉽게 받아들여지지 않는다.

올해 사과 농사가 평작이라고 판단하고 사과 농장에 투자를 했다. 미래의 사과 작황에 투자하는 것이다. 그 자체는 선물 거래다. 가을에 사과 작황이 예상보다 좋으면 투자자는 이익이고, 흉작이면 손해를 본다. 투자자는 이러한 위험에 대비해 헷지 거래를 할 수 있다. 풍작일 때의 자신의 이익과 흉작일 때의 자신의 손해를 프리미엄 상품으로 만들어 판매하는 것이다. 자신의 위험을 제3자에게 전가하는 셈이다. 프리미엄을 사는 사람은 풍작과 흉작 어느 한쪽으로 투자할 수 있다. 최초 투자자는 풍작과 흉작에 상관없이 초기 투자로 고정시킬 수 있다. 프리미엄에 투자한 사람은 또 다른 사람에게 팔 수 있다. 프리미엄을 사고파는 유통시장이 열리는 것이다. 단순한 옵션 거래다. 자본시장에서는 기초 상품을 각양 각색으로 구조화해 상품을 만들어 사고판다. 그러한 시장을 파생상품 시장이라고 한다.

이러한 개념으로 우리가 살아가면서 닥칠 불확실성을 파생상품으로 만들어 사고판다면 무궁무진한 상품이 나오게 될 것이다. 그러나 자칫 그 구조를 자세히 알지 못한 채 투자하다가는 실패할 확률이 크다. 국내 기관 투자가조차 외국에서 만들어진 파생상품에 투자했다가 막대한 손실을 낸 사례가 많다. 그렇기 때문에 금융시장에서는 개인 투자자의 파생상품 투자는 엄격한 규정을 두고 감독 조치를 하고 있다. 자본주의 시장 안에서 거래되고 있는 복잡하고 이상한 구조의 파생상품들을 살펴보면 대다수의 개인 투자자에게는 생소할 수 있다. 구조화 상품, 파생 연계 상품, 장외 파생상품에 투자했다가 엄청난 원금 손실이 나 사회적 이슈가 되는 경우를 흔히 본다. 단순히 '이거 투자하면 안전한가요?', '수익은 얼마나 나는가요?' 식으로 파생 연계 상품에 투자하는 건 위험하다. 반드시 구조를 살펴봐야 하며, 그것이 어렵다면(사실 대부분의 구조화 상품은 이해하기 어렵게 만들어 놓는다) 주변 전문가의 도움을 받아 이해할 수 있도록 설명을 들어야 한다.

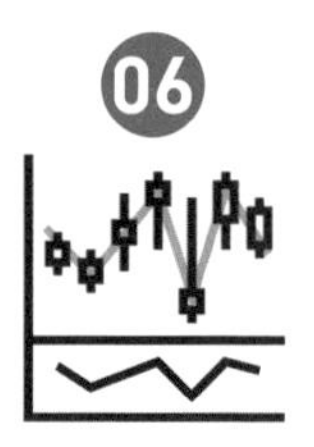

10년 주기 위기설

우리는 '자본시장이 버블의 형성과 소멸의 연속'이었다는 것을 알고 있다. 지난 백여 년 동안 자본주의 경제 체제는 여러 차례 호황기와 불황기를 거치면서 발전해 왔다. 불황기(자본시장 시스템 위기)가 되면 시장에 통화와 신용을 부여하고 그것으로부터 경기 회복이 가시화되면 낙관론이 팽배해지고 시장은 투기적 확장을 하게 된다. 버블의 형성, 즉 호황기를 맞게 된다. 일정한 시기가 지나면 버블이 붕괴되면서 자산 가격은 급격히 하락하고 신용이 축소되며 경기는 불황기로 접어든다. 결국 위기가 발생하고 위기 극복을 위한 극단적인 조치, 즉 통화와 신용을 다시 팽창시킬 수밖에 없는 국면을 맞게 되는 것이다. 이러한 큰 사이클의 이면에서 각 국면을 이용해 큰 수익을 얻는 보이지 않는 힘이 존재할 것이라는 음모론도 공공연하게 회자된다.

버블이 붕괴되며 위기가 발생할 때, 자본시장의 위기 극복 과정은 세부적인 내용만 다를 뿐 큰 카테고리는 늘 비슷했다. 위기의 트리거가 발생되고 그것으로부터 기업 부실이 일어나고 결국 금융기관의 부실로 이어지는 위기 상황과 금융기관에 유동성(자본시장에서는 금융시장에 돈을 공급하는 것을 유동성 보강이라고 한다)을 보강해 극복하는 과정이 비슷한 정책적 행보를 거쳤다. 10년 주기 위기설의 가장 최근 사건인 미국의 금융위기 과정과 수습 과정을 살펴보며 어떻게 진행되었는지, 어떻게 극복했는지를 살펴보자.

미국발 금융위기는 주택 가격 버블이 붕괴되면서 시작되었다. 집값의 80%가 넘는 대출을 끼고 집을 샀는데, 집값이 20% 이상 하락하면 집을 팔아도 대출금 상환이 어려운 형국이 되는 것이다. 미국은 그보다 더한 비정상적 레버리지를 일으켜 일시에 붕괴되고 말았다. 대형 모기지론 업체들이 부실화되자 금리 인하를 해서 시장에 돈을 풀었지만 금융기관의 연쇄적인 부실을 막을 수 없었다. 대형 금융기관인 리먼브라더스마저 파산에 이르는 상황이 되자 은행에 공적자금을 투입하고 부실채권을 국가가 관리했다. 그러나 금융기관들이 서로 복잡하게 얽혀 있는 탓에 연쇄적 파산을 피할 수 없었다. 국가는 시중에 자금을 풀려고 금리를 지속하여 내려 제로금리에 이르게 되었다. 그럼에도 위기 수습이 되지 않았다. 금리는 제로금리이므로 더 이상 인하하지 못하는데 돈은 제공해야 하고, 결국 대규모 국채를 발행해 조달한 돈을 금융기관에 제공했다. '양적완화'를 시행한 것이다. 한때 '헬리콥터 벤'이라는 별명이 붙은 '벤 버냉키' 미국 FRB 의장의 작품이다. 시장에 무차별 자금 공급과 함께 개인에 대한 직접 대출, 기업에 대해서는 회사채 직접 매입을 통해 연쇄 부도를 막아 낸다. 결국 국가가 수혈한 돈으로 은행은 숨을 쉬게 되고 시중에는 돈이 돌게 된다. 위기의 원인을 제공한 주택시장을 살리고 은행을 살려 내면서 주식시장은 폭락에서 회복돼 상승한다. 미국은 막대한 유동성 공급으로 위기 이전의 상황으로 회복이 아니라 오히려 사상 최고 지수를 만드는 강력한 상승 시장을 만들었다. 금융시장이 회복되면 실물시장을 회복시키는 정책을 준비하게 된다. 실물 경기가 회복되면 비로소 시중에 풀었던 자금을 회수하는 금리 인상을 하는 것이다. 2008년 이후 지속적으로 금리 인하와 양적완화를 단행한 미국은 2015년에 이르러서야 처음으로 금리를 다시 인상했다.

2016년에 미국은 추가적으로 2~3차례 금리를 인상할 계획이 있었다. 그런데 상반기 내내 금리 인상을 하지 못한다. 몇 가지 중대한 이유가 있었다. 미국 내부적으로는 부동산 가격 붕괴로부터 발생된 금융위기를 수습하는 데는 성공했다. 부동산 경기는 다시 버블 논란이 일어날 정도이다. 고용도 완전고용이라 불릴 만큼 좋아졌다. 실업률이 3.5% 수준이었다. 은행들도 안정을 되찾았다. 그러나 실물 경기는 여전히 좋지 않았다. 미국의 경제성장률 예상은 계속 하향되고 있었다. 결국 돈으로 부동산과 금융위기는 수습했으나 실물 경기 회복까지 진행되지는 못한 것이다. 돈의 힘으로 주식시장만 폭발적으로 상승한 것이다. 확실히 경기가 회복되기 전에 섣부르게 자금을 회수하다가는 다시 위기가 발생할 수 있다는 우려를 낳게 했다. 미국 자체적으로는 위기 극복을 잘해냈다는 평가를 하고 있다. 그러나 주변 국가들을 살펴보자. 유럽은 미국과 같이 지속적으로 시장에 돈을 퍼부었지만 아직도 금융권의 부실 탓에 공적자금이 투입되고 있다. 마이너스 금리 상태에서 경기는 계속 좋지 않다. 일본 역시 엔화 약세를 유도하려고 시장에 계속 돈을 풀고 있다. 마이너스 금리를 유지하고 있고 국채 수익률도 마이너스에 이르렀다. 그러나 회복되지 않는 내수 경기 때문에 경기 전망은 좀처럼 좋아지지 않고 있다. 중국은 수출에서 내수로, 고성장에서 안정성장으로, 개혁과 개방으로 정책을 바꾸는 과정에서 부동산 버블, 지방 정부의 부실이 끊임없이 위기론을 만들어 내고 있다. 세계 경제와 금융이 서로 얽혀 있는 가운데 미국의 경기 혼자만 좋아질 리가 없다. 전 세계 주요 국가들이 경기 위축과 금융위기를 수습하고자 마이너스 금리 정책과 막대한 돈을 풀고 있는 가운데 미국 혼자 금리 인상으로 유동성 회수를 하기란 결코 만만치 않은 것이다.

글로벌 주요 국가, 글로벌 자본시장은 오랫동안 위기의 과정 속에 있다. 경기가 회복되고 있다는 말이 조심스럽게 언론을 통해 나오고 있지만 과거처럼 안정적인 또는 호황의 단계로 진입할 수 있을지는 미지수다. 금리는 점진적으로 인상한다고 하지만 여전히 제로금리 수준 또는 마이너스 금리 상태이고 유럽은 아직도 국채를 비롯한 회사채를 직접 매수하면서 시장에 돈을 풀고 있다. 금융 완화 정책의 효과는 이제 더 이상 기대할 수 없는 상태다. 그렇기에 재정 정책을 준비하고 있다. 그러는 사이 소위 10년 주기 위기설의 그 10년 차인 2017~2018년을 지나왔다. 언제든지 발생할 수 있는 위기설은 주식시장을 불안하게 하고 있다. 그러는 와중에 2020년 코로나 19 바이러스의 글로벌 확산으로 성장률은 역성장으로 곤두박질쳤고 그간의 경제 흐름을 완전히 바뀌 놓았다.

자본시장의 버블 형성과 붕괴 그리고 수습과 회복의 사이클에 비춰 볼 때 아직도 버블 형성이 아니라는 의견이 지배적이다. 버블이 붕괴되면서 위기가 오는 것인데, 지금의 상황은 위기 수습 단계에서 겨우 벗어나려 하는데 바이러스 때문에 오히려 악화되었기 때문에 버블 붕괴는 시기상조라는 것이다. '우라가미 구니오'가 말한 주식시장의 4계절에 빗대 경기 사이클과 함께 주식시장을 판단하곤 한다. 그는 주식시장은 위기 국면에서 금리를 인하하고 그 덕분에 금융주가 바닥을 찍고 상승하고 경기가 조금씩 회복되면서 중간재(상품) 가격이 상승한다고 설명한다. 경기가 회복되는 것을 보면서 금리 인상을 하고 경기가 회복되고 활황이 되어서야 비로소 주식시장은 상투를 찍고 하락한다고 한다. 현재의 상황은 제로금리를 한동안 유지할 수밖에 없고 경기 역시 언제 회복될지 불확실한 상태다. 경기가 점차 회복되는 과정을 겪어야 하고 그 과정 속에서 주식시장은 상승할 것이고 금리도 본격적으로 인상될 것이라는 주장이다. 그 과정을 겪고 나서야 버블 붕괴, 위기가 나타날 것이다.

10년 주기 위기설은 글로벌 경기 사이클이 반복된다는 가정하에서의 이론이다. 금융완화 정책으로만 이끌어온 시장을 보면 우리는 충분히 미래의 어느 시점에 위기가 도래할 것이라고 추정할 수 있다. 어떻게 될까? 지금은 돈을 풀어도 너무 많이 풀어 놓았다. 과거의 경험처럼 막대한 유동성을 바탕으로 글로벌 경기가 점차 회복되는 사이클로 진입한다면 최고의 시나리오다. 끊임없는 유동성 보강, 경기 부양 정책에도 경기 회복이 안 된다면 돈은 풍부한데 경기는 좋지 않은 '디플레이션' 국면을 맞게 될 것이다. 글로벌 10년 위기설의 근거도 그러한 우려에서 나온 것이다. 반박론도 충분한 이유가 있다. 결국 어떤 국면을 맞게 될 것인지는 글로벌 경기 회복 여부와 유동성 회수의 절묘한 조화에 달려 있다. 어느 누구의 이론대로 움직이는 것이 아니다. 확실한 건 위기이든 회복이든 그 방향을 결정하기까지 시간이 필요하고 미래의 어떤 시점이 되면 버블 붕괴는 다시 일어난다는 것이다.

10년 주기 위기설이 꼭 맞다고는 아무도 주장하지 못할 것이다. 1998년 아시아발 외환위기, 2008년 미국발 금융위기 후 어느덧 12년이 지나가고 있다. 바이러스에 의한 단기적인 위기는 금융위기 사이클과 그 결이 다르다.

글로벌 경기의 사이클과 자본주의 시장이 위기를 수습하고 경기 회복을 이끌어 내는 과정의 사이클이 시기마다 그 모양새는 달리 보일지라도 근본적인 내용이 다르지 않기에, 우리는 위기가 가까이 왔다는 시그널을 알 수 있다. 하루하루 눈에 보이는 시장의 흐름이나 우리의 눈을 가리고 있는 언론에서 벗어나 전체적인 경기와 주식시장의 흐름을 스스로 판단해 보자.

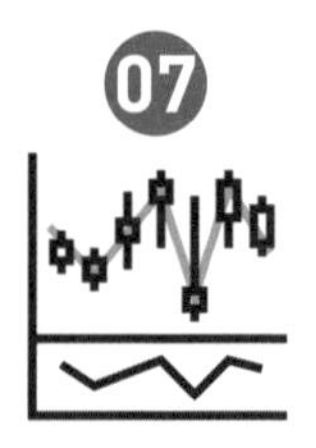

주력 산업의 국가별 이동과 구조적 변화 사이클

현재 시점에서 우리나라의 주력 산업은 무엇인가? 그 주력 산업은 기술력이나 가격 면에서 글로벌 경쟁력이 있는가? 우리는 어린 시절 한 국가의 산업 변화가 1차 산업에서 2차, 3차 산업으로 발전해 간다고 배웠다. '발전'이라는 용어를 사용하는 것은 분명 1차 산업보다는 2차, 3차 산업이 국가 발전 단계에서 보다 높은 부가가치를 창출하는 산업이라는 의미일 것이다. 2016년 이후에는 주요 국가들이 4차 산업에 진출해 선점하는 데 주력하고 있다. 수십여 년 전에는 정보통신이 지금처럼 발달하지 않았기 때문에 선진국의 산업 변화를 개발도상국이나 후진국이 빠르게 따라가지 못했으나 지금은 웬만한 국가들이 산업의 변화를 동시에 겪고 있다. 사실 이제는 개도국, 후진국이라는 표현을 쓰지 않는다. 자본주의 성장을 기준으로 선진국과 뒤를 따라온다는 신흥국이라고 표현한다.

우리나라의 주력 산업은 미국이나 유럽 선진국에 비해 짧은 시간에 급변했다. 농경 산업에서 경공업으로 전환하고 다시 중공업으로 전환하는 기간이 그리 길지 않았으며 제조업 중심의 산업, 수출 주력의 산업 구조로 급격히 전환되며 빠른 시간에 고성장을 하였다. 지금 우리나라는 핸드셋 · 반도체 · 자동차 등 몇몇 제조업을 제외하면 딱히 주력 산업이라고 내세울 만한 게 없다. 불과 십여 년 전만 해도 조선업과 자동차 · 가전 · 철강 등 우리나라의 주력 산업은 확실했고 주력 산업을 이끌고 있는 몇 개의 대기업을 중심으로 국가가 성장을 이루어 왔다. 앞으로 국가를 이끌어 갈 주력 산업이 뭔가? 질문에 답하려고 고민하는 과정에서 우리의 현실을 인식하고 주식시장에서 투자할 산업과 기업을 찾을 수 있다.

철강왕 앤드루 카네기는 1892년에 지금의 US스틸의 모태인 카네기 철강회사를 설립했다. 금융자본가인 제이피 모건은 1878년 에디슨과 지금의 GE의 모태인 에디슨 제너럴 일렉트릭을 설립해 각종 전기 제품을 만들어 냈다. 1802년 창립된 듀폰은 화학 섬유 등 주력 업종을 계속 바꿔나가며 오늘날까지 세계 500대 기업을 유지하고 있다. 포드 자동차는 1903년 헨리 포드가 설립한 회사다. 록펠러의 스탠더드 오일은 지금의 엑슨, 쉐브론 등의 모태다. 구 경제로 일컫는 철강 · 화학 · 정유 · 자동차 · 가전 등 제조업의 역사는 미국에서 19세기 후반에 벌써 개화했다.

반도체 등 신기술 분야에서도 인텔은 1968년 고든 무어와 로버트 노이스가 설립했으며 마이크론 테크놀로지는 1978년에 워드 파킨슨 등이 설립했다. 빌 게이츠의 마이크로소프트는 1975년에 세워졌다. 애플은 1976년에 세워졌다.

미국의 기업 역사를 알려는 것이 아니다. 우리가 지금 글로벌 주도권을 중국이나 아시아 신흥국에 뺏겼다고 표현하는 주요 제조 산업은 이미 1900년도에 미국에서는 한 사이클을 거친 산업이라는 점을 얘기하고자 하는 것이다. 철강 · 화학 · 정유 · 가전 등의 전통적인 장치 산업인 제조업은 미국이 금융자본이 지배하는 구조를 만들어 놓고 그 주도권을 일본에 내주었다. 일본의 신일본제철, 미쓰비시, 도요타, 미쓰이, 도시바, 소니 등 그 면면을 보면 미국에 이어 우리가 한참 경공업에서 중공업으로 산업 체질을 바꿔나갈 무렵 세계 시장을 지배하던 기업들이다. 우리는 지난 십 수 년간 일본을 제치고 철강 1위가 되었고 조선 1위가 되었고 반도체 1위가 되었다. 화학 · 정유 · 가전 등 등 우리의 제조업은 미국과 일본을 제치고 명실상부 세계 1위가 된 것이다. 지금은 어떤가? 철강 · 화학 · 정유 · 조선 등 전통 제조업 분야에서 중국이 1위로 부상하고 있다. 이제 곧 반도체도 따라올 것이라는 위기에 처해 있다. 핸드셋만 보아도 알 수 있다. 애플이 선두였으나 삼성이 따라잡았고 이젠 중국 화웨이에 따라잡히고 있다.

세계의 산업 사이클을 다분히 정치적인 논리와 미국 금융 자본의 논리에서 봐야 이해할 수 있다. 그리고 그것을 이해할 수 있어야만 주식시장 안에서 성장 산업과 성장 기업을 찾을 수 있다. 미국은 금융자본으로 기업을 지배하며 패권을 일본에 넘겨주었고 일본도 미국의 금융을 배워 그 패권을 값싼 노동력과 열정이 있는 한국에 넘겨주었다. 패권을 넘겨주었다고 해서 그들의 경제가 흔들리지는 않는다. 금융이 있기 때문이다. 우리는 패권을 중국에 뺏기는 동안 금융 산업의 발전이 있었는가? 그렇지 않다. 미국과 일본, 유럽 자본의 등살에 그들의 노하우를 배우지 못하고 뒤따라 다니기만 하고 있다. 미국과 일본의 통화는 글로벌 기축통화의 지위를 갖고 있다. 자본을 이용한 글로벌 지배구조를 만들어 가고 있다. 우리의 현실은 그렇지 않다. 그런 가운데 주력 산업의 패권은 중국에 빼앗기고 있다. 그럼 국가 성장의 주력 산업은 무엇이 될까? 그 고민으로부터 주식시장 안에서 투자에 성공할 수 있는 기업을 찾아낼 수 있을 것이다.

2016년 다보스 포럼 이후 세계는 4차 산업혁명에 집중하고 있다. 4차 산업혁명의 키워드는 세 가지다. 디지털, 물리학, 바이오다. 해석하는 시각에 따라 다르긴 하지만 세분화된 키워드로는 사물인터넷, 인공지능, 클라우드, 로보틱스, 드론, 3D프린트, 가상현실 등을 얘기하고 있다. 그 키워드로 글로벌 선두로 나서고 있는 기업들은 인공지능과 로봇 클라우드에서 두각을 나타내고 있는 알파벳, 무선통신과 사물인터넷 그리고 비메모리 반도체 중심의 퀄컴, 빅데이타와 인공지능 · 가상현실 구현의 선두인 엔비디아, 인공지능과 로봇기술을 활용한 사업을 영위하는 아마존, 가상현실을 소셜 네트워크에 구현하고 있는 페이스북 등이다.

전통적인 제조업은 금융자본의 지배하에 값싼 노동력과 환경 피해로부터 자유로운 국가로 이동하고 있다. 우리가 특별히 미국이나 일본보다 더 우수한 기술력이 있어서 한때 그 산업의 패권을 쥐고 있었던 것은 아니라고 본다.

자본주의 체제 내에서 국가별 산업 이동 현상이 있었던 것이다. 이제 우리는 떠나보내야 하는 산업에서 벗어나 미래에 세계경제를 이끌어 갈 신산업에 집중해야 하는 것이다. 주식시장 안에 있는 우리는 과거의 산업군에 집착하지 말고 신산업군에서 성장 기업을 찾아 투자해야 한다는 당연한 귀결에 이른다.

2020년 코로나 바이러스는 글로벌에서 블록화로, 자국 우선의 국수주의가 만연한 풍토를 만들었고 세계로 분산되었던 주요 기업을 자국으로 불러 모으고 있다. 글로벌 저성장이 지속되는 가운데 구 경제에서의 고용 둔화 등 경제적 후퇴를 하는 것을 보면 미국을 비롯한 주요 국가들이 과거 경제로 회귀하는 듯한 모양새이다. 그러나 각국이 주력 산업으로 지원하는 산업은 역시나 4차 산업이다. 미국과 중국의 패권 경쟁에서도 여실히 드러나고 있다. 미래 성장 산업에서 패권 경쟁을 하느라 미중 간 마찰이 끊이질 않고 있다. 우리나라는 수출 주도 대기업 위주의 성장을 해왔다. 글로벌 성장이 지속된다면 우리나라의 성장에도 별 문제가 없을 것이다. 그러나 이 책의 시황 부분에서도 설명한 바와 같이 글로벌 경제 성장은 장기적으로 낮아지고 있다. 성장은 낮은데 경쟁은 심화되고 있다. 고부가가치의 기술과 바이오 신약물질 등을 보유한 중소기업의 성공이 필요하다. 다행히 우리나라에는 4차 산업과 관련된 IT와 바이오의 핵심 기술력을 보유한 중소기업들이 많이 있다. 알다시피 5G 통신, 시스템 반도체, 자율주행, 전기차와 배터리, 신약 후보 물질, 차세대 디스플레이와 스마트폰, 바이오 기기, 네트워크 및 클라우드 등의 분야에 경쟁력 있는 기업들이 있다. 물론 미국이나 일본에 뒤쳐지는 핵심 기술은 여전히 많다. 얼마나 따라잡을 수 있는가에 우리의 미래가 달려 있을 것이다. 그러한 기업들이 주식시장에 상장되고 있다. 그곳에 주식 투자의 성공 열쇠가 숨어 있다. 시황 판단 역시 과거의 순환적 경기 사이클 관점에서 벗어나 산업 구조의 변화 사이클 관점에서 봐야 한다.

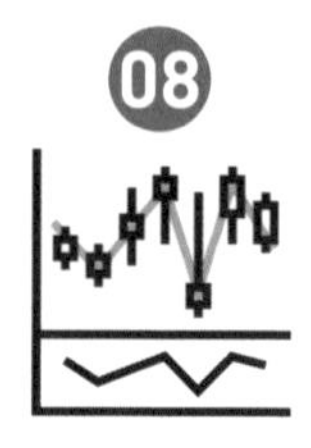

중위험 중수익 상품의 함정

우리는 TV 광고나 은행, 증권사의 광고 전단지를 통해 '중위험 중수익'이란 상품을 많이 접한다. 주식 등의 위험 자산과 예금 등의 저위험 자산의 중간 형태를 말하며 은행 이자 + @ 추구의 상품이다. 여기서 +@는 위험을 헷지하는 거래로, 큰 수익을 추구할 수는 없고 흔히 말하는 '은행 이자보다 조금 높은' 수준을 뜻한다. 대표적인 상품으로는 국내외 채권형 펀드, 원금 보장형(비보장형) ELS, 채권 · 고배당 · 우선주 · 리츠 · 외환 · 배당형 ETF를 통해 수익을 받는 펀드 등이다.

ELS는 주식 및 주가지수를 기초 자산으로 발행하는 상품이며, 기초 자산이 상품 · 환율 · 원자재 등 파생상품인 경우 DLS라고 부른다. 은행 예금을 기초 자산으로 발행하는 상품은 ELD라고 부른다. 원금 보장형은 기초 자산이 미리 정한 일정한 범위에서 움직일 때 +@의 수익을 주고 그렇지 않을 경우 만기에 원금만 준다. 원금 비보장형은 기초 자산의 움직임에 따라 일정 수익을 추가해서 주거나 원금 손실이 날 수 있는 상품이다.

이러한 파생 결합 증권이 허용된 것은 2003년부터인데 2015년에는 100조원을 돌파하는 인기를 끌었다. 문제는 금융시장의 변동성이 확대되고 100년에 한 번 나올까 말까 하는 위기가 과거보다 빈번히 나타나며 그 주기가 점점 더 짧아지고 있다는 점이다. 주가지수나 주식을 기초 자산으로 하는 ELS는 시스템위기가 오면 기초 자산이 폭락하고 중위험이라고 투자한 상품의 손실이 50% 이상 확대된다. 유가, 환율 등을 기초 자산으로 하는 DLS는 더욱 위험에 노출될 수밖에 없다. 기초 자산 자체의 변동성이 주식시장보다 월등히 크기 때문이다. 파생상품은 원금을 모두 까먹는 위험한 상황이 될 수도 있다.

원금보장형 ELD의 구조는(원금 10,000,000원 가정) 정기예금 이자율이 2%라고 하면 원금을 보장받는 금액 만큼(10,000,000/1.02 = 9,803,922원)을 정기예금에 유치하고 나머지 금액(10,000,000 - 9,803,922= 196,078원)을 갖고 고위험 상품인 옵션 등에 투자하는 것이다. 이때 19만6078원을 모두 손실내면 원금을 주고 수익을 내면 그중 일부를 원금 +@로 돌려주는 것이다. 이러한 구조는 주식시장에서 흔하다. 정기예금이 아닌 채권에 투자하는 경우가 똑같다. 즉, 만기 확정 이자를 받는 채권을 매입해 '원금 + 만기 이자'가 원금이 되도록 하고 미래의 이자를 받는 부분만큼의 현금을 다양한 고위험 상품에 투자하는 구조인 것이다. 증권사에서 발행하는 ELS에서 사용하는 구조다. 금융회사는 고객의 돈을 차입해 원금을 보장하고 나서 적은 돈으로 고위험 상품을 운용해 성공하면 수익을 나눠 주고 실패하면 원금을 돌려준다.

금융회사의 입장에서는 자신의 돈이 아닌 고객의 돈으로 수익을 추구할 수 있는 것이며 고객의 입장에서는 작은 수익을 포기하고 전문가에게 맡겨 좀 더 높은 수익을 낼 수 있게 위탁하는 개념인 것이다. 원금 보장형의 거의 모든 상품은 이와 유사한 구조이기 때문에 정기예금 이자율, 채권 수익율에서 크게 벗어난 수익을 낼 수 없다. 큰 자금을 운용하는 기관 투자가 입장에서는 0.5%의 추가 수익도 중요하다. 주식형 상품 가입으로 절세를 하려 하는 거액의 개인 투자자에게도 0.5%는 중요하다. 그러나 일반 개인 투자자에게는 원금 보장형 금융상품이 은행에 적금을 들거나 정기예금에 예치하는 것과 별반 다르지 않다. 위험은 없지만 수익이 너무 작기 때문이다. 그래서 중위험 중수익이란 말이 달콤하게 느껴질 수 있다.

중위험 중수익이라고 하는 원금비보장형의 가장 간단하고 전형적인 ELS 상품의 구조를 살펴보자. 기초 자산은 국내외 지수 또는 주식 등이고 특정일의 주가지수 및 가격을 기준으로 2년 만기다. 매 6개월마다 중간 평가를 해서 최초 기준가의 80% 이상 가격이면 연 10%의 수익률로 상환해 주고 그보다 더 높게 상승해도 수익률은 정해진 범위 내에서 정해진다. 반대로 기초 자산의 가격이 기준가의 80% 미만으로 하락하면 '기준가격 × 하락률'로 계산해 손실이 발생한다. 최초 기초 자산의 가격이 1만원이었는데 가격이 6000원이 되면 원금 40% 손실이 나는 것이다. 즉, 예상 범위 내에서 기초 자산의 가격이 등락하면 일정한 수익률을 지급하고 예상 범위를 넘는 가격 상승에도 일정한 수익률을 지급한다. 반면, 예상 범위를 넘는 가격 하락이 발생하면 범위를 벗어난 부분만 손실이 아니라 기준 가격으로부터의 하락 전체가 손실이 된다. 그런데 왜 중위험이라고 할까? 중수익은 맞다. 중위험이라고 하는 이유는 예상 범위가 기초 자산의 최초 가격보다 현저히 낮은 가격으로 정해지기 때문에 금융위기 등 심각한 상황이 아니라면(흔히 말하길 그 국가가, 기업이 망하지 않으면) 손실 확률보다 수익 확률이 높기 때문이다.

기초 자산이 우리나라 종합지수나 대형주 개별 주식인 경우는 워낙 등락폭이 심해서 크게 손실인 경우가 많았다. 그래서 해외 지수를 기초 자산으로 하는 ELS를 많이 만들었다. 가장 많이 가입해 손실이 난 사례는 홍콩 H 지수를 기초자산으로 50% 이상 하락하지 않으면 연 8%의 수익률을 준다는 ELS였다. 흔히 '종합주가지수가 반도박이 나겠어?'라는 생각으로 투자한다. 그러나 실제로 그런 반토막이 현실화되었다. 원유 가격이 100달러 선에서 50달러 아래까지 하락하는 동안 원유 DLS에 투자했다가 크게 손실을 낸 사례도 있다. 독일이 망하지 않는 한 독일 국채 수익률이 폭락하지 않을 것이라고 판매한 독일 국채 기초 자산의 DLS는 원금 100% 손실이 발생했다. 자본시장연구원에 따르면 지난 2003년부터 2015년까지 만기 상환된 ELS의 평균 실현 손실율은 −37.28%다.

대부분의 파생 결합 증권은 기초 자산의 가격이 일정 수준 이상 올랐을 때 또는 일정 수준 이상 오르지 않았을 때, 기초 자산의 가격이 일정 수준 이하로 떨어졌을 때 또는 일정 수준 이하로 떨어지지 않았을 때 그 수준에 따라 사전에 약속한 수익률을 제공한다는 것이다. 잘 생각해 보면 일정 수준 이상으로 상승하면 그 수익을 모두 챙기지 못하고 제한된 수익만 받을 수 있다. 일정 수준 이하로 하락하지만 않으면 약속된 수익을 받을 수 있다. 그러나 일정한 수준 이하로 하락하면 크게 손실이 난다. 중위험 중수익이라고 하는 말의 중수익은 일정 수준 이상도 이하도 아닌 사이 구간에서 중수익을 준다는 것이다. 중위험이란 것은 투자자들이 생각하기에 천재지변, 전쟁, 시스템 위기가 아니라면 그 구간 위나 아래로 가지 않을 것이라는 의미다. 그러나 현실은 예상치 않은 구간으로 벗어나는 경우가 빈번했다.

주가지수가 이미 크게 하락하였을 때 발행된 상품이라면 투자를 해볼만도 하다. 그러나 불안해 보이는 시장을, 불안해 보이는 주식을 기초 자산으로 하지 않는다. 시장에서 인기가 있고 지금 잘나가고 있는 시장과 주식 그리고 파생상품을 기초 자산으로 연계 증권을 만든다. 그래서 우리가 생각하는 것보다 더 크게 하락하는 사례가 발생하는 것이다. 2015년 이후 많은 투자자들이 ELS로 큰 고통을 겪고 나서 새롭게 발행하는 ELS가 거의 없어졌다. 2017년으로 들어서며 전 세계 주식 시장이 많이 상승하고 주가가 많이 올라오면서 다시 ELS 발행이 증가했다.

중위험 중수익이라고 판매되고 있는 상품들의 구조를 들여다보아야 한다. 주식 투자를 하며 주식의 상승과 하락을 예측하듯이 구조화 상품의 위험 구간에 대해서도 고려해 보아야 한다. 주식과 연계된 금융 상품의 인기, 정산 등에 의해 주식시장 내의 수급 상황이 급변하기도 한다. 즉, 수급에 의한 시황 변화의 요인이 되기도 한다.

09

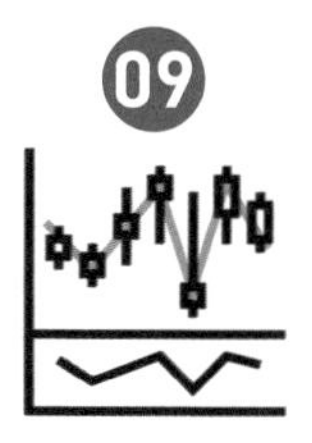

로보 어드바이저와 알고리즘 매매

2016년 봄 '한국경제TV'에서 '로봇과 인간의 수익률 대결'이라는 타이틀로 수익률 게임을 진행했다. 결과는 완벽한 로봇의 승리로 돌아갔다. 높은 수익률은 아니었지만 로봇은 안정적인 수익률을 유지한 반면 인간팀은 수익률 등락 폭이 크게 나타나며 결국 손실로 대회를 마감했다. 사실 그 시합 직전에 구글이 개발한 인공지능 바둑 프로그램인 '알파고'와 세계 1위 프로 기사 이세돌의 세기의 바둑 시합이 있었다. 바둑을 좀 아는 사람들은 바둑의 무한한 경우의 수 때문에 이세돌 프로가 이길 것이라고 했다. 그러나 결과는 알파고의 승리로 끝났다. 이세돌 프로는 알파고에 '존경스럽다'는 표현으로 패배를 인정했다. 이 바둑 대결은 전 세계적으로 큰 반향을 일으켰다. 각 운용사에선 '로보 어드바이저 자산관리 서비스' 상품을 출시했다. 금융업계에 로보 어드바이저 열풍이 일었다. 로보 어드바이저란 로봇과 어드바이저의 합성어다. 외환시장에, 주식시장에, 금융상품에, 로보 어드바이저란 타이틀을 달고 나온 상품이 줄을 잇고 있다. 고도화된 알고리즘과 빅데이터를 이용하여 최적의 상품을 제안하고 투자해 준다는 것이다. 로보 어드바이저에는 두 가지의 중요한 준비가 필요하다. 하나는 과거에 많이 해왔던 것처럼 고도의 알고리즘을 이용한 시스템 트레이딩이 준비되어야 한다. 인간의 감정이 배제된 일관된 매매 규칙에 따라 투자와 회수를 반복하는 트레이딩 시스템을 말한다. 두 번째는 어드바이저(상담)를 하든 시스템 트레이딩을 하든 투자 성공을 위한 '유효한' 정보(자료)가 있어야 한다. 데이타의 적중 확률에 따라 수익률 차이가 크게 날 것이다. 즉, 방대하고 신뢰도 높은 '빅데이터'가 필요하다. 이미 미국을 비롯한 자본 선진국은 로보 어드바이저 서비스를 제공하고 있다. 우리나라는 이제 막 시작하고 있다.

로보 어드바이저의 장점은 인간이 아닌 기계가 상담(트레이딩)을 수행하므로 낮은 수수료로 이용할 수 있다는 점이다. 비용 절감이 되므로 수익률에도 도움이 될 것이다. 두 번째는 적기 적소의 포트폴리오 배분이 가능해질 것이다. 아무리 전문가라 해도 인간이 글로벌 시장을 두루 살피면서 적기 적소에 투자한다는 것은 불가능할 것이다. 그렇기에 글로벌 투자은행에는 각 국가, 각 분야, 각 상품에 맞는 많은 전문가들을 채용해야만 했다. 그러나 빅데이터를 갖고 있는 기계는 글로벌 시장 변화에 즉각 반응할 수 있다. 따라서 대규모 프트폴리오 구축이 용이할 것이다. 셋째, 사람이 투자하는 것과 비교해서 확연히 객관적인 투자가 될 것이다. 아무리 전문가라 해도 인간의 가장 큰 단점인 '감정'의 개입이 있다. 기계가 투자를 하니 인간의 감정과 비이성적 투자가 배제될 것이다. 어드바이저의 영역보다는 트레이딩의 영역에서 더욱 그 빛을 발할 수 있다. 우리는 항상 '원칙에서 벗어나지 않는 투자를 해야 성공할 수 있다'고 해왔다. 그러나 인간의 감정은 비이성적 행동을 하게 한다. 그러나 기계는 그렇지 않다. 시세의 변동, 시장 외부의 요건 변화 등 순간적인 변화에도 즉각적으로 감정 없이 '액션'을 취하는 것이 기계가 투자하는 방식의 가장 큰 장점 중 하나다.

그렇다면 로보 어드바이저는 향후 우리에게 수익을 안겨줄 새로운 대안인지와 인간을 대체할 것인가를 생각해 보자. 인간이 기계를 만들어 사용하게 된 이유는 인간의 수고를 덜고 인간이 하지 못하는 일을 하고 적은 노력으로 큰 수확을 얻기 위해서다. 인류 역사상 기계는 그 역할을 충분히 해왔다. 기계의 발전으로 인간 노동력의 필요성은 절대적으로 감소했다. 고도의 정보통신 발전으로 인간의 단순한 지식은 그리 중요하지 않게 되었다. 로봇이 수많은 직업 군에서 인간의 일자리를 대체할 것이라는 신문 기사들을 종종 볼 수 있다. 다른 분야는 그쪽 전문가들에게 넘기고 여기서는 주식 투자의 세계에 국한하여 얘기해 보자.

로봇이 굴리는 '한국형 헷지 펀드' 출시라는 큼직한 타이틀의 경제 신문 기사가 자주 등장하고 있다. 로보 어드바이저, 알고리즘에 의한 시스템 트레이딩으로 투자하는 상품이 계속 출시되고 있다. 빅데이터와 알고리즘을 활용해 국내외 ETF에 분산 투자하거나 기술적 분석의 시스템 매매로 주식 투자를 하는 상품들이다. 레버리지, 인버스, 채권, 파생상품 등을 다양하게 조합해 알고리즘이 스스로 투자 대상을 찾고 매매 타이밍을 선정한다. 좋은 상품이 될 것이라 생각된다. 알고리즘에 의한 시스템 매매와 빅데이터를 활용한 글로벌 자산 배분의 영역에서 로보 어드바이저는 좋은 성과를 보여줄 것이다. 자산 배분의 영역, 파생상품의 거래, 제로 섬 상품의 거래에서 인간보다 우월한 성과를 낼 것이다. 그러나 미래에 투자하는 상품인 주식 투자의 영역에서는 의문을 갖게 된다. 이제 로보 어드바이저의 장단점을 살펴보며 우리가 선택해야 할 영역을 얘기해볼 것이다.

효율적 시장 가설부터 얘기해 보자. 주식시장의 효율적 시장 가설이란 '자본시장의 가격은 이용 가능한 정보를 충분히 즉각적으로 반영하고 있다'는 가설이다. 현재의 자산 가격은 이용 가능한 과거의 모든 정보를 포함하고 있다는 약형과 모든 공개된 정보를 포함한다는 준강형, 공개된 것뿐만 아니라 비공개 정보를 포함한 모든 정보를 포함한다는 강형 가설이다. 즉, 과거 및 현재의 공개 · 비공개된 모든 정보는 이미 가격에 포함되어 있기에 그러한 정보를 이용하여 초과 수익을 낼 수 없다는 이론이다.

주식 투자는 미래의 가치를 현재 가치화하여 저평가되었을 때 매수해서 수익을 얻는 것이다. 미래의 가치에 투자하는 것이다. 효율적 시장 가설로 볼 때 기존 가치는 이미 가격에 반영돼 있기에 우리는 끊임없이 미래의 가치를 분석하는 것이다. 그 분석이 틀렸을 때 투자 실패를 하게 된다. 우리는 흔히 어닝 서프라이즈/어닝 쇼크라는 말을 듣는다. 기업의 실적은 투자 판단에서 가장 기초가 되는 것이다. 그럼에도 서프라이즈/쇼크라는 이야기를 한다는 건 실적 예상에서 벗어났기 때문이다.

비단 기업 실적만이 아니다. 국가의 경제 성장률, 고용지표, 원유를 비롯한 상품의 재고, 수출입 지표 등 거시적 · 미시적인 것을 통틀어 지표가 발표 될 때마다 우리는 예상과 빗나간 또는 예상의 범위에서 벗어난 결과를 접하곤 한다. 가치 분석의 기본 데이터가 틀렸을 경우, 그 데이터를 바탕으로 분석한 자료는 엉터리가 되고 말 것이다. 결국 로보 어드바이저의 중요한 단점이 될 수 있다. 과거의 데이터는 방대하게 갖고 있지만 미래의 데이터는 결국 인간이 만들어낼 것이고 그 데이터의 신뢰도가 로보 어드바이저 수익률에 영향을 주는 절대적인 요인이 될 것이다.

물론 과거의 방대한 데이터를 이용해 소위 '인공지능 알고리즘'에 의해 미래를 유추해 보는 것은 유용한 작업이다. 그러나 과거의 데이터를 통한 미래 예측은 기술적 분석이 받는 비판과 그 맥을 같이한다. 기술적 분석은 사후적으로 설명할 때 적중률이 아주 높다. 가격과 거래량을 제외한 기술적 분석의 각종 보조지표는 모두 후행 지표이기 때문이다. 주가가 상승했기 때문에 매수 신호가 발생한다. 주가가 하락하는 과정에서 매수 신호를 주지 않는다. 기술적 분석으로 과거를 설명하면 기가 막히게 잘 맞는다. 그러나 과거의 차트 흐름으로 미래에 형성될 주가 움직임을 맞힐 수 있을까? 그렇지 않다. 다만 많은 사람들이 그럴 것이라고 생각하고 따를 뿐이다. 추종자가 많을수록 그 기술적 분석은 잘 맞는다. 마찬가지로 과거의 가치 분석 데이터를 이용해 미래의 가치 형성을 예측하는 것은 분석 오류가 될 가능성이 크다. 따라서 미래의 분석이 중요한 투자의 영역에 로보 어드바이저의 한계가 있다.

로보 어드바이저의 큰 장점 중 하나는 감정을 배제하고 비이성적 행동에서 벗어날 수 있는 것이라고 했는데 역설적으로 바로 그것이 단점이 되기도 한다. 우리는 미국의 '블랙 먼데이'를 기억한다. 외부 충격에 의해 시장이 급락하자 시스템은 연속적으로 매도 신호를 보냈고, 이 바람에 한꺼번에 집중 매도 물량이 나와 시장이 폭락한 날이다. 주식시장은 지진, 전쟁, 테러, 질병 등 전 세계적인 시장 외부 요인에 즉각 반응한다. 계량화되지 않는 외부 충격에 의해 시장은 비정상적인 급락을 하고 일정 시간이 지나면 다시 정상으로 회귀하는 흐름을 반복했다. 인간은 그러한 시기에 '체리 피킹', '스마트머니' 식 행동을 함으로써 막대한 수익을 내곤 했다. 그러나 시스템은 그러한 시기에 알고리즘에 의해 즉각적으로 매도에 나설 것이다. 인간이 감정 때문에 머뭇거리는 사이 매도해 손실을 줄일 수는 있다. 그러나 그 상황이 비정상적이고 단기적인 상황인지 아닌지는 판단하지 못할 것이다. 따라서 매도가 매도를 쌓아 가는 악순환의 매물이 쌓이는 상황까지 발생하는 것이다.

한국경제TV가 주최한, 알고리즘에 의해 시스템 매매를 하는 로봇과 인간의 수익률 대결에서 로봇이 크게 승리했다고 서두에 얘기했다. 그러나 그 시합에서 나는 당연히 로봇이 승리할 것이라고 예상했다. 게임의 기간이 3개월 정도였기 때문이다. 시장이 추세적인 상승이나 하락이 없는 가운데 몇 개월 동안의 투자 기간을 두고 수익률 게임을 했다. 주식 투자는 미래에 투자하는 것이다. 미래의 성장 기업에 투자하여 그 성장 스토리 판단이 맞아떨어질 때 수익을 얻는 것이다. 3개월 동안의 투자라 함은 결국 투자가 아닌 트레이딩 게임이다. 트레이딩을 할 때는 빠른 선택을 할 수 있고, 전 종목을 빠른 시간에 기술적 분석을 해서 매수 및 매도 신호를 잡아낼 수 있는 시스템이 인간보다 월등할 수밖에 없다.

이제 로보어드바이저의 장점과 단점을 고려해 우리는 어떻게 이용할 것인가를 생각해볼 수 있다. 인간이 수행하기에는 너무나 방대한 데이터의 처리, 인간보다 월등히 빠른 분석 및 대응력, 감정이 개입되지 않는 원칙에 따른 대응 등의 장점은 전 세계를 투자 대상으로 분산 투자하는 글로벌 자산 배분 영역에서 훌륭한 성과로 이어질 것이다. 또한 미래의 성장 스토리에 투자하는 것이 아닌 기술적 분석을 통한 단기 트레이딩 영역에서도 인간보다 컴퓨터가 월등한 성과를 낼 것이다. 특히 선물과 ETF, 주식과 주식선물 등과 연계된 차익거래 알고리즘은 인간보다 뛰어난 성과를 보여줄 것이다. 반면 로봇이 부족하거나 못하는 것이 있다. 계량화되지 않은 현상의 분석, 계량화할 수 없는 이벤트, 미래 성장 스토리 예측 등이다. 그것은 숙련된 전문가인 인간이 해야 한다.

결국 투자는 인간이, 트레이딩과 자산 배분은 로봇이 하는 것이 맞을 것이다. 앞으로 '로보 어드바이저', '알고리즘'이라는 이름을 달고 수많은 투자 상품이 쏟아져 나올 것이다. 주식 투자와 같은 미래의 성장에 투자하는 상품은 로봇보다 인간의 판단 비중이 높은 상품을 선택하고, 기술적 분석상의 알고리즘 단기매매, 파생상품이나 글로벌 자산 배분을 통한 저위험 중수익을 추구하는 상품이라면 로봇을 선택하는 쪽이 유리할 것이므로 구분해 선택해야 한다.

10

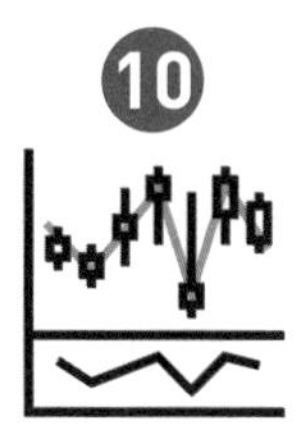

세력주와 작전주

개인 투자자 대상으로 강연회를 하다 보면 가장 많이 받은 질문 중 하나가 기술적 분석으로 '작전주'를 찾아내는 방법을 가르쳐 달라는 것이다. 어떤 것을 세력주라 하고 어떤 것을 작전주라고 하는지 정의부터 시작해야겠다. 외국계 롱텀 펀드나 연기금과 같은 중장기 투자가들이 투자하는 주식 이외의 거의 모든 주식에는 세력들이 붙어 있다. 소위 '주인'들이 있다. 전체 시장을 인덱스로 거래하는 펀드 이외의 액티브형 펀드를 운용하는 매니저들이 자신이 잘 알고 있는 종목 '풀' 안에서 거래하기 때문이다. '브띠크'라고 불리우는 개인 세력들이나 단기 수익을 노리고 거래하는 기관 투자가들은 적은 돈으로 단기간에 수익을 낼 수 있는 주식을 선호한다. 자신들이 '매수하면 상승하고 매도하면 하락하는', 즉 컨트롤이 가능한 주식을 말한다. 가령 시세차익을 노리고 주식을 매수했는데, 외국인이나 롱텀 펀드에서 많이 보유하고 있어서 상승할 때마다 매물이 나오면 자신들이 원하는 대로 주가가 상승하지 않을 수 있다. 흔히 볼 수 있는 현상은 소위 '빈집'이라고 하는(매도자들이 팔 만큼 팔아서 추가 매물이 거의 없는) 주식을 매수해 단기 시세 차익을 거두는 기관 투자가들이다. 어떤 주식이 업황이 좋지 않아 지속적으로 하락하는 동안 외국인이나 펀드들이 보유 지분을 모두 팔아 치우고 나면 상승할 때 매물로 나올 물량이 없어진다. 그러한 주식을 시장에서는 '빈집 주식'이라고 부른다. 업황이 좋아진 것도 아닌데, 이유 없이 저점으로부터 강력한 매수가 유입돼 단기에 큰 폭으로 오르는 주식들이 있다. 빈집에 들어가 수익을 내려는 세력들이 있기 때문이다. 이렇듯 주가 상승엔 누군가 강력하게 매수하는 주체가 있어야 하는데, 그 주체를 세력이라고 부른다.

유통 주식수가 아주 많거나 누구나 인정하는 우량주라서 많은 기관들이 보유하고 있는 주식은 특정한 세력이 자신이 원하는 대로 컨트롤할 수 없다. 결국 그런 주식들은 세력주라고 할 수 없다. 삼성전자에 세력이 있을까? 워렌 버핏 정도 되면 세력이 될 수도 있겠다. 개인 투자자가 찾으려는 세력주들은 거의 대부분 중소형주에 있다. 세력들이 사전에 모의해 인위적으로 주가를 상승시킬 때 그 배후 세력을 '작전 세력'이라고 하고 '작전 종목'이라고 한다. 주가 상승의 이유와 매수 주체에 불법적인 요인이 있다면 증권거래법에서 엄중하게 처벌한다. 만일 일부 기관 투자가가 특정 기업의 미래 호재를 알고 자기들끼리 공유하고, 매입 단계에서도 자기들끼리만 공유해 주가가 상승했다면 작전주일까? 주가 상승의 정당한 이유가 있고 미래 성장 주식을 매수한 것뿐이다. 사실 작전으로 인한 주가의 인위적 부양을 밝혀 내기란 쉽지 않다. 어느 선까지가 작전이고 어느 선까지가 정당한 투자인지 구분이 쉽지 않다. 기관 투자가가 주가를 올릴 땐 정당화되고 개인 세력들이 주가를 올릴 땐 작전이라고 치부하기도 한다. 웨렌 버핏이 특정 주식을 집중 매입하며 일부 투자가에게 매입 정보나 기업 정보를 공유하여 매수하게 했다면 작전일까? 그렇게 생각하지 않을 것이다. 그러나 세계적인 투자 대가들도 일종의 세력이며 큰 돈을 벌게 된 이면에는 다분히 작전의 의미를 내포하는 행위가 있다고 본다. 차명거래, 허수성 거래, 가장 매매, 통정 매매, 미공개 정보 활용, 선행 매매 등 증권거래법에서 위법한 행위 또는 거래라고 정의한 것들이 있다. 특정한 세력이 그러한 행위로 주가를 인위적으로 상승시킬 때 '작전 종목'이라고 볼 수 있다.

그럼 주가를 상승시키려고 특정 세력이 진입한 주식을 어떻게 알 수 있을까? 답은 간단명료하다. 거래량이다. 세력들은 가격을 올리기도 내리기도 하면서 혼란스럽게 하지만, 거래량은 늘렸다 줄였다 할 수 없다. 대량 매집을 하면 반드시 거래량이 폭증한다. 흔히 세력들은 유통 물량의 40% 이상을 '매집'한 후 주가를 올린다고 한다. 충분한 수익을 거둘 만큼의 주식을 매집하는 것이며 향후 주가 상승 시기에 나올 매물이 없도록 하는 것이다. 아주 오랫동안 꾸준히 가격을 올리지 않고 매집하고 원하는 수량의 매집되었을 때 급등시킨다. 그러나 아무리 눈에 안 띄게 꾸준히 매집한다고 해도 유통 물량 중

많은 부분을 매수하는 것이므로 흔적이 남을 수밖에 없다. 그 흔적이 바로 거래량이다. 주가 등락폭이 심하게 발생하면서 대량의 거래가 발생해야 대량 매집을 할 수 있다. 대량 거래가 오랜 기간 동안 간헐적으로 발생하기도 하지만, 일정한 기간에 집중해서 발생하기도 한다. 몇 가지 화면을 보며 특이한 거래량을 살펴보자(이들 주식의 이후 주가에 의미를 두고자 하는 것은 아니다. 거래량 공부를 위한 것이다).

일상적인 거래량이 아닌 아주 독특하게 큰 거래량이 발생한 날만 체크하며, 그날의 봉을 확인한다. 음봉, 양봉, 도지형 중 어떤 유형인지. 다음은 거래량이 크게 증가하는 날에는 도지형 또는 양봉인데, 그 외의 대부분의 날에는 거래량이 눈에 확 띌 정도로 크게 감소하는 차트다. 주식을 매집하는 날은 가격이 상승할 수밖에 없다. 매도하는 날이었다면 음봉이었을 것이다. 거래량이 늘며 양봉이다가 거래량이 감소하며 음봉 또는 도지형이 발생하는 것은 매집 후 조정이라는 것을 기술적 분석 편에서 설명한 바 있다. 거래량으로 매집의 흔적을 찾고 소위 세력들이 언제 얼마에 얼마나 매집했는지를 추적 파악하면 다음에 급등할 주식을 가늠해볼 수 있다.

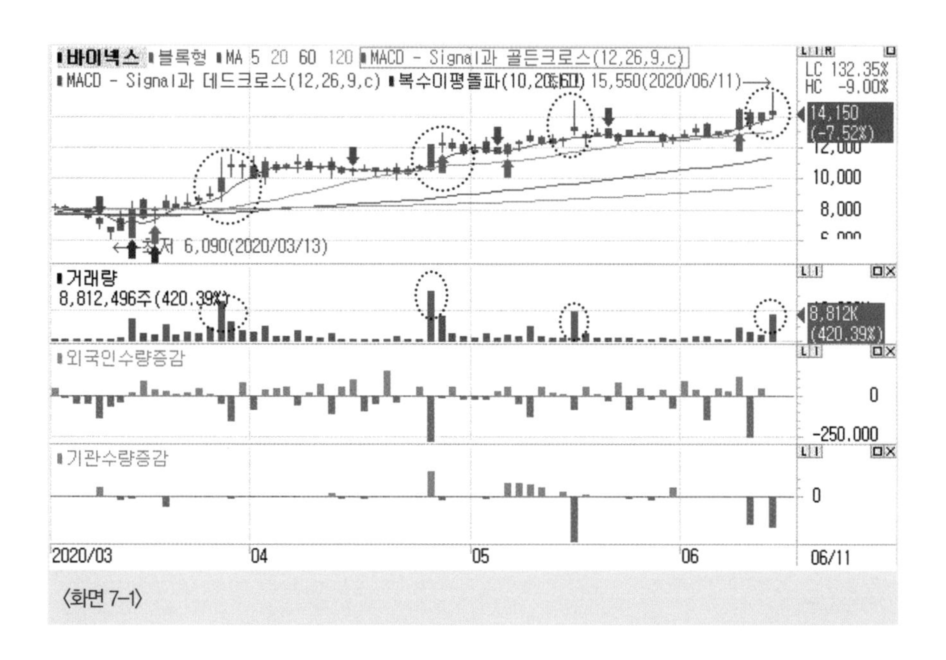
바이넥스 블록형 MA 5 20 60 120 MACD - Signal과 골든크로스(12,26,9,c)
MACD - Signal과 데드크로스(12,26,9,c) 복수이평돌파(10,20,60) 15,550(2020/06/11)
LC 132.35%
HC -9.00%
14,150
(-7.52%)
12,000
10,000
8,000
최저 6,090(2020/03/13)
거래량
8,812,496주(420.39%)
8,812K
(420.39%)
외국인수량증감
0
-250,000
기관수량증감
0
2020/03
04
05
06
06/11

〈화면 7-1〉

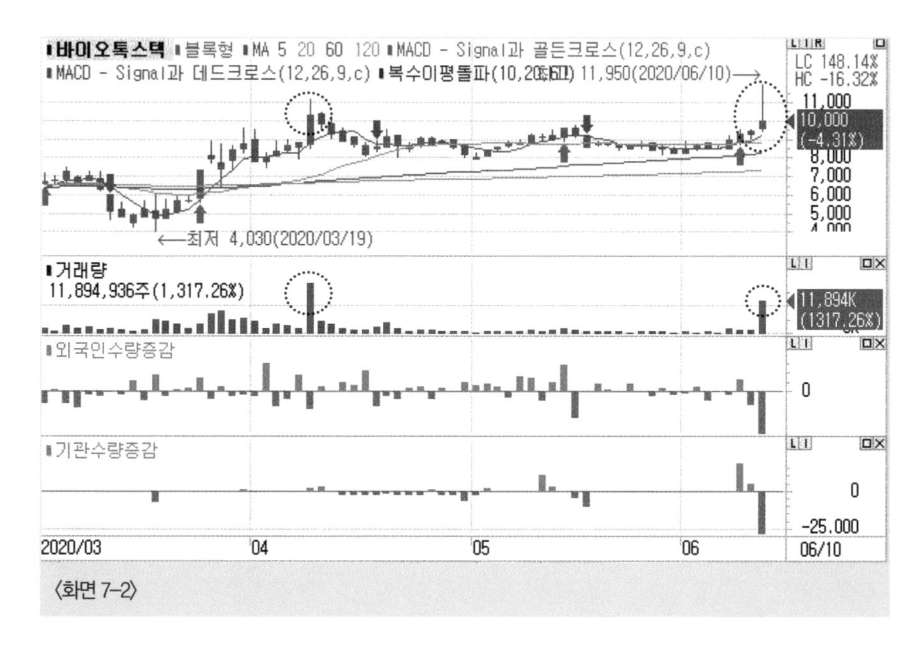
바이오톡스텍 블록형 MA 5 20 60 120 MACD - Signal과 골든크로스(12,26,9,c)
MACD - Signal과 데드크로스(12,26,9,c) 복수이평돌파(10,20,60) 11,950(2020/06/10)
LC 148.14%
HC -16.32%
11,000
10,000
(-4.31%)
8,000
7,000
6,000
5,000
최저 4,030(2020/03/19)
거래량
11,894,936주(1,317.26%)
11,894K
(1317.26%)
외국인수량증감
0
기관수량증감
0
-25,000
2020/03
04
05
06
06/10

〈화면 7-2〉

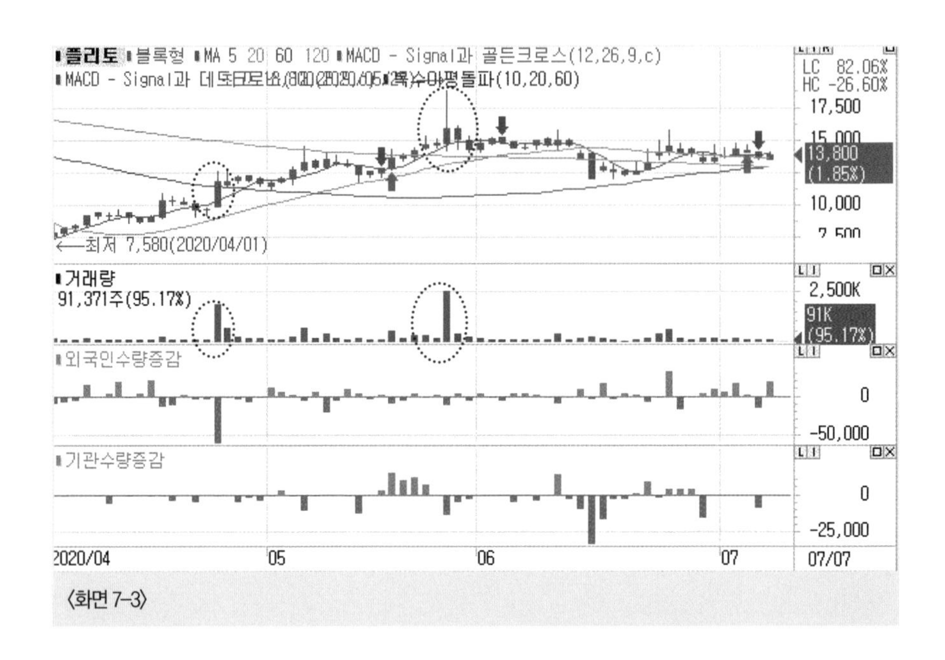
플리토 블록형 MA 5 20 60 120 MACD - Signal과 골든크로스(12,26,9,c)
LC 82.06%
HC -26.60%
17,500
13,800
(1.85%)
10,000
최저 7,580(2020/04/01)
거래량
91,371주(95.17%)
2,500K
91K
(95.17%)
외국인수량증감
0
-50,000
기관수량증감
0
-25,000
2020/04
05
06
07
07/07

〈화면 7-3〉

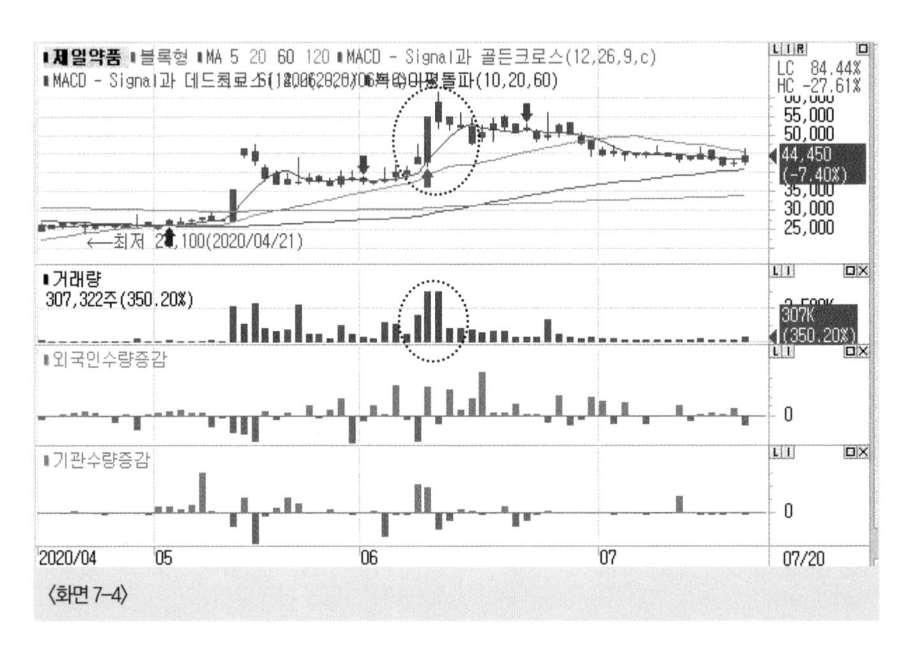
제일약품 블록형 MA 5 20 60 120 MACD - Signal과 골든크로스(12,26,9,c)
LC 84.44%
HC -27.61%
55,000
50,000
44,450
(-7.40%)
30,000
25,000
거래량
307,322주(350.20%)
307K
(350.20%)
외국인수량증감
0
기관수량증감
0
2020/04
05
06
07
07/20

〈화면 7-4〉

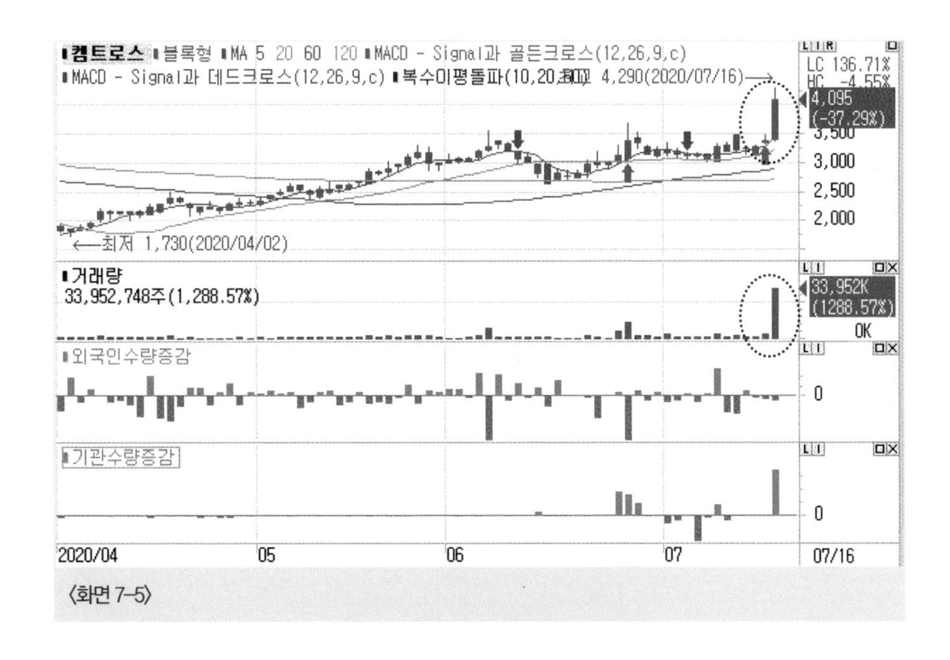

〈화면 7-5〉

5개의 화면을 사례로 보여주고 있다. 화면에서 몇 가지 중요한 사실을 알 수 있다. ① 최근 수개월의 평균 거래량보다 최소한 5배, 10배 이상의 특이한 거래량 급증이 발생하며 양봉 또는 도지형으로 마감한다. ② 그후 연속적으로 거래량이 증가하기도 하지만 대개는 하루에 끝나거나 2~3일 후 다시 거래량이 감소한다. ③ 이후부터는 꽤 오랫동안(한 달 ~서너 달) 가격 변동성이 현저히 줄며 큰 등락이 없다. 이때 거래량이 직전 급증한 날의 10~20% 수준으로 감소한다. ④ 마치 시장에서 소외된 듯이 잠잠하다가 어느날 다시 거래량이 크게 증가해 직전 급증한 거래량과 비슷하거나 그 이상으로 증가한다. 이때 또다시 양봉 또는 도지형이 발생한다(알고리즘 매매는 이날 아침부터 거래량이 증가하는 것을 인지하고 매수 신호를 준다). 거래 급증 → 소강 → 거래 급감

→ 다시 거래 급증을 반복하는 패턴은 이슈에 따라 발생하기도 하지만, 대개 전형적인 세력주의 패턴이다. 이러한 패턴을 연구해 알고리즘 매매를 자동매매에 연결해 활용한다. 성장과 실적을 보고 투자 종목을 선정하지만, 기술적 분석으로 향후 급등할 종목을 찾고 싶다면 특이하게 거래량이 급증한 종목을 선택해야 한다.

"가격 급등이 일어날 종목은 반드시 대량의 거래량이 터진다."

ETF

지수 연동형 ETF(Exchange Traded Fund)는 KOSPI200, KOSPI50과 같은 특정 지수의 수익률을 추종하도록 설계된 펀드(Index Fund)와 뮤추얼 펀드의 특성을 결합한 상품이다. 우리나라에 2002년 처음으로 도입되었으며 인덱스 펀드와는 달리 거래소에 상장돼 있어서 일반 주식처럼 자유롭게 사고팔 수 있다. 기존 펀드와 비교해 가장 큰 장점은 주식처럼 자유롭게 거래할 수 있다는 것이다. 성과는 펀드와 같은 효과를 얻는다. 주식과 펀드의 장점을 혼합한 하이브리드 타입 투자 상품이다. '존 보글(John Bogle)'은 ETF에 대해 "투자 종목 선정 안목이 부족한 개인 투자자들에게 최고의 상품"이라고 말했다. 상존하는 거의 모든 투자 상품 중 최고라고 할 수 있다. ETF는 중도해지 수수료가 없고 운용수수료 역시 낮다. 주식처럼 분산 투자도 가능하기에 개인 투자자가 큰 비용을 들이지 않고도 전체 시장 및 특정 섹터에 다양하게 투자할 수 있다는 장점이 있다. ETF 시장은 지속적으로 성장해 2009년 자본시장법이 시행됨으로써 신종 ETF를 개발할 수 있는 법적인 요건이 마련됨에 따라 지수 연동 ETF뿐 아니라 KOSPI200 레버리지 ETF, 지수역행 ETF, 통화 ETF, 상품 ETF 등 다양한 신종 ETF가 만들어져 거래되고 있다.

ETF의 장점

① 양방향성의 투자가 가능하다. 추종하는 지수가 상승해도, 하락해도, 투자할 수 있는 ETF가 있기에 적절하게 양방향으로 투자가 가능하다. 이것은 개인 투자자에게 가장 큰 장점이다. 과거엔 시장 하락기에 투자할 대상이 없었다. 주식은 공매도가 아닌 이상 주가가 상승해야 수익이 나는 구조이기 때문이다. 이제는 누구나 시장 하락기에 인버스 ETF에 투자해 수익을 추구할 수 있다. 개인도 변동성이 큰 시장에서 헷지 거래를 할 수 있게 된 것이다.

② 투자 분야가 많다. 국가별, 원자재별, 산업별, 금융별, 추종 방식에 따라 투자 분야가 많고 다양하다. 분산 투자가 가능하게 된 것이다. 하나의 시장 안에서 분산 투자는 의미가 없었다. 그러나 국가별로, 상품별로 투자할 수 있게 되어 공간의 분산 투자가 가능해진 것이다.

③ 운용수수료가 적다. 펀드는 보통 2% 전후로 수수료가 정해지는 반면, ETF는 0.3% 내외로 보다 저렴하다.

④ 거래가 자유롭다. 거래소에 상장되어 있기에, 주식처럼 내가 원하는 시점에 매수, 매도가 가능하다. 과거의 펀드는 한 번 투자하면 뭘 사고파는지,

수익률은 어떻게 어떤 전략으로 낼 것인지 답답해했다. 대부분의 개인 투자자가 펀드에 가입해 손실이 난 상태임에도 마냥 보유하며 다시 수익이 날 때까지 기다리고 있다. 말 그대로 '아무 생각 없이' 기다리는 투자다. ETF는 펀드이지만, 언제나 자신의 판단에 따라 매매할 수 있다.

ETF의 단점

① 거의 모든 주식형 투자 상품이 그렇듯이 원금 손실 가능성이 있다. 주식과 마찬가지로 시장에 상장돼 거래되고 있기 때문에 잦은 매매와 시장의 큰 변동성으로 직접투자의 위험을 그대로 안고 있다.

② 종류가 너무 많다. 투자 시에 종류가 많다는 것은 장점이면서도 단점이다. 각 금융사별로 운영하는 ETF 상품이 워낙 방대하기에 투자 시작 전에 내가 투자하고 싶은 분야와 흐름을 읽는 사전 분석이 필요하다. 어쩌면 ETF를 통한 분산 투자를 하려면 그동안 해왔던 주식 투자보다 더 많은 공부가 필요할지도 모른다. 국가별, 상품별, 섹터별 등등의 ETF에 투자하기 위해 거의 모든 금융시장의 흐름을 알아야 할지도 모르겠다.

ETF의 종류

• 실물자산(파생) ETF: 실물자산에 투자한다. 실물자산이라 함은 금, 은, 구리, 콩, 농산물, 원유, 미국 달러 등 다양하다.

• 주식섹터 ETF: 산업군으로 나뉜 주식들을 대상으로 한 상품이다. 예를 들면, KODEX 반도체 ETF의 경우 메모리 반도체를 생산하는 기업이나 반

도체 장비 및 소재를 생산하는 기업들에 투자한다. 국가별 ETF는 해외 각국의 주식에 투자한다. 운용사의 브랜드 다음 위치에 해당 국가명을 기재하도록 되어 있다. 해당 국가 주식의 현물을 매입하는 구조와, 지수의 선물을 매입하는 구조가 있다.

• 주식테마 ETF: 그룹사, 배당, 바이오, IT 등 여러 테마를 대상으로 한 상품이다.

• 합성 ETF: 거래 상대방인 증권사와 체결한 장외파생상품 계약을 주된 투자 대상으로 하여 벤치마크를 추적하는 펀드다. 합성 ETF는 스스로 운용하지 않는다. 다른 운용사의 상품에 투자하는 상품이다.

• 채권 ETF: 채권에 투자하는 상품이다. 만기까지 보유하는 전략은 아니며, 매매차익을 남기는 형태로 운용된다. 단기의 통안채, 회사채, 국고채 등이 대상이다.

• 혼합자산 ETF: 채권과 주식의 혼합과 같은 형태의 상품이다.

ETF 표기 기호

• 레버리지: 추적 대상 수익률의 두 배의 수익률을 추적한다. 기초 상품이 1% 혹은 −1% 수익률을 기록하면, ETF는 2% / −2% 수익률을 추적한다.

• 인버스: 추적 대상의 수익률을 반대로 추적한다. 기초 상품 1% 수익률 기록 시, ETF는 −1% 수익률을 추적한다.

• TR(Total Return): 분배금을 ETF 상품에 재투자한다. ETF 상품 보유자가 분배금을 받은 후 재투자할 필요 없이 ETF 상품이 분배금을 나누지 않고,

재투자를 한다.

- 2X, 4X: 추적 대상을 목표로 2배, 4배의 수익률을 추적한다.
- (H): 환율 변동 시 위험을 회피하기 위해 헷지를 한다.

주의점

ETF 투자가 개인 투자자에게 중장기 투자 또는 분산 투자에 가장 적합한 상품임은 확실하다. 그럼에도 주의점들을 명확히 알아야 한다.

① 환율 위험성이다. 해외 농산물, 원자재 선물이나 해외 상장 지수를 기초 자산으로 하는 ETF는 환율 변동에 따른 리스크가 존재한다. 투자 국가의 지수가 상승했어도 환율 하락이 더 크면 오히려 손해가 되는 경우도 있기에 항상 환율을 잘 고려해야 한다.

② 매매 차익에 세금을 부과한다. ETF는 투자 기간 동안 발생한 이익에 대해 원칙적으로 세금이 부과된다. 국내 주식형 ETF의 매매 차익이나 일부 해외지수 ETF 등도 비과세 혜택을 받을 수 있지만 기본적으로는 소득세법상 배당소득세 15.4%가 부과 된다.

③ 합성 ETF는 거래하는 상대방의 신용 위험이 내재한다. ETF는 기초 지수를 추종하는 방식에 따라 '실물 ETF'와 '합성 ETF'로 나뉘는데, 합성 ETF는 실물 복제가 힘든 원자재 등의 기초 지수를 추종할 수 있는 장점이 있지만 스왑 거래 상대방이 부도 · 파산 등의 신용 위험에 노출되기 때문에 신용도를 꼼꼼히 확인해야 한다.

④ 자산 구성 내역을 확인해야 한다. ETF는 기초 지수를 추종하는 포트폴

리오의 순자산가치(NAV, Net Asset Value)에 따라 결정되므로 투자하고 싶은 ETF가 어떤 종목에 투자하고 있는지 그 자산 구성 내역을 확인해야 한다. 매번 확인이 어려운 것이 현실이므로 바스켓을 가장 잘 추종하는 운용사의 ETF에 투자해야 한다.

⑤ 추적 오차와 괴리율이 있을 수 있다. 추적 오차는 ETF의 기초 지수를 순자산 가치가 따라가지 못하는 것을 의미하며, 괴리율은 순자산 가치와 ETF가 거래되는 시장 가격의 차이다. 결국 운용사 선택이 중요하다. 같은 기초 자산에 투자하는 ETF라 하더라도 운용사에 따라 수익률이 다를 수 있다.

⑥ 수수료와 보수의 폭을 고려해야 한다. ETF는 '펀드' 성격으로 운용보수가 자산에서 빠지며 '주식'처럼 매매 시 수수료를 지불해야 한다.

⑦ 레버리지, 인버스 ETF의 장기 보유 시 기초 자산의 수익율과 ETF의 수익율 오차가 발생할 수 있다. 운용사의 운용 실패일 수도 있으며 '롤오버 비용'으로 기간이 길어질수록 괴리가 커질 수 있다는 점에 주의해야 한다. 기초 지수가 상승해 레버리지 ETF도 상승할 경우(혹은 반대 경우), '기간수익률'이 그것에 미치지 못할 수도 있다. 인버스 ETF도 마찬가지이므로 장기 보유 시 더욱 신중해야 한다. 특히 해외 ETF나 원유 등의 상품 ETF는 기초 자산의 등락을 현저히 추종하지 못하는 경우가 빈번하다. 따라서 일부 ETF는 장기 투자보다 구간별 단기 거래가 유용할 수 있다.

개략적으로 ETF의 개념과 장단점 그리고 위험을 살펴보았다. 주식시장의 거의 모든 상품은 고위험 투자 상품이므로 ETF의 위험은 주식 투자자 입장에서 감당해야 할 위험이다. 반면 시장 상승과 하락, 양쪽에 투자할 수 있다는 점, 해외 각국에 투자할 수 있다는 점, 주식 · 채권 · 원자재 · 농수산물 등 다양한 상품에 투자할 수 있다는 점, 섹터별 · 테마별로 묶여 있는 바스켓에 투자할 수 있다는 점, 언제든 주식처럼 사고팔 수 있다는 점 등은 과거에 없던 장점이다. 우리는 주식 투자를 하면서 시황 분석을 하고 성장 산업, 성장 기업을 판단하고 골라야 하는 어려움 속에 있다. ETF는 그 어려움을 해소한다. 바이오가 좋은 시장이라면 어떤 바이오 주식을 매수할지 고민할 필요 없이 바이오 ETF를 매수하면 된다. 반도체의 상승 사이클에선 좋은 반도체 주식을 골라내려 하지 말고 반도체 ETF를 매수하면 된다. 시장의 상승엔 지수 레버리지 ETF를, 하락엔 지수 인버스 ETF를 매수하면 된다. 이미 많은 개인 투자자가 골치 아픈 개별 주식에 투자하지 않고 ETF에 투자하고 있다. 휴대폰 하나만 있으면 적은 금액으로 시장 전체의 상승이나 하락에 투자할 수 있다. 미국, 중국, 일본 등 다양한 국가에 투자할 수도 있다. 금에도 투자할 수 있고, 원유에도 투자할 수 있다. 오로지 한국 시장 안에서 주식이 오르기만을 바랄 수밖에 없었던 과거에 비해 분명 좋은 투자 환경이 된 것이다. 물론 해외 ETF에 투자하려면 환전을 해야 하고 투자 수익률에 환율을 고려해야 하는 등 좀 더 많은 것에 신경 써야 한다. 그러나 그 고민은 다양한 투자 환경이 만들어짐으로써 발생한 것이다. 결국 좀 더 공부하고 좀 더 노력한 투자자에게 다양한 투자 기회와 수익 기회가 발생한 것이다. 아직도 주식이 올라가기만을 기다리는 투자를 하고 있다면 ETF에 눈을 돌려 보길 바란다.

북오션 부동산 재테크 도서 목록

부동산/재테크/창업

장인석 지음 | 17,500원
348쪽 | 152×224mm

롱텀 부동산 투자 58가지

이 책은 현재의 내 자금 규모로, 어떤 위치의 부동산을 언제 살 것인가에 대한 탁월한 분석을 펼쳐보여 준다. 월세탈출, 전세탈출, 무주택자탈출을 꿈꾸는, 건물주가 되고 싶고, 꼬박꼬박 월세 받으며 여유로운 노후를 보내고 싶은 사람들을 위한 확실한 부동산 투자 지침서가 되기에 충분하다. 이 책은 실질금리 마이너스 시대를 사는 부동산 실수요자, 투자자 모두에게 현실적인 투자 원칙을 수립할 수 있도록 해줄 뿐 아니라 실제 구매와 투자에 있어서도 참고할 정보가 많다.

나창근 지음 | 15,000원
302쪽 | 152×224mm

나의 꿈, 꼬마빌딩 건물주 되기

'조물주 위에 건물주'라는 유행어가 있듯이 건물주는 누구나 한 번은 품어보는 달콤한 꿈이다. 자금이 없으면 건물주는 영원한 꿈일까? 저자는 현재와 미래의 부동산 흐름을 읽을 줄 아는 안목과 자기 자금력에 맞춤한 전략, 꼬마빌딩을 관리할 줄 아는 노하우만 있으면 부족한 자금을 충분히 상쇄할 수 있다고 주장한다. 또한 액수별 투자전략과 빌딩 관리 노하우 그리고 건물주가 알아야 할 부동산지식을 알기 쉽게 설명한다.

박갑현 지음 | 14,500원
264쪽 | 152×224mm

월급쟁이들은 경매가 답이다
1,000만 원으로 시작해서 연금처럼 월급받는 투자 노하우

경매에 처음 도전하는 직장인의 눈높이에서 부동산 경매의 모든 것을 알기 쉽게 풀어낸다. 일상생활에서 부동산에 대한 감각을 기를 수 있는 방법에서부터 경매용어와 절차를 이해하기 쉽게 설명하며 각 과정에서 꼭 알아야 할 중요사항들을 살펴본다. 경매 종목 또한 주택, 업무용 부동산, 상가로 분류하여 각 종목별 장단점, '주택임대차보호법' 등 경매와 관련되어 파악하고 있어야 할 사항들도 꼼꼼하게 짚어준다.

나창근 지음 | 17,000원
332쪽 | 152×224mm

초저금리 시대에도 꼬박꼬박 월세 나오는
수익형 부동산

현재 (주)기림이엔씨 부설 리치부동산연구소 대표이사로 재직하고 있으며 [부동산TV], [MBN], [한국경제TV], [KBS] 등 방송에서 알기 쉬운 눈높이 설명으로 호평을 받은 저자는 부동산 트렌드의 변화와 흐름을 짚어주며 수익형 부동산의 종류별 특성과 투자노하우를 소개한다. 여유자금이 부족한 투자자도 전략적으로 투자할 수 있는 혜안을 얻을 수 있을 것이다.

주식/금융투자

북오션의 주식/금융 투자부문의 도서에서 독자들은 주식투자 입문부터 실전 전문투자, 암호화폐 등 최신의 투자흐름까지 폭넓게 선택할 수 있습니다.

박대호 지음 | 20,000원
200쪽 | 170×224mm

고양이도 쉽게 할 수 있는
가상화폐 실전매매 차트기술

이 책은 저자의 전작인 《암호화폐 실전투자 바이블》을 더욱 심화시킨, 중급 이상의 투자자들을 위한 본격적인 차트분석서이다. 가상화폐의 차트의 특성을 면밀히 분석하고 독창적으로 체계화해서 투자자에게 높은 수익률을 제공했던 이론들이 고스란히 수록되어 있다. 이 책으로 가상화폐 투자자들은 '코인판에 맞는' 진정한 차트분석의 실제를 만나 볼 수 있다.

박대호 지음 | 20,000원
200쪽 | 170×224mm

암호화폐 실전투자 바이블
개념부터 차트분석까지

고수익을 올리기 위한 정보취합 및 분석, 차트분석과 거래전략을 체계적으로 설명해준다. 투자자 사이에서 족집게 과외·강연으로 유명한 저자의 독창적인 차트분석과 다양한 실전사례가 성공투자의 길을 안내한다. 단타투자자는 물론 중·장기투자자에게도 나침반과 같은 책이다. 실전투자 기법에 목말라 하던 독자들에게 유용할 것이다.

곽호열 지음 | 19,000원
244쪽 | 188×254mm

초보자를 실전 고수로 만드는

주가차트 완전정복

이 책은 주식 전문 블로그 〈달공이의 주식투자 노하우〉의 운영자 곽호열이 예리한 분석력과 세심한 코치로 입문하는 사람은 물론 중급자들이 놓치기 쉬운 기술적 분석을 다양하게 선보인다. 상승이 예상되는 관심 종목 분석과 차트를 통한 매수·매도 타이밍 포착, 수익과 손실에 따른 리스크 관리 및 대응방법 등 주식시장에서 이기는 노하우와 차트기술에 대해 안내한다.

박병창 지음 | 18,000원
288쪽 | 172×235mm

현명한 당신의

주식투자 교과서

경력 23년차 트레이더이자 한때 스패큐라는 아이디로 주식투자 교육 전문가로 불리기도 한 저자는 "기본만으로 성공할 수 없지만, 기본 없이는 절대 성공할 수 없다"고 하며, 우리가 모르는 '기본'을 설명한다. 아마도 이 책을 보고 나면 '내가 이것도 몰랐다니' 하는 감탄사가 입에서 나올지도 모른다. 저자가 말해주는 세 가지 기본만 알면 어떤 상황에서도 주식투자를 할 수 있다.

최기운 지음 | 18,000원
300쪽 | 172×235mm

동학 개미 주식 열공

〈순매매 교차 투자법〉은 단순하다. 주가에 가장 큰 영향을 미치는 사람의 심리가 차트에 드러난 것을 보고 매매하기 때문이다. 머뭇거리는 개인 투자자와 냉철한 외국인 투자자의 순매매 동향이 교차하는 곳을 매매 시점으로 보고 판단하면 매우 높은 확률로 이익을 실현할 수 있다.

권호 지음 | 15,000원
328쪽 | 133×190mm

알아두면 정말 돈 되는 신혼부부 금융꿀팁 57

신혼여행 5가지 금융 꿀팁부터 종잣돈 1억 만들기, 통장 나눠서 관리하기, 주택정책, 청약통장 바로 알기, 카카오페이 같은 간편결제 이용하기, 신용카드, 자동차 보험, 실손보험 똑똑하게 골라 가입하기, 맞벌이 부부 절세와 공제혜택 등 신혼부부나 직장인이 한 번쯤 챙겨봐야 할 지혜의 선물.